CEDU 쎄듀는 A **C**omprehensive **E**nglish e**DU**cation(종합적 영어교육)의 약자입니다.

펴낸이	김기훈 · 긴진희
펴낸곳	(주)쎄듀 / 서울시 강남구 논현로 305 (역삼동)
발행일	2014년 10월 14일 1쇄
내용문의	www.cedubook.com
구입문의	콘텐츠 마케팅 사업본부
	Tel. 02-6241-2007
	Fax. 02-2058-0209
등록번호	제22-2472호
ISBN	978-89-6806-025-0

저자

김기훈

現 ㈜쎄듀 대표이사
現 메가스터디 영어영역 대표강사
前 서울특별시 교육청 외국어 교육정책자문위원회 위원
저서: 천일문 〈입문편 · 기본편 · 핵심편 · 완성편〉 / 천일문 GRAMMAR
첫단추 BASIC / 쎄듀 본영어 / 어휘끝 / 어법끝 / 문법의 골든룰 101
절대평가 PLAN A / 리딩 플랫폼 / READING RELAY / 거침없이 Writing
구문현답 / 유형즉답 / The 리딩플레이어 / 빈칸백서 / 오답백서
첫단추 모의고사 / Sense Up! 모의고사 / Power Up! 모의고사
수능실감 EBS 변형 독해 모의고사 등

쎄듀 영어교육연구센터

쎄듀 영어교육센터는 영어 컨텐츠에 대한 전문지식과 경험을 바탕으로
최고의 교육 컨텐츠를 만들고자 최선의 노력을 다하는 전문가 집단입니다.

오혜정 센터장

케팅 | 콘텐츠 마케팅 사업본부
ᅨ | 문병구, 장동철 (TEL. 02-3272-4763)
ᅡ | 정승호
교열 | Eric Scheusner

논리독해의 시작, 빈칸추론 유형의 기본 접근법
HOW TO START BLANK COMPLETION

빈칸
백서

기본편

Preface

본 교재는 고등학교에 진학해 빈칸추론 유형을 처음 접하거나, 평소 빈칸추론을 자주 틀리고 어려워하는 학생들을 위해 빈칸추론을 대하는 기본 접근법부터 알려주자는 의도로 기획되었습니다. 그래서 고1부터 고3까지의 빈칸추론 최신 기출 300여 문제를 철저히 분석해, 해결 방법에 따라 분류하여 가장 널리 쓰일 수 있는 10개의 포인트로 정리했습니다. 또한, 배운 접근법을 기출문제, 예상문제 순으로 계속 적용해보며 훈련할 수 있도록 단계적 구성으로 설계하였고, 해설에서도 교재의 첫 문제부터 마지막 문제까지 추론 순서에 일관성이 있도록 서술했습니다.

'빈칸 문장과 선택지부터 읽어라.' 이것은 교재 전반에 걸쳐 강조되는 제1 기본 원칙입니다. 빈칸추론은 가장 중요한 정보가 빠져 있고, 나머지 부분에서 단서를 잡아 논리적, 객관적으로 빈칸에 들어갈 말을 찾는 유형이기 때문에, '어떤 부분'이 비어 있는지, 즉 '무엇'을 찾아야 하는지 파악하는 것이 가장 먼저 이루어져야 합니다. 본 교재에 정리된 10개의 포인트는 이러한 기본 원칙부터 시작해서, 단서를 어떤 방법으로 찾아야 할지, 선택지의 함정 유형은 어떤 것들이 있는지 등에 대해 다루고 있습니다.

빈칸추론을 어떻게 풀어야 할지 막막했던 학습자라면, 본 교재에서 제시한 방법을 따라 해 보기만 해도 문제를 보는 시각이 달라지는 것을 느낄 수 있을 것입니다. 빈칸추론 유형을 보았을 때 가장 먼저 무엇을 해야 하는지를 몸에 익혀 두면, 앞으로 어떤 지문을 접하더라도 당황하지 않고 도전할 수 있으리라 생각합니다. 본 교재를 학습한 후 〈빈칸백서〉를 통해 다음 단계 수준 지문에 대한 연습을 이어가면 수능 빈칸추론 완전 정복도 먼 일이 아닐 것입니다.

덧붙여서, 〈빈칸백서 기본편〉을 통해 전반적인 독해 실력도 향상시킬 수 있습니다. 빈칸추론 유형은 정답을 찾는 과정에서 지문의 내용을 종합하고 요약하며, 흐름을 이해하는 것이 필수적이므로 글을 객관적으로 분석하고 논리적으로 사고하는 능력을 기를 수 있는 좋은 재료이기도 합니다. 따라서 〈빈칸백서 기본편〉을 학습하면서 영어 지문 내용을 효과적으로 파악하는 법을 익힐 수 있으며, 이는 다른 유형의 문제를 풀 때에도 도움이 되는 탄탄한 기반이 될 것입니다.

본 교재의 학습을 통해 모든 수험생들이 빈칸추론에 대한 두려움을 떨쳐버릴 뿐만 아니라, 독해 학습 전반에서 실력 향상을 맛볼 수 있기를 바라며, 〈빈칸백서 기본편〉이 계속해서 모든 학생들의 든든한 동반자가 되기를 희망합니다.

저자

How to Use This Book

PART I 빈칸추론의 기본 전략

1

Point 설명과 기출 Focus

- 한눈에 들어오는 도식화 설명과 이해하기 쉬운 예시로 기본 전략을 확실히 익힐 수 있도록 구성되어 있다.
- 기출 Focus를 통해 앞서 학습한 내용을 기출 문제에 적용하여 풀어 보고, 추론 가이드 코너에서 풀이 방법을 점검하며 추론의 감을 잡을 수 있도록 하였다.

2

Basic Training

- 기출 지문을 활용한 짧은 길이의 기초 훈련 코너로, 학습한 내용을 제대로 이해했는지 확인함과 동시에 문제에 바로바로 적용하는 연습을 통해 체화할 수 있도록 하였다.

3

실전 적용문제

- 실전 난이도와 길이의 기출 및 예상문제로, 앞서 학습한 Point 내용을 적용해 풀어볼 수 있도록 구성되어 있다.

PART II 실전 모의고사

4
Words & Phrases

- 각 실전 모의고사 회차의 앞부분에 정리되어 있다.
- 본문에 있는 어휘 외에도 유의어, 반의어, 어구 등 해당 어휘와 연관 지어 참고할 만한 사항들을 함께 실었다.

5
실전 모의고사

- 총 10회의 고품질 예상문제로 구성되어 있다. PART I 전반에서 학습한 내용을 생각하면서 실전처럼 정확하고 빠르게 문제를 풀어보자.

★
꼼꼼한 해설

- 문제를 해결하는 추론 흐름과 오답 선택지 해설까지 실려 있어 문제를 푼 후 올바른 풀이 방법을 확인하고 오답을 선택한 경우 그 원인까지 파악할 수 있도록 자세히 설명되어 있다.

PART II 실전 모의고사

정답 및 해설

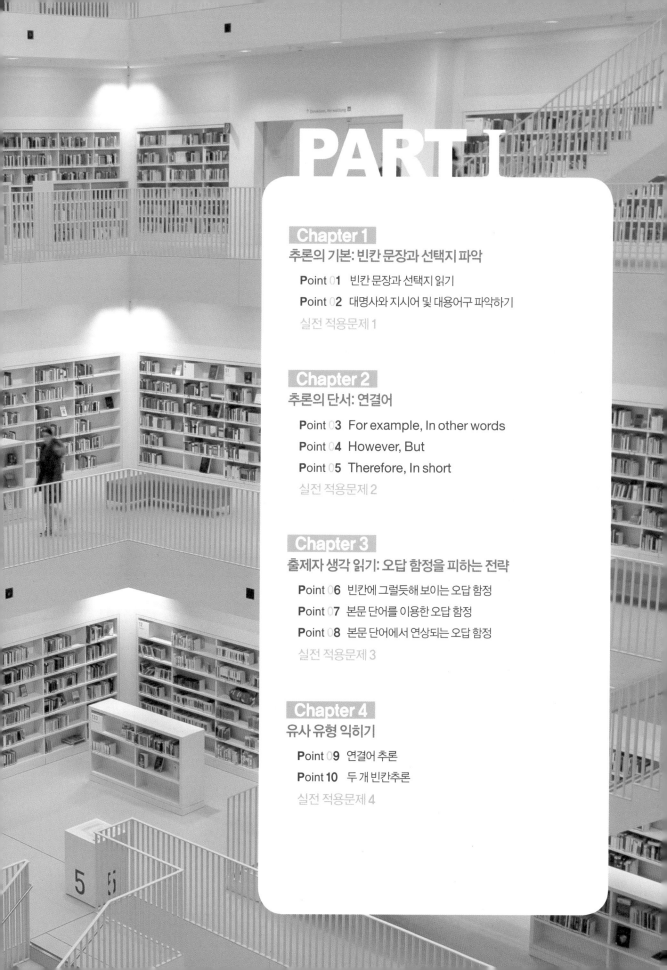

PART 1

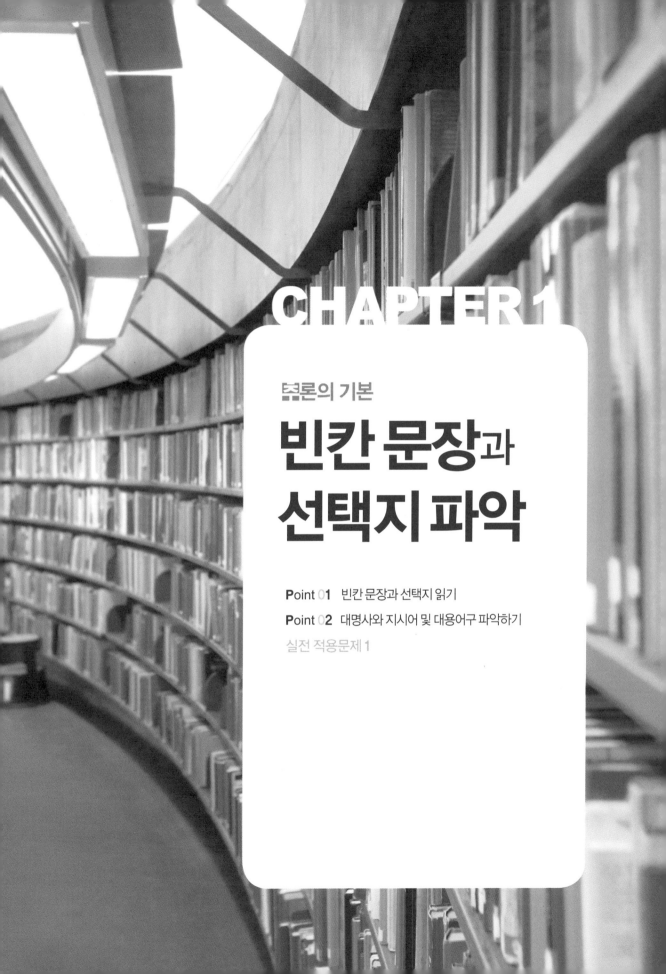

CHAPTER 1

독해의 기본

빈칸 문장과
선택지 파악

빈칸 문장과 선택지 읽기

빈칸추론 문제를 보면 가장 먼저 **빈칸 문장과 선택지부터 읽어야 한다.**

지문을 처음부터 끝까지 읽은 후 선택지를 보면서 답을 찾다 보면, 단서를 찾아 지문을 다시 읽느라
시간을 허비할 수도 있고 출제자들의 함정에 빠질 수도 있다.

'무엇'을 찾아야 할지를 먼저 파악하고 지문을 읽어야 빨리 그리고 정확히 단서를 찾을 수 있다.

☑ 빈칸추론의 필수 단계

① 빈칸 문장과 선택지부터 읽기

▼

② 목표 설정
(오답 후보 제거)

▼

③ 단서 찾기 & 정답 추론

_____ is important when you write a book.

① Rest   ② Concentration   ③ Practice

④ Patience   ⑤ Cooperation

책을 쓸 때 '무엇'이 중요한지를 찾는 것이 목표이다.
① 휴식 ② 집중 ③ 연습 ④ 인내 ⑤ 협동
모두 그럴듯하므로 오답 후보라 할 만한 것은 없다.

주의 오답 후보 제거는 객관적이고 논리적으로 판단해야 하며,
본인의 상식이나 배경지식으로 섣불리 판단해서는 안 된다.

목표로 설정한 '무엇'에 관련된 단서를 지문에서 찾은 후,
선택지에서 정답을 추론한다.

기출 Focus   빈칸 문장과 선택지부터 읽기

[1~2] 다음 글을 읽고, 주어진 질문에 각각 답하시오.

1 다음을 읽고 목표 설정 후 오답 후보를 고르시오.

If parents have ongoing _____ with their children, when big issues
come up, their sons and daughters will feel safe talking to them about their
problems.

① communication ② disconnection ③ conflicts ④ exercise ⑤ tension

2 다음 빈칸에 들어갈 말로 가장 적절한 것을 위 선택지 중에서 고르시오.

Bullying is any behavior that hurts or is violent toward another person. It may be verbal or physical. While it is often considered to be simply "normal kid stuff," it can severely damage the emotional health of the victim. Children often don't tell anyone because of fear of what may happen. It is essential that parents talk to their children on a regular basis about not only their schoolwork and friends but also their safety. Parents should ask their children direct questions about what's going on at school and how they feel about it. If parents have ongoing _____ with their children, when big issues come up, their sons and daughters will feel safe talking to them about their problems. Create a safe, loving environment in which kids can talk. 고2 모의

추론 가이드

빈칸 문장과 선택지부터 읽기	만약 부모가 자녀와 지속적인 _____을 한다면 큰 문제가 발생할 때 아들딸들이 자신들의 문제에 대해 부모에게 편안하게 이야기할 것이다. ① 의사소통 ② 단절 ③ 갈등 ④ 운동 ⑤ 긴장
목표 설정 (오답 후보 제거)	• 부모가 자녀와 '무엇'을 해야 자녀가 문제에 대해 부모에게 편하게 이야기할 것인지를 찾아야 한다. • 즉 빈칸에는 긍정적인 결과를 가져올 수 있는 것이 들어가야 하므로 객관적이고 논리적으로 판단해볼 때 '단절', '갈등', '긴장'을 오답 후보로 생각할 수 있다.
단서 찾기 & 정답 추론	• [4행~5행] It is essential that **parents talk to their children on a regular basis** ~. • [6행~7행] **Parents should ask their children direct questions** about what's going on at school and how they feel about it. • [9행~10행] Create a safe, loving environment in which **kids can talk**. ⇨ 단서를 종합하면 부모는 자녀와 지속적인 '의사소통'을 해야 하는 것이다.

[1~2] 다음 글을 읽고, 주어진 질문에 각각 답하시오.

> You can _____ happiness by wearing a bright smile on your face. 고1 모의 응용
>
> ① buy   ② forget   ③ spread   ④ hide   ⑤ measure

1 빈칸 문장과 선택지를 읽고, 오답 후보를 고르시오.

2 다음 단서를 읽고 빈칸에 들어갈 말로 적절한 것을 위 선택지 중에서 고르시오.

A researcher reveals one of the secrets of happiness: contagiousness. If someone I know well becomes happy, the possibility of me becoming happy will increase by 15 percent.

[3~4] 다음 글을 읽고, 주어진 질문에 각각 답하시오.

> The willingness to _____ is very important in starting a new business. 고1 모의
>
> ① take a risk   ② give up   ③ share an idea
> ④ forgive others   ⑤ learn from mistakes

3 빈칸 문장과 선택지를 읽고, 오답 후보를 고르시오.

[1-2] **contagiousness** 전염성 [3-4] **willingness** 기꺼이 하려는 마음 **take a risk** 위험을 무릅쓰다 **finance** 자금: 재무; 자금을 대다 **venture** 벤처 (사업), (사업상의) 모험

4 다음 단서를 읽고 빈칸에 들어갈 말로 적절한 것을 위 선택지 중에서 고르시오.

Debbi Fields, the owner of a highly successful chain of cookie stores, was told to stay out of the business. People said that no one would buy her cookies, since cookies are available in supermarkets everywhere. Nonetheless, she was sure that there was a strong demand for fresh, hot cookies. She invested all her money and even persuaded a bank to finance her new business. Her venture proved to be successful — her company is worth over 450 million dollars today.

[5~6] 다음 글을 읽고, 주어진 질문에 각각 답하시오.

The package consisted of a paper bag with cord running through it for strength and increased customers' _____. 고2 모의 응용

① profit margins　　② financial benefit　　③ carrying capacity
④ physical strength　　⑤ constant complaints

5 빈칸 문장과 선택지를 읽고, 오답 후보를 고르시오.

6 다음 단서를 읽고 빈칸에 들어갈 말로 적절한 것을 위 선택지 중에서 고르시오.

Walter Debner ran a grocery store in Minnesota, and he was looking for a way to give his business a boost. He once noticed that people who came into the shop without a bag took a lot less food than those who came with their bags. Why? Because they simply couldn't carry the groceries. So he set about devising a way to help them purchase more at one time.

[5~6] **consist of** ~으로 구성되다 **profit margin** 이윤 폭 **capacity** 용량; 수용력 **complaint** 불평, 항의 **grocery** 식료품 및 잡화 **set about** ~을 시작하다 **devise** 고안하다

대명사와 지시어 및 대용어구 파악하기

빈칸 문장에 대명사, 지시어 혹은 대용어구가 포함되어 있는 경우에는, 주변 문맥을 잘 살펴서 대명사, 지시어 등이 가리키는 내용을 파악해야 빈칸 문장을 정확하게 이해할 수 있다. 확실한 것은, 대부분의 경우 바로 앞 한두 문장에 가리키는 내용이 있다는 것이다. 뒤에 있는 경우는 그에 비해 드물며, 멀리 떨어진 곳에 위치하는 경우는 거의 없다.

✅ 주의해야 할 빈출 대명사, 지시어, 대용어구

it/they	it은 단수명사, they는 복수명사를 받으므로, 수가 일치하면서 문맥에 맞는 명사를 확인한다. ＊한편 it은 앞 내용 전체를 가리키는 경우도 있다. *Love yourself.* **It** is the first step to loving others.
this/that **these/those**	위 it/they의 경우와 같이 수를 고려하여 명사를 찾는다. 명사 앞에 쓰여 형용사 역할을 할 때는 가리키는 바가 그 명사와도 호응해야 한다. Ms. Lee usually *encourages students to discuss*, and I think **this method of teaching** is effective. ＊this/that은 앞 내용 전체를 가리키는 경우도 있고, this는 드물지만 뒤 내용을 가리키기도 한다. J. M. Barrie's 〈Peter Pan〉 begins like **this**: "*All children, except one, grow up.*"
do/does/did	do: '그렇다'라는 뜻으로 앞에 나온 동사(구)를 대신한다. My mother *goes to church*, so I **do** as well.
the same/ **the opposite**	the same은 '같은 것', the opposite은 '정반대의 것'을 뜻한다. Jane bought *the animal print shirt* and later I bought **the same**. I answered "Yes," but my brother said **the opposite** (= "No").
the former/ **the latter**	the former는 '전자', the latter는 '후자'를 뜻하는 말로 먼저 제시된 내용은 the former, 나중에 제시된 내용은 the latter이다. *The one we saw before* was larger, but *this apartment* has the merit of accessibility. For me, **the latter** is better than **the former**.

기출 Focus 빈칸 문장에 있는 대명사 파악하기

[1~2] 다음 글을 읽고, 주어진 질문에 각각 답하시오.

Marketers recognize that to capture the attention of consumers they have to bring their messages to them in a different way. To do so, many companies are turning to a strategy known as *buzz marketing*, whereby consumers themselves are asked to spread the messages. The goal of the marketer is to find the influential consumers and push them into talking up a particular brand of a product or service to their friends. They become _____, telling the brand messages to more people. Ultimately, the brand benefits because an accepted member of the social circle will always be far more credible than any advertisement. 고1 모의

① powerful carriers   ② domestic producers

③ school inspectors   ④ international supervisors

⑤ financial controllers

1 표시된 They가 문맥상 가리키는 내용으로 알맞은 것은?

① the influential consumers   ② their friends   ③ many companies

2 빈칸에 들어갈 말로 가장 적절한 것을 위 선택지 중에서 고르시오.

추론 가이드

빈칸 문장과 선택지 읽기
- 그들은 _____이 되어, 브랜드의 메시지를 더 많은 사람들에게 말한다.
  ① 강력한 전달자들   ② 국내 생산자들   ③ 장학사들
  ④ 국제 감독관들   ⑤ 회계 관리자들

▼

대명사 파악
- 우선 바로 앞 문장에 있을 확률이 높으므로 가능한 복수명사를 찾아본다.
- 복수명사가 두 개(the influential consumers, their friends) 있는데, 브랜드의 메시지를 더 많은 사람들에게 말하는 주체이므로 They는 the influential consumers 이다.
- 가리키는 바가 바로 앞 문장에 없는 경우도 있지만, 문맥상 many companies는 적절하지 않음을 알 수 있다.

▼

목표 설정
(오답 후보 제거)
- 영향력 있는 소비자들이 '무엇'이 되어, 브랜드의 메시지를 더 많은 사람들에게 말하는지를 찾아야 한다.
- 빈칸 문장의 문맥상, 소비자들이 ② ~ ⑤가 될 가능성은 많지 않아 보인다.

▼

단서 찾기 & 정답 추론
- [7행~9행] Ultimately, the brand benefits because an accepted member of the social circle will always be far more credible than any advertisement.
⇨ 친구들에게 브랜드 메시지를 말하는 것은 항상 광고보다 더 큰 신뢰감을 줄 것이라고 했으므로, 그러한 소비자들은 '강력한 전달자들'이라고 할 수 있다.

[1~2] 다음 글을 읽고, 주어진 질문에 각각 답하시오.

I recently debated buying a particular car that had just arrived at a local dealership. I looked at it for two days and test-drove it twice. I really liked it. It was an extraordinary deal because of some rare circumstances. But, as much as I liked it, and as perfect a deal as it seemed, I couldn't manage to form the positive belief that I should go buy it. This was equivalent to _____ _____, as my hesitation allowed another interested party to snatch it away while I considered the possibilities. 고2 모의 응용

① deciding not to buy it   ② getting the best catch
③ resulting in a better deal   ④ leading to impulse buying
⑤ diminishing purchasing power

1 표시된 This가 문맥상 가리키는 내용으로 알맞은 것은?
   ① I couldn't manage to for ~ go buy it.   ② the positive belief   ③ the car

2 빈칸에 들어갈 말로 가장 적절한 것을 위 선택지 중에서 고르시오.

[3~4] 다음 글을 읽고, 주어진 질문에 각각 답하시오.

There are many factors necessary to enjoy a happy life. Factors such as good health, consumer goods, friends, and so on. If you investigate these things closely, you'll find that _____ _____. To maintain good health, you rely on medicines made by others and health care provided by others. If you examine all of the facilities that you use for the enjoyment of life, you'll find that there are hardly any of these material objects that have had no connection to other people. If you think carefully, you'll see that all of these goods come into being as a result of the efforts of many people, either directly or

---

[1~2] **dealership** 대리점, 영업소 **be equivalent to A** A와 동등하다 **hesitation** 망설임, 주저함 **snatch A away** A를 채가다 〈선택지 어휘〉 **impulse** 충동 **diminish** 줄이다, 감소시키다 [3~4] **factor** 요인, 요소 **investigate** 조사하다, 살피다 **rely on** ~에 의존하다 **facility** (복수형) 시설, 기관 **come into being** 존재하게 되다 〈선택지 어휘〉 **be independent of** ~으로부터 독립해 있다 **assure** 장담하다; 확인하다; 보장하다 **provide A with B** A에게 B를 공급하다

indirectly. 고2 모의

① you cannot trust other people　② you are independent of others
③ they cannot assure your happiness　④ all of these depend on other people
⑤ these factors can be provided with money

3 표시된 these things가 대신하는 부분을 찾아 밑줄을 그으시오.

4 빈칸에 들어갈 말로 가장 적절한 것을 위 선택지 중에서 고르시오.

[5~6] 다음 글을 읽고, 주어진 질문에 각각 답하시오.

The attitude that nothing is easier than to love has continued to be the prevalent idea about love in spite of overwhelming evidence to the contrary. There is hardly any activity, which is started with such tremendous hopes and expectations, and yet, which fails so regularly, as love. If this were the case with any other activity, people would be eager to know why they had failed in it and to learn how one could do better, or they would abandon the activity. Since the latter is impossible in the case of love, there seems to be only one adequate way to overcome the failure of love — _____ and to proceed to study the meaning of love. 고2 모의 응용

① to accept their partner's demands　② to give up the act of loving others
③ to offer help to the broken hearted　④ to examine the reasons for this failure
⑤ to keep the relationship with their partners

5 표시된 the latter가 문맥상 가리키는 내용으로 알맞은 것은?
① 왜 실패했는지 알아보고 어떻게 더 잘 할 수 있는지를 알아내는 것
② 그 활동을 포기하는 것

6 빈칸에 들어갈 말로 가장 적절한 것을 위 선택지 중에서 고르시오.

[5~6] **prevalent** 널리 퍼져 있는 **overwhelming** 압도적인 **tremendous** 엄청난

[1~6] 다음 글의 빈칸에 들어갈 말로 가장 적절한 것을 고르시오.

1

No one else can experience the way your heart feels about things. No one can see through the lens you use to see life quite the same as you do. Accept this _____. Honor and praise it, too. Do not be quick to compromise it. In your desire to fit in or make others happy, you may be tempted to pretend to be someone you are not. You may even pretend to believe things you don't really believe, or act in ways that are out of character with who you really are. When you do this, you lose out on the real you. The world loses out on you, too. Try to be a healthy, happy, and knowledgeable person — and then, taking your place alongside your fellow travelers, offer your self to the waiting world. 고2 모의 응용

① similarity   ② endurance   ③ generosity
④ individuality   ⑤ compliment

2

Rejecting a new idea is a normal reaction. Unfortunately, by doing so, you not only block that avenue for exploration, but also harm the other person's ego. Nobody enjoys having their ideas ignored, so this person is likely to react defensively. You risk getting into an "idea-killing" argument. To stop this from happening, you need to take a deep breath and _____. If someone offers an idea to which you feel opposed, build on it by deliberately looking for three good things that you can say about it, before you allow yourself to say anything negative. If your supporting comments outweigh the critical ones, the other person will feel satisfied that you're considering their idea and is likely to accept what you say more easily. 고2 모의 응용

---

1 compromise 타협하다 lose out on ~을 놓치다 knowledgeable 아는 것이 많은, 많이 아는 alongside ~와 더불어 〈선택지 어휘〉 endurance 인내, 참을성 generosity 관대함 2 ego 자존심; 자아 defensively 방어적으로 feel opposed to ~에 반대하다 deliberately 의도적으로 outweigh ~보다 더 크다[대단하다]

① keep changing your pace ② satisfy the group's needs
③ discover your weakest points ④ look on the positive side
⑤ make up your future plans

3

Consider the "power" of a baseball bat. All the energy gained by the bat is supplied by the batter. The bat is just an instrument that helps send the ball on its way. If it does its job well, then we usually say that the bat is powerful. In physics terms, we should really describe the bat in terms of its efficiency. An efficient bat would be one that allows the batter to transfer the energy in his arms to the ball without _____ in the process. In fact, all bats are very inefficient in the sense that only a small fraction of the energy in the arms is given to the ball. Most of that energy is retained in the bat and in the arms as a result of the continuing motion of the arms after the bat strikes the ball. 고2 모의 응용

① any friction to the ball
② too much loss of energy
③ decrease of swing speed
④ help from another instrument
⑤ enhancement of physical strength

---

3 **on A's way** A가 가는 길에; 도중에 **term** 용어, 말; 학기; 기간 *cf.* **in terms of** ~의 면에서 **efficiency** 효율성 *cf.* **efficient** 효율적인 (↔ **inefficient** 비효율적인) **fraction** 부분 **retain** 보유하다 **continuing** 계속되는 〈선택지 어휘〉 **friction** 마찰 **enhancement** 강화

4

Analysts have always tended to measure a society by classical economic and social statistics. Some statistics are important and interesting. But there is another statistic that I think is even more important and revealing: Does your society have more memories than dreams or more dreams than memories? By dreams I mean the positive quality of hopefulness. A famous consultant, Michael Hammer, once remarked, "One thing that tells me a company is in trouble is when they tell me how good they were in the past. Same with countries. You don't want to forget your identity. I am glad you were great in the fourteenth century, but that was then and this is now. When memories exceed dreams, the end is near. The hallmark of a truly successful organization is the willingness to _____ and start fresh." 고2 모의 응용

● **hallmark** 증표, 특징

① set a realistic goal

② stick to its past glory

③ admit it was once in trouble

④ abandon what made it successful

⑤ accept it's going to succeed someday

5

There is one source of innovation for companies that truly stands out: _____. The computer gaming community has been a leader in this regard. Take Valve, for example. Not long after the company opened shop in 1996, managers noticed that a number of skilled enthusiasts had hacked into a game's code and created modified versions with more interesting settings and weapons. Another company in this position might have felt threatened by the loss of control over a promising product, but Valve's managers realized that the customized games were winning new

---

4 **analyst** 분석가 **statistic** 통계 (자료); (복수형) 통계(학) **revealing** 흥미로운 사실을 드러내는 **hopefulness** 희망참 **consultant** 컨설턴트, 고문 **remark** 언급하다 **exceed** 초과하다, 넘어서다 **willingness** 기꺼이 하려는 마음 〈선택지 어휘〉 **stick to A** A를 고수하다, A에 집착하다 **glory** 영광 **abandon** 포기하다
5 **innovation** 혁신 **in this regard** 이와 관련하여 **skilled** 숙련된 **enthusiast** 열성 팬; 열렬한 지지자 *cf.* **enthusiastic** 열렬한 **hack** 해킹하다 **modify** 수정[변경]하다 **promising** 전도유망한 **customize** 고객 맞춤화하다 〈선택지 어휘〉 **bravery** 용기 **participation** 참여 **competitor** 경쟁자

fans, so they provided new software that made it easier for fans to develop their own ideas. Having people constantly adding to a product can extend its life and reach all sorts of customers that the original product wouldn't have.

① the bravery to take risks
② changes in one's point of view
③ constant research and development
④ enthusiastic customers' participation
⑤ analysis of your business competitors

6 While we can directly connect the growing number of people who are overweight to the rise in health problems, it's harder to measure the less clear relationship between environmental toxins and health. Toxic pollutants can contribute to many health-related problems, including learning and behavioral disabilities and diseases such as cancer, Parkinson's, and others. Part of our exposure to industrial chemicals, pesticides, and heavy metals comes from the foods we eat. Many of these chemicals haven't been adequately tested for their effects on human health. Keep in mind that the level and timing of exposure to chemicals, the mixture of chemicals to which one is exposed, and one's own genetic makeup are all contributing factors to health problems. So it is difficult _____.

① to treat some diseases despite progress
② to be healthy without controlling your diet
③ to tie specific chemicals to certain illnesses
④ to avoid toxins in our polluted surroundings
⑤ to ban the use of chemicals in everyday products

6 connect A to B A를 B와 연관시키다 growing 늘어나는, 증가하는 toxin 독소 cf. toxic 유독한 pollutant 오염 물질 cf. polluted 오염된 including ~을 포함하여 behavioral 행동의 disability 장애 exposure 노출 cf. expose 노출하다 industrial 산업의 pesticide 살충제, 농약 heavy metal 중금속 adequately 적절하게 timing 시기, 시간; 타이밍 genetic 유전적인 makeup 구성 〈선택지 어휘〉 progress 진보, 진전; 진전을 보이다 surroundings 환경 ban 금지; 금지하다

RECHARGE YOURSELF!

Believe in yourself!
Have faith in your abilities!
Without a humble but reasonable confidence
in your own powers
you cannot be successful or happy.

- Norman Vincent Peale -

자신을 믿어라!
자신의 능력을 신뢰하라!
당신 자신의 능력에 대한
겸손하지만 합리적인 자신감 없이는
성공할 수도 행복할 수도 없다.

– 노먼 빈센트 필 –

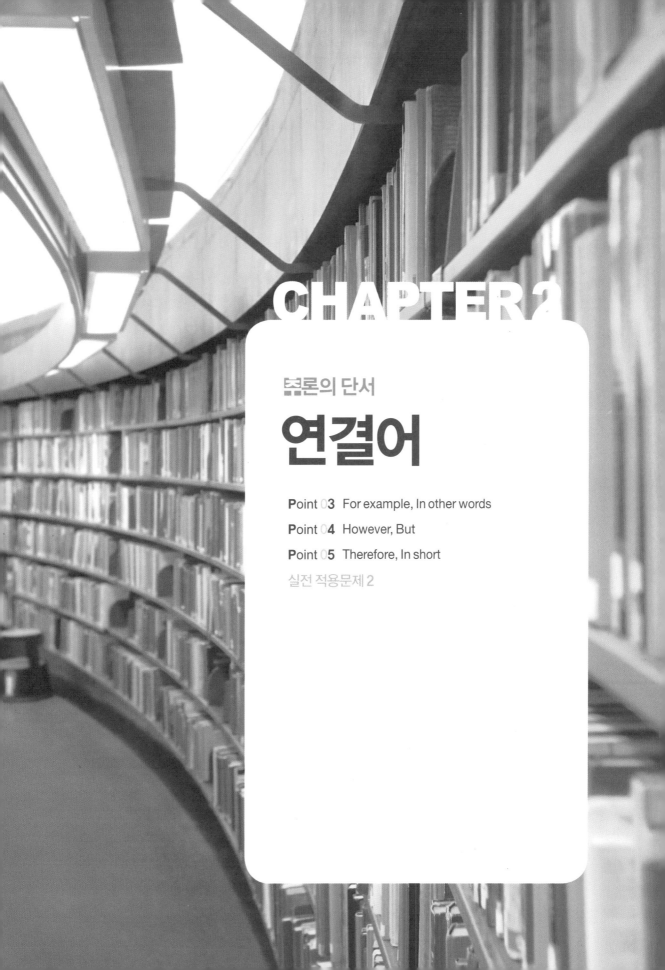

CHAPTER 2

흐름의 단서

연결어

For example, In other words

● **For example, For instance 등 (예시 연결어)**

포괄적 내용
Technology is all around us.

↑ ↑ ↑

예시 연결어 + 구체적 내용
For example, we see computers,
smart phones,
and hybrid cars.

예시 연결어를 기준으로, 앞 내용은 포괄적(개괄적)이고 뒤 내용은 구체적이다. 대개 앞 내용이자 단락의 주제문에 빈칸이 있어서, 뒤 내용의 예시를 종합, 포괄하여 빈칸에 적절한 말을 추론해야 한다. 반대로, 예시 연결어 뒤 내용에 빈칸이 있으면 앞의 포괄적 어구를 문맥에 맞게 구체적 어구로 바꾸어 표현한 선택지를 고른다.

● **In other words, That is 등 (환언 연결어)**

1
She doesn't speak her opinions.

환언 연결어
In other words,

she doesn't express herself.

환언 연결어는 앞 내용을 같은 의미의 다른 말로 표현하는 문장을 이끈다. 따라서 환언(말 바꿈) 연결어를 기점으로 앞뒤 내용이 서로 의미하는 바가 같고 표현만 다르다는 것을 빈칸 추론의 단서로 활용할 수 있다.

2
We see computers, smart
phones, and hybrid cars.

↓ ↓ ↓

환언 연결어 + 결론, 요약
In other words, technology
is all around us.

또한, 환언 연결어는 앞에서 전개된 내용을 종합한 결론이나 요약 문장을 이끄는 역할로 사용되기도 한다.

기출 Focus 연결어를 이용하여 추론 단서 잡기

1 표시된 부분에 유의하여 다음 글을 읽고, 빈칸에 들어갈 말로 가장 적절한 것을 고르시오

Scottish economist Adam Smith saw competitiveness as maximizing self-interest. However, today the most "competitive people" are replacing his philosophy with the thinking of the mathematician, John Nash. He proved mathematically the theory of Swiss philosopher Jean-Jacques Rousseau: when parties collaborate, the overall size of benefit almost always expands, so each party gets more than it could get alone. The typical example is that four hunters can catch only one rabbit each while acting alone, but they can catch a deer together. Today, smart competitors collaborate whenever they can. Research shows that almost 90 percent of the time, people in cooperative environments perform better than people in traditional, "competitive," win-lose environments. In other words, _____. 고1 모의

① collaboration produces better results
② overworking is a main cause of stress
③ cooperation doesn't reduce working hours
④ competition is necessary in the marketplace
⑤ many jobs require the ability to work independently

추론 가이드

빈칸 문장이 In other words로 시작하므로 앞 내용을 다른 말로 표현한 것이거나 종합한 결론 또는 요약일 것이다. 앞 문장을 빈칸추론의 단서로 주목해서 읽는다.

> Research shows that ~ win-lose environments.
> ➡ 연구는 협력하는 환경의 사람들이 경쟁적인 환경에 있는 사람들보다 업무수행을 더 잘한다는 것을 보여준다.

> **In other words,**
> ➡ 다른 말로 하면, 다시 말하면

> ➡ 빈칸에는 '협력이 더 나은 결과를 만들어낸다'가 적절하다.

[1~4] 표시된 부분에 유의하여 다음 글을 읽고, 빈칸에 들어갈 말로 가장 적절한 것을 고르시오.

1 A photographer's resources could be people and every aspect of their lives: their environment, their habits, their families, etc. Thus, the photographer should try to explore and understand those things rather than look for something special. In other words, he should aim to find out _____.

고2 모의 응용

① the basic use of his cameras
② what is happening around him
③ the ways to learn from failures
④ where to get extraordinary stories
⑤ special meanings behind his pictures

2 In 1893, as part of the World's Columbian Exposition in Chicago, seventy-four well-known individuals were asked to predict what life would be like in the next 100 years. The one problem was that they _____ _____. For example, many correctly predicted that we would one day have commercial transatlantic airships, but they thought that they would be balloons. Senator John J. Ingalls said, "It will be as common for the citizen to call for his hot-air balloon as it now is for his buggy." They also consistently missed the coming of the automobile. Postmaster General John Wanamaker stated that the U.S. mail would be delivered by stagecoach and horseback, even 100 years into the future. 고3 모의 응용

• **buggy** (말 한 필이 끄는) 마차

① underestimated the rate of progress of science
② overly depended on high-technology machines
③ tended to pursue dreams ahead of their time
④ preferred air transportation to land transportation
⑤ put emphasis on the commercial aspect of science

---

1 **aspect** 측면, 양상 **aim** 목적, 의도; 목표 삼다; 겨냥하다 〈선택지 어휘〉 **use** 사용하다; 사용(법) **extraordinary** 비범한, 예사롭지 않은 2 **commercial** 상업상의; 광고 방송 **transatlantic** 대서양 횡단의 **airship** 비행선 **senator** 상원의원 **consistently** 끊임없이, 일관되게 **stagecoach** 역마차 **horseback** 말을 탄 〈선택지 어휘〉 **underestimate** 과소평가하다 **transportation** 운송, 수송; 교통[수송] 기관 **emphasis** 강조

3 We learn to lie at such a young age — and we do it so frequently — that we become skillful at telling falsehoods convincingly. To illustrate, think of how often you have heard something like, "Tell them we are not home," or "Put on a party smile," or "Don't tell Mom and Dad what happened or we'll both be in trouble." Because we are connected to others, we not only lie for our own benefit, but we lie for the benefit of others. Lying can be a way to avoid giving a lengthy explanation, an attempt to avoid punishment, or it can simply be used to be polite. Even our cosmetics and padded clothing are forms of deception. In other words, for us humans, lying is _____.

① a seed of bigger faults

② a tool for social relations

③ a habit that is quite addictive

④ an effective way to scold kids

⑤ a result of wanting to look good

4 According to a report, the average temperature in Central Europe has gone up approximately 1.5℃. During this time, nearly 50 species of butterflies and moths have changed their _____. For example, if butterflies laid eggs once a year, they now do twice. Logically, since it is warmer, the breeding season is beginning earlier, and insects are given more time to mate. Furthermore, the warmer temperatures speed up the development of the insects, so they are ready to reproduce earlier in their lives. Everything is happening sooner and faster.

고1 모의 응용

① eating habits ② breeding places

③ range of habitat ④ body shape and color

⑤ reproductive patterns

---

3 skillful 능숙한, 숙련된 **falsehood** 거짓말(하기) **convincingly** 설득력 있게 **illustrate** 자세히 보여주다, 설명하다 **lengthy** 장황한, 너무 긴 **punishment** 벌, 처벌 **cosmetic** 《주로 복수형》 화장품 **padded** 속을 채워 넣은; 솜을 넣은 〈선택지 어휘〉 **addictive** 중독성이 있는 **scold** 꾸짖다 **4 approximately** 거의, 대략 **moth** 나방 **breeding** 번식, 부화 **reproduce** 재생[재현]하다; 번식하다 *cf.* **reproductive** 재생[재현]의; 번식의

However, But

● **However, But 등 (역접 연결어)**

1

We thought the data were correct.

역접 연결어
However,

we have now discovered some errors.

↔ 앞 내용과 뒤 내용이 서로 상반, 대조되는 것을 연결하는 것이 역접 연결어의 기본 역할이다. 이때는 빈칸이 앞 내용에 있든 뒤 내용에 있든 서로 상반, 대조 관계의 어구를 찾으면 된다.

2

Many claim that breakfast is the most important meal.

역접 연결어 + 빈칸 문장
However, this claim ignores lunch and dinner.

↑ ↑ ↑

뒷받침 내용 종합
- No two people are the same.
- Lunch and dinner can also give quality energy to people all throughout the day.

그러나 역접 연결어가 이끄는 문장에 빈칸이 있을 경우, 단순히 앞 문장만 봐서는 적절한 내용의 선택지를 찾을 수 없는 문제들이 많다. 이때의 역접 연결어는 글쓴이의 주장을 강하게 나타내는 주제문을 이끌고 있어서 이후에 전개되는 내용에 의해 부연 설명된다. 그러므로 이럴 때의 빈칸추론을 위해서는 빈칸 문장 이후에 전개되는 내용을 종합해야 한다.

기출 Focus 연결어를 이용하여 추론 단서 잡기

1 표시된 부분에 유의하여 다음 글을 읽고, 빈칸에 들어갈 말로 가장 적절한 것을 고르시오.

Everyone knows that dogs make wonderful pets. **But** many dogs also have different _____. Some dogs, for example, are used by the police. Often these dogs help people in trouble or find people who are lost. Other dogs work at airports. They sniff out plants, food, and other things that people are not supposed to bring in from other countries. With their help, these things are found and never enter the country. Some other dogs help people keep their homes safe from harmful insects. Once the dogs find the insect nest with their sharp nose, people can have the insects and their nest removed. 고1 모의 응용

• **sniff out** 냄새로 ~을 찾아내다

① jobs   ② enemies   ③ personalities   ④ habits   ⑤ memories

추론 가이드

빈칸 문장이 But으로 시작하므로 이후에 이어지는 예시 내용을 종합하여 빈칸에 들어갈 말을 추론한다.

모든 사람은 개가 훌륭한 애완동물이 된다는 것을 알고 있다.

But + **문장**

➡ 그러나 많은 개들은 또한 다양한 [ ]도 가지고 있다.

↑ ↑ ↑

• 어떤 개는 경찰에 의해 사용된다.
• 또 다른 개는 공항에서 일한다.
• 해충으로부터 집을 안전하게 지키도록 돕는다.
➡ 개의 다양한 역할을 소개하고 있다.

• But이 앞 내용과 반대되는 단순 역접으로 쓰였다면, '그러나 개는 사실은 훌륭한 애완동물이 아니다'와 같은 내용이 전개되어야 한다.

• 그러나 개들은 또한 다양한 '무엇'도 가지고 있는지를 찾아야 하므로, 단순히 반대되는 내용이 아니라 뒤 내용을 읽고 종합, 판단해야 함을 알 수 있다.

[1~4] 표시된 부분에 유의하여 다음 글을 읽고, 빈칸에 들어갈 말로 가장 적절한 것을 고르시오.

1 Teachers at Stone Mountain State College (S.M.S.C.) give higher grades than teachers at other colleges in the state college system. The students, of course, may be happy because they receive high grades. However, evidence suggests that this trend is ＿＿＿＿＿＿＿＿＿＿＿＿＿＿＿＿＿. When they apply to a graduate or professional school, they are at a disadvantage because the admission offices believe an A from S.M.S.C. is not equal to an A from other universities. 고1 모의 응용

① decreasing the quality of higher education

② causing students to neglect their studies

③ attracting more foreign students

④ having negative consequences

⑤ spreading to other states

2 People may or may not remember what you said or did, but they will always remember ＿＿＿＿＿＿＿＿＿＿＿＿. Have you ever noticed when people enter a room, they bring a type of energy with them? For example, you're at your office talking with someone when another person approaches you and you get a feeling of, "Oh great, I'm so glad he's coming." Or maybe it's a feeling of, "Oh man, he's coming over here. Let me get out of here before he comes, because he's going to say something I don't like." What energy do you carry when you enter a room? 고1 모의 응용

① who you got along with   ② how you made them feel

③ what you were engaged in   ④ why you approached them

⑤ what you were arguing about

---

1 **trend** 경향, 추세 **apply to** ~에 적용되다; (학교 등에) 지원하다 **admission** 가입, 입학; 입장(료) 〈선택지 어휘〉 **neglect** 간과하다; 게을리하다, 소홀히 하다

2 〈선택지 어휘〉 **get along with** ~와 잘 지내다 **be engaged in** ~에 종사[관여, 참여]하다

3 Morris noticed that a couple of the elephants tended to eat their own hay quickly, approach their slower-eating companions, and then start swinging their trunks from side to side in a seemingly aimless way. To the uninformed, it appeared that these elephants were just passing the time of day. However, Morris's repeated observations suggested that _____

_____. Once the trunk-swinging elephants were sufficiently close to another elephant, they would suddenly grab some of the uneaten hay and quickly eat it up. Elephants are severely nearsighted, and so the slow-eating elephants were often completely unaware of the theft. 고3 모의 응용

① this behavior often turned into a fierce fight for mates
② their friendly nature was hidden behind this behavior
③ the trunk-swinging ensured their dominant position
④ their trunks were used to warn of outside danger
⑤ this behavior masked a dishonest intent

4 Even though the number of users on several social networks has surpassed the populations of most nations, we still tend to regard these sites in terms of their value to individual users. However, social scientists are beginning to realize that social media can _____. The researchers at HP Labs, for instance, demonstrated that by analyzing the positive or negative sentiments expressed in 2.8 million Twitter messages about 24 movies, they could predict how the films would perform at the box office. In another study, a team at Indiana University reported that by classifying 9.7 million Twitter posts as falling into one of six mood categories — happiness, kindness, alertness, sureness, vitality, and calmness — they could predict changes in the Dow Jones Industrial Average. 고2 모의 응용

① boost the stock market
② serve as a financial forecast
③ let the users express emotions
④ provide a tool for economic growth
⑤ promote interpersonal communication

3 hay 건초 trunk (코끼리의) 코 seemingly 겉으로 보기에는 uninformed 모르는, 무식한 pass the time of day 인사를 하다 nearsighted 근시인 〈선택지 어휘〉 fierce 사나운 ensure 보장하다 dominant 지배적인 mask 가면; 가리다 4 surpass 능가하다 regard 여기다, 보다 sentiment 정서, 감정; 소감 classify 분류하다 alertness 경계; 빈틈없음 sureness 확신 vitality 활기, 생기 〈선택지 어휘〉 boost 밀어 올리다; 증진시키다 stock market 증권 시장

Therefore, In short

Therefore, Thus, So는 원인 · 이유에 따른 결과에 해당하는 문장을 이끌기도 하고 단락 내용에 대한 결론 · 요약에 해당하는 문장을 이끌기도 한다.

결과	결론 · 요약
That's why, As a result 등	In short, In summary, In conclusion 등
Therefore, Thus, So 등	

● **결과를 이끄는 연결어**

원인　　We have a growing population;

　　　　　결과 연결어
　　　　　therefore

결과　　we need more resources.

인과
관계

연결어의 앞은 원인, 뒤는 그에 따른 결과가 온다. 빈칸은 주로 결과 부분에 있으며, 연결어 앞의 원인 부분을 읽고 논리적으로 추론해야 한다. 이와 반대로, 원인이나 이유 부분에 빈칸이 있으면 결과 부분을 통해 추론해야 한다.

● **결론 · 요약을 이끄는 연결어**

Inflation is down,
spending is up,
and the market is active.

↓　↓　↓

결론 연결어
In short,
the economy is in good condition.

결론을 이끄는 역할의 연결어는 앞에서 전개된 내용을 종합, 포괄하는 결론이나 요약을 이끈다. (그러므로 주로 단락 후반이나 마지막 문장에 위치한다.) 빈칸은 주로 결론 문장에 위치하므로, 글에 제시된 내용들에서 어떤 결론을 낼 수 있는지 생각하여 빈칸에 들어갈 말을 추론하면 된다.

1 표시된 부분에 유의하여 다음 글을 읽고, 빈칸에 들어갈 말로 가장 적절한 것을 고르시오.

A famous diamond company deals with people's psychology clearly. One component of marketing focuses on the "false expectation" the people's subconsciousness feels about love, the unchanging love: Its ads feature couples using diamonds to express their eternal love or to confirm their devotion after years together. On the contrary, another component of its marketing deals with the consequences of the false expectations, parting or divorce, in a clever manner by emphasizing the investment and resale value of diamonds. In short, both campaigns strongly use psychology, addressing our undying belief in the permanence of romantic love and providing a useful benefit when _____. 고2 모의

① that belief is given up ② couples buy a diamond
③ love is maintained to the end ④ the company invests in marketing
⑤ romantic love ends up in marriage

추론 가이드

In short로 시작하고 있으므로 빈칸 문장은 글 전체의 요약이자 결론임을 알 수 있다. 앞에서 나온 내용을 종합하여 글의 결론을 추론한다.

> 광고에서 다이아몬드는…
> • 영원한 사랑을 의미한다.
> • 이별, 이혼을 다루며 투자 및 재판매 가치를 강조한다.

↓ ↓ ↓

> **In short + 빈칸**
> ➡ 요컨대,
> 이 두 가지 광고 캠페인은 사랑의 영원성에 대한 믿음을 언급하고,
> 또 _____ 때에는 유용한 이익을 제공하며 우리의 심리를 이용하고 있다.
> ➡ 이별, 이혼을 종합, 포괄적으로 표현하면 '그 믿음이 버려질' 때를 의미한다.

[1~4] 표시된 부분에 유의하여 다음 글을 읽고, 빈칸에 들어갈 말로 가장 적절한 것을 고르시오.

1 A child sees the mother squeeze an orange slightly to check if it is fresh, and from this observation he or she learns how to tell whether a fruit is ripe. Similarly, a child observes how the mother reads through the newspapers, cuts the sales coupons, and presents them during a shopping trip. Thus, probably most of the consumer behavior patterns initially learned by children are _____ of those of their parents, particularly their mom. 고1 모의

① duties   ② errors   ③ copies
④ causes   ⑤ necessities

2 Most people, when trying to persuade others, do too much talking themselves. If you disagree with someone, you may be tempted to interrupt. But you shouldn't. It is dangerous. They won't pay attention to you while they still have a lot of ideas of their own they want to express. So _____ patiently and with an open mind. Encourage them to express their ideas fully. 고2 모의 응용

① work   ② study   ③ listen
④ explain   ⑤ challenge

---

1 squeeze (특히 손가락으로 꼭) 짜다: (무엇에서 액체를) 짜내다 **ripe** (과일·곡물이) 익은 **initially** 처음에 **2 be tempted to-v** v하라고 유혹받다 **patiently** 끈기 있게, 참을성 있게

3 If we both performed the same scene from one of Shakespeare's plays, our performances would be similar in that we both say Shakespeare's lines, but what you think makes Hamlet behave the way he does is not the same as what I think. That's why _____. The fun in acting is to play characters that are different from yourself because, when you do, you are telling an audience what you understand about this character. 고2 모의 응용

① our acting is unique
② some lines are popular
③ evil characters are attractive
④ classical plays need trained actors
⑤ our responses to tragedies are similar

4 The context in which we see an image makes a significant difference to how we respond to the image. When we present an image for discussion we must remember that we have removed it from its original context. The original context is therefore _____ that should be recorded in your background work or research. 고3 모의

① a possible substitute of study
② a false image of a masterpiece
③ an original source of mistakes
④ a similar presentation of images
⑤ an important frame of reference

---

3 **line** 선, 줄; (복수형) (연극 등의) 대사 〈선택지 어휘〉 **unique** 유일무이한, 독특한, 특별한 **evil** 사악한; 악마의 **trained** 훈련받은, 숙달된 4 **context** 맥락; (글의) 문맥 **significant** 중요한; 상당한 **present** 제시하다 *cf.* **presentation** 제출, 제시; 발표 〈선택지 어휘〉 **substitute** 대체물; 대신하다 **masterpiece** 걸작, 대표작 **reference** 말하기, 언급; 참고

[1~6] 다음 글의 빈칸에 들어갈 말로 가장 적절한 것을 고르시오.

A funny thing happens to most of our stuff soon after we buy it. What we paid for in the store and brought home was special — a stylish dress or the latest cell phone. But once it belongs to us and takes up space inside our home, the stuff starts _____. "Our houses are like garbage processing centers," said one comedian. As soon as stuff enters our homes, it begins to change. We get something and it starts out in the center of our room, then gets moved onto a shelf, then stuffed in a closet, then thrown in a box in the garage and held there until it becomes garbage. I definitely think the words "garage" and "garbage" must be related. 고1 모의 응용

① losing value   ② looking fresh
③ getting shared   ④ grabbing attention
⑤ becoming unharmful

2

People think identical twins are exactly alike in every way: they look alike, they dress in the same clothes, and they share the same likes and dislikes. Parents of identical twins, however, know differently. In fact, identical twins are _____ individuals. For example, my own children have always shown about a twenty-five percent difference in their weight. Also, they don't act the same either. One likes to dance; the other likes to play basketball. Certainly, we encourage them to choose their own interests, but they decide what to do all on their own. 고1 모의 응용

① active   ② paired   ③ unique   ④ talented   ⑤ thoughtful

---

1 **stuff** 물건, 물질, 성분; 채워 넣다, 쑤셔 넣다 **take up** (시간·공간을) 차지하다 2 **identical** 동일한, 똑같은 〈선택지 어휘〉 **talented** 재능이 있는 **thoughtful** 배려하는, 사려 깊은

3

The nineteenth-century European railway carriage placed its six to eight passengers in a compartment where they faced one another. This kind of seating plan was derived from the large horse-drawn coaches of earlier times. When it first appeared as train seating, this arrangement brought about a sense of "the embarrassment of people facing each other in silence," for now the cover of noise in the horse-drawn carriages was gone. Then, the American railroad carriage, developed in the 1840s, put its passengers in a position which made it possible to be left alone in silence. Without compartments, all the passengers in the American railroad carriages looked forward, looking at one another's backs rather than faces. So, one could cross the North American continent without _____.

고2 모의 응용

• **compartment** 칸막이 객실

① being delayed by traffic conditions
② having to say a word to anyone
③ enjoying the area's attractions
④ suffering from sleeplessness
⑤ carrying heavy baggage

3 **carriage** 객차: 운반, 수송 **be derived from** ~에서 비롯되다, 유래하다 **arrangement** 배열 **bring about** ~을 초래하다 **embarrassment** 당혹, 당황
silence 침묵 **continent** 대륙

4 A decision-maker's knowledge and experience are essential and can contribute to a good decision. The decision-maker predicts what will happen if something is done now, based on what happened when something was done in the past. That is, a decision-maker _____ _____. Being knowledgeable and experienced, decision-makers have collected and stored much information in their minds and thus can use this information to form a judgment. Therefore, the more knowledge and experience a decision-maker has, the greater the chance for a good decision.

고1 모의 응용

① improves as he or she matures
② has to make decisions fairly
③ has more knowledge than others
④ uses the past to predict the future
⑤ often makes mistakes when predicting the future

5 Can you recall what you bought for your dinner on this day last month? Probably not. How about this then: herdsmen of the Swazi tribe of East Africa are able to remember almost everything about each cow or bull bought a year ago, including who sold the animal, whether it was a bull, a cow, or a calf, its age and appearance, and what it was traded for. Impressive, right? Cattle have great social and economic importance in the Swazi tribe. When the psychologist Barlett tested these same men on different subjects, their memory wasn't better than the average person's. In conclusion, we tend to _____.

---

4 **decision-maker** 의사 결정자 **based on** ~에 근거하여 **knowledgeable** 지식 있는, 아는 것이 많은 5 **recall** 회상하다, 기억해 내다 **herdsman** 목동, 목자 **tribe** 부족, 종족 **bull** 황소 **calf** 송아지 〈선택지 어휘〉 **stick to A** A를 고수하다, 계속하다

① follow others' opinions

② stick to what we believe

③ expect our future positively

④ learn better by imitating others

⑤ remember what matters most to us

6 What makes words so powerful is that they enrich life by expanding the range of individual experience. Without stories and books, we would be limited to knowing only what has happened to us or to those whom we have met. But more important, the written word allows us to _____. In recording real or imaginary events, the writer arrests the stream of experience by naming its aspects and making them enduring in language. Abstract thoughts and feelings are transformed by words into concrete thoughts and emotions. Then by reading and repeating a verse or passage of prose, we can appreciate the images and their meaning and thus see more clearly how we feel and what we think. In this sense, poetry and literature allow the creation of experiences that we would otherwise not have access to.

① develop our imagination

② learn from indirect experience

③ understand better what lies inside of us

④ appreciate highly-developed language skills

⑤ have peace of mind and a positive attitude

6 word (복수형) 말, 글, 가사 enrich 풍부하게 하다 range 범주, 범위 imaginary 상상의 arrest 포착하다; 체포하다 stream 연속; 흐름; 시내 aspect 측면, 양상 enduring 영속적인, 오래 지속되는 abstract 추상적인 transform 변형하다 verse 구절; 운문, 시 passage 단락, 문단 prose 산문 appreciate 높이 평가하다; 감상하다, 음미하다; 고마워하다 poetry (집합적) 시 have access to A A에 접근할 수 있다

RECHARGE YOURSELF!

Great opportunities come to all,
but many do not know they have met them.
The only preparation to take advantage of them
is simple fidelity to what each day brings.

- A. E. Dunning -

멋진 기회는 모두에게 오지만,
많은 이들은 자신이 그것을 만난 것을 모른다.
그것을 이용하기 위한 유일한 준비는
매일 주어지는 것에 대한 단순한 충실함이다.

– A. E. 도닝 –

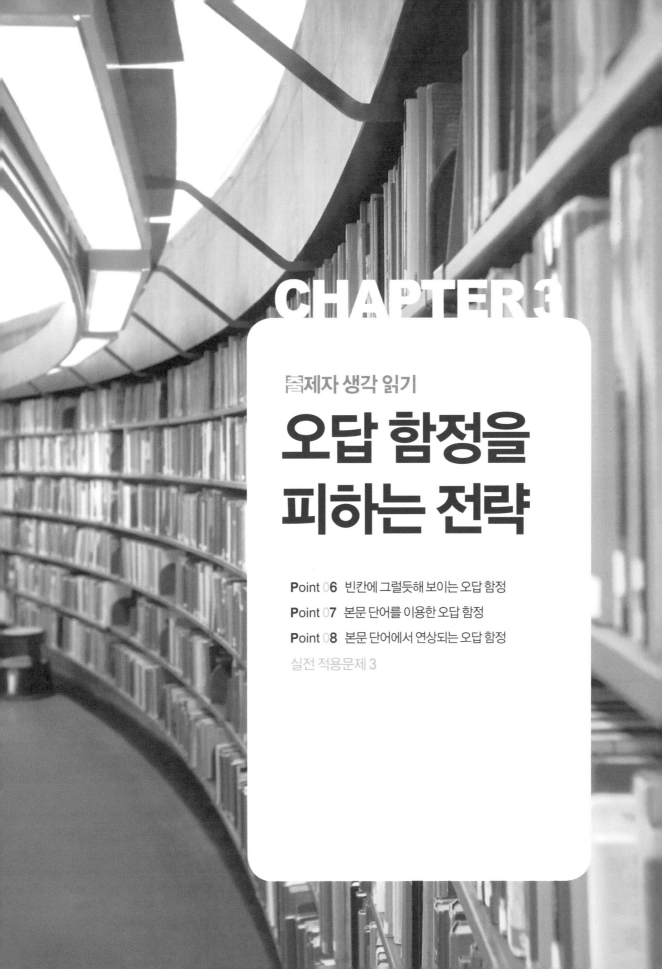

CHAPTER 3

오답 함정을
피하는 전략

POINT 06 빈칸에 그럴듯해 보이는 오답 함정

빈칸 문장에 선택지들을 대입했을 때 아주 그럴듯한 의미의 문장이 완성되는 경우가 있다. 특히 본인이 상식적으로 알고 있던 내용과 부합하면 자칫 정답으로까지 간주하게 될 수 있는데, 이는 출제자들이 노리는 함정이다. 정답의 근거는 반드시 지문 내에서 찾아야 한다.

예제

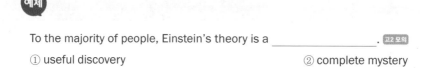

To the majority of people, Einstein's theory is a _____. 고2 모의

① useful discovery   ② complete mystery

대다수의 사람들에게 아인슈타인의 이론은 '무엇'인지 찾는 문제이다. 정답은 ②로, 지문에 단서가 명확히 있어서 이를 바탕으로 하면 쉽게 찾을 수 있는 답이었지만 실제 수험생들의 선택 비율은 42%에 그쳤다. 그에 비해 오답 ①을 선택한 비율은 무려 22%였는데, '유용한 발견'을 빈칸에 넣었을 때 문장의 의미가 상식적으로 그럴듯하고 긍정적인 내용이기 때문으로 보인다.

Tip 수능은 지문 내용에 근거하지 않고 흔히 가지고 있는 상식이나 배경지식을 이용하여 풀 수 있는 문제는 절대로 출제하지 않기 때문에, 그럴듯한 내용의 선택지는 오히려 함정일 가능성이 있다.

기출 Focus 빈칸에 그럴듯해 보이는 오답 함정 피하기

1 다음 글의 빈칸에 들어갈 말로 가장 적절한 것을 고르시오.

Generally speaking, _____ is a great virtue in film music, both in duration and in choice of instrument. The musical score should do no more than is necessary to perform its proper function clearly and simply. However, because of some irresistible temptation to dress up scenes with music whether they need it or not, normal films usually end up with too much music rather than not enough. The Hollywood tendency seems to be toward large orchestras, even though smaller combinations can be more powerful in their effect on the film as a whole. The proper amount of music must match the nature of the picture itself. 고2 모의

① freshness　② economy　③ morality　④ amusement　⑤ independence

추론 가이드

목표 설정

일반적으로 말해서 _____은 영화음악에서 연주 시간과 악기 선택 둘 다에 있어 커다란 미덕이다.
⇨ 연주 시간과 악기 선택에 있어 영화음악의 커다란 미덕이 '무엇'인지 찾아야 한다.

**단서 찾기 &
정답 추론**

• [2행~3행] The musical score **should do no more than is necessary** to perform its proper function clearly and simply.
• [6행~7행] The Hollywood tendency seems to be toward large orchestras, **even though smaller combinations can be more powerful in their effect** ~.
⇨ 적절한 기능을 필요한 만큼만 수행해야 하고(연주 시간), 큰 오케스트라보다는 더 작은 규모가 더 효과가 강할 수 있다(악기 선택)는 내용이므로 이를 종합하면 '경제성'이다.

① 빈칸 문장에 대입했을 때 그럴듯한 오답 (19%가 선택)
② 본문에 단서가 명확한 정답이지만 언뜻 '영화음악'과는 관련 없어 보임 (21%가 선택)
③ 빈칸 문장의 단어(virtue)에서 연상되는 오답 (20%가 선택)
④ **빈칸 문장에 대입했을 때 그럴듯한 오답 (24%가 선택)** 최고오답
⑤ 본문에 제시되지 않은 내용 (14%가 선택)
⇨ 실제 시험에서는 '영화음악'이라는 핵심어에서 자연스럽게 연상되는 ④를 선택한 경우가 정답을 선택한 비율보다 더 높았다.

[1~4] 표시된 부분에 유의하여 다음 글을 읽고, 빈칸에 들어갈 말로 가장 적절한 것을 고르시오.

1 A good place for business leaders to start the process of building trust is by becoming more _____ to their employees. Getting out of the office and mixing with employees is a simple solution to a very common trust problem. ... [중략] The employees cannot develop a perception of trust with bosses when some don't even know what they look like. 고2 모의 응용

① similar   ② visible   ③ frank   ④ grateful   ⑤ subjective

2 When you sit down to begin a piece of writing, your first aim ought to be to _____. You just make a note of everything that comes to your mind on the subject. You do not have to worry at all about whether your stuff is connected logically. Just play with your subject and do no fine detail work.

고2 모의

① make a mess
② decide the style
③ clean your desk
④ choose the theme
⑤ analyze your readers

---

1 perception 지각; 통찰력; 인식 〈선택지 어휘〉 grateful 고마워하는 subjective 주관적인 2 make a note of ~을 적다 logically 논리적으로 fine 좋은; 멋진; 미세한 〈선택지 어휘〉 style 방식; 문체 analyze 분석하다

3 Self-esteem can _____. Some teens have an "inner critic," a voice inside that seems to find fault with everything they do. And people sometimes unintentionally model their inner voice after a critical parent or someone else whose opinion is important to them. Over time, listening to a negative inner voice can harm a person's self-esteem just as much as if the criticism were coming from another person. Some people get so used to their inner critic being there that they don't even notice when they're putting themselves down. 고2 모의 응용

① be lowered by peer pressure
② make you feel more confident
③ be related to physical condition
④ nourish parent-child relationships
⑤ be damaged by how we see ourselves

4 Let's say you've just let go of a minor conflict with your neighbor, when your other neighbor continues to bring up how annoying this person is, encouraging you _____. The same applies at work. A coworker keeps reminding you that it was you, not Gail, who really deserved the credit for that great idea. Every time he or she says it, it upsets you and opens your wound again. 고3 모의

① to cooperate with your competitors
② to find the virtues of your neighbor
③ not to lose your inner peace of mind
④ to hold on to your irritation with the person
⑤ not to be involved in your neighbor's business

---

3 **self-esteem** 자존감 **unintentionally** 무심코 **put down** ~을 깎아내리다 〈선택지 어휘〉 **peer pressure** 또래 압박 《동료 집단으로부터 받는 사회적 압력》 **nourish** 영양분을 주다, 풍요롭게 하다 4 **let go of** (잡고 있던 것을) 놓다, 놔주다 **bring up** (화제를) 꺼내다; ~을 불러일으키다 **deserve** 마땅히 받을 만하다 **credit** 신뢰, 신용; 공, 인정 **wound** 상처 〈선택지 어휘〉 **competitor** 경쟁자 **virtue** 선행, 미덕 **irritation** 짜증, 화 **involve** 포함하다; 연루시키다

본문 단어를 이용한 오답 함정

본문의 전체적인 내용과는 상관없이 눈에 띄는 몇몇 단어를 이용한 엉뚱한 내용의 오답 선택지가 출제되기도 하는데 이것도 역시 오답 함정이다. 출제자들은 본문에 반복 등장하는 어구, 전문 용어 같은 어려운 단어, 따옴표로 강조되는 표현 등 마치 중요한 핵심어로 보일 수 있는 어구를 이용한 함정을 자주 만들기 때문에 주의해야 한다.

In addition to establishing a useful relationship with the sun, plants have learned _____. ... [중략] Plants know how to attract to their own rotting only those microorganisms and earthworms that will produce beneficial minerals for the soil where the plants' siblings will grow. One way plants attract particular microorganisms into their soil is by concentrating more sugars in their roots. ... [중략] Apparently, the quality of the soil is critically important, not only as a source of water and minerals for plants but for their very survival. 고2 모의

① to grow their own soil　　　　　② to consume microorganisms

식물들이 '무엇'을 알아냈는지를 찾는 문제이다. 이어지는 내용을 종합하면 식물들이 뿌리에 당분을 집중시켜 토양에 이로운 미네랄을 만들어내는 미생물들을 끌어들인다는 것이므로, 정답은 ①이다.

그러나 실제 시험에서는 본문에 반복 등장하여 마치 핵심어처럼 보이는 microorganisms를 이용한 오답인 ②를 선택한 학생들이 적지 않았다.

그러므로 본문 단어를 이용한 선택지를 섣불리 고르지 말고, 정답이 정말 맞는지 지문의 객관적인 단서를 통해 확인해 보아야 한다.

기출 Focus | 본문 단어를 이용한 오답 함정 피하기

1 다음 글의 빈칸에 들어갈 말로 가장 적절한 것을 고르시오.

In one experiment researchers had people sit at computers and review two online articles describing opposing theories of learning. One article laid out an argument that "knowledge is objective"; the other made the case that "knowledge is relative." Each article was set up in the same way, with similar headings, and each had links to the other article, which allowed a reader to jump quickly between the two to compare the theories. The researchers hypothesized that people who used the links would gain a richer understanding of the two theories and their differences than would people who read the pages one by one, completing one before going on to the other. They were wrong. The test subjects who read the pages linearly actually scored considerably higher on a following comprehension test than those who clicked back and forth between the pages. _____, the researchers concluded. 고3 모의 응용

① The links helped to organize information

② Using the links got in the way of learning

③ Attitude is more important than knowledge

④ The more links, the higher the level of popularity

⑤ The Web motivates people to read more articles

추론 가이드

| 목표 설정 | _____ 라고 연구원들은 결론지었다. ⇨ 연구원들이 '어떤' 결과를 냈는지를 찾아야 한다. |

▼

단서 찾기 & 정답 추론

• [9행~10행] **The test subjects who read the pages linearly actually scored considerably higher ~.**
⇨ 페이지를 순차적으로 읽은 사람들이 더 성적이 좋았으므로 '링크를 사용하는 것이 학습을 방해했다'라고 할 수 있다.

① 가설 내용(The researchers hypothesized ~.)을 이용한 오답 (21%가 선택)
② 실험 결과를 토대로 추론할 수 있는 결론 (39%가 선택)
③ 본문 단어(knowledge)를 이용한 오답 (22%가 선택) 최고오답
④ 본문 단어(links)를 이용한 오답 (9%가 선택)
⑤ 본문 단어(articles)를 이용한 오답 (7%가 선택)

⇨ 실제 시험에서는 따옴표로 강조된 어구에 포함된 knowledge를 이용한 오답인 ③의 선택 비율이 높았다.

[1~3] 다음 글의 빈칸에 들어갈 말로 가장 적절한 것을 고르시오.

1 One of the best reasons for studying languages is to find out about ourselves, about what makes us persons. And the best place to start such study is with our own language. Then what would be the good way to study a language? The best approach is the _____ one. To understand the nature of something, it is often helpful and sometimes essential to know how they got to be that way. If we are psychologists who want to understand a person's behavior, we must know something about that person's origins and development over time. The same is true of a language. 고2 모의 응용

① political   ② physical   ③ historical
④ economic   ⑤ psychological

2 In a university four women pretended to be students in a class. The first woman attended one lecture, the second one ten lectures, and the third fifteen. The fourth didn't attend any of the lectures. At the end of the course, students were shown photos of the four women and asked about their feelings and attitudes toward them. Despite the fact that the students had no personal contact with them, the preference toward the women was related to _____ _____. The woman who didn't attend any lectures was liked the least, and the woman who attended all the lectures was liked the most. 고1 모의

① their grades in class
② what lecture they had attended
③ when the students had seen them
④ their attitudes toward the professor
⑤ their repeated exposure to students

---

1 **origin** 기원, 근원: 태생   2 〈선택지 어휘〉 **exposure** 노출

3 An "exotic" species is a species that has been introduced by humans to regions outside its historical range. Sometimes we make matters worse by _____. The rosy wolfsnail was originally introduced to Hawaii in the 1950s as a biological control agent to reduce populations of another exotic snail, the giant African snail. The rosy wolfsnail is unfortunately a more generalist predator than had been expected; it eats far more species than giant African snails. So far, the only means of reducing damage by the rosy wolfsnail has been the construction of special fences, lined with salt barriers, to keep the snail out of the habitat of the native snail species.

고2 모의 응용

① using natural enemies which reproduce quickly

② protecting wild animals to balance the ecosystem

③ carrying germs unintentionally while transporting goods

④ making barriers for keeping predators out of a habitat

⑤ introducing exotics to control previously introduced exotics

3 **exotic** 외국의, 이국적인 **biological** 생물학적인 **agent** 행위자, 대리인 **generalist** 다방면의 지식을 가진 사람; 전반적 수집가 **predator** 포식자 **habitat** 서식지 〈선택지 어휘〉 **reproduce** 번식하다 **ecosystem** 생태계 **unintentionally** 무심코 **previously** 이전에

본문 단어에서 연상되는 오답 함정

앞선 포인트에서 살펴봤듯이 출제자는 오답 함정을 만들 때 주로 본문에 등장한 단어를 이용한다. 이때 본문 단어를 그대로 가져오는 것이 아니라 그 단어를 통해 연상되는 내용을 선택지로 제시하는 경우가 있는데 이 경우에도 학생들이 함정에 많이 빠진다. 특히 예시, 도입문, 실험 내용이나 가설 등의 세부사항에서 연상되는 내용을 함정으로 많이 출제한다.

예제

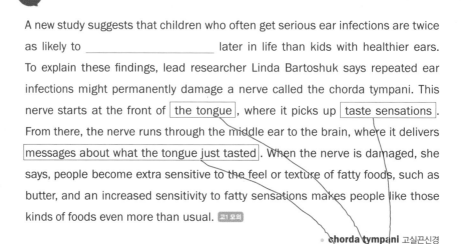

A new study suggests that children who often get serious ear infections are twice as likely to _____ later in life than kids with healthier ears. To explain these findings, lead researcher Linda Bartoshuk says repeated ear infections might permanently damage a nerve called the chorda tympani. This nerve starts at the front of the tongue, where it picks up taste sensations. From there, the nerve runs through the middle ear to the brain, where it delivers messages about what the tongue just tasted. When the nerve is damaged, she says, people become extra sensitive to the feel or texture of fatty foods, such as butter, and an increased sensitivity to fatty sensations makes people like those kinds of foods even more than usual. 고1 모의

· **chorda tympani** 고실끈신경

① become overweight ② lose their sense of taste

귀에 심한 염증이 자주 생기는 아이들이 건강한 귀의 아이들보다 두 배 더 '어떠할' 가능성이 높은지 찾아야 한다. 반복되는 귀의 염증이 어떤 작용을 하는지에 대해 이어지는 내용을 읽어보면 정답은 ①이라는 것을 알 수 있다.

하지만 실제 시험에서 37%의 학생들이 ②를 선택했는데, 빈칸 뒤에 나오는 the tongue, taste sensations, messages about what the tongue just tasted와 연결되는 sense of taste 때문으로 보인다. 그러나 정답 추론을 위해서는 연구 내용을 끝까지 읽고 정리, 종합해야 했던 문제였다.

이러한 실수를 피하기 위해서는 앞에서 학습했던 대로 상식 또는 본문에서 눈에 띄는 단어에 의존하기보다는 명확한 객관적 단서에 근거해 문제를 풀도록 해야 한다.

1 다음 글의 빈칸에 들어갈 말로 가장 적절한 것을 고르시오.

Making $1 million in one year, but nothing in the preceding nine, does not bring the same pleasure as having the total evenly distributed over the same period, that is, $100,000 every year for ten years in a row. The same applies to the inverse order — making a bundle the first year, then nothing for the remaining period. Somehow, your pleasure system will be overloaded rather quickly. As a matter of fact, your happiness depends far more on the number of instances of positive feelings, what psychologists call "positive affect," than on their intensity. In other words, good news is good news first; how good matters rather little. So to have a pleasant life you should _____. Plenty of mildly good news is preferable to one single chunk of great news. 고2 모의 응용

● **affect** 《심리학》 정서, 감정

① find a way to make a big fortune on a single occasion

② offer positive feedback and internal rewards for yourself

③ bear all your pain in a brief period rather than spread it out

④ live in an environment where results are corrected regularly

⑤ spread these small pleasures across time as evenly as possible

---

추론 가이드

목표 설정	따라서 즐거운 삶을 살기 위해서 당신은 _____ 해야 한다.
	⇨ 즐거운 삶을 살기 위해 '어떻게' 해야 하는지 찾아야 한다.

▼

단서 찾기 & 정답 추론

- [6행~7행] ~, **your happiness depends far more on the number of instances of positive feelings,** ~.
- [10행~11행] **Plenty of mildly good news is preferable** to ~ great news.

⇨ 행복에 가장 영향을 미치는 것은 좋은 소식의 크기보다 횟수임을 알 수 있다.

① 도입부에 큰 액수의 돈이 제시된 데에서 연상 가능한 오답 (13%가 선택)

② 본문 단어(positive affect)에서 연상되는 오답 (28%가 선택) **최고오답**

③ 빈칸 문장에 대입했을 때 상식적으로 그럴듯한 내용 (6%가 선택)

④ 빈칸 문장에 대입했을 때 상식적으로 그럴듯한 내용 (8%가 선택)

⑤ 빈칸 문장 앞뒤의 단서를 토대로 추론할 수 있는 내용 (43%가 선택)

[1~3] 다음 글의 빈칸에 들어갈 말로 가장 적절한 것을 고르시오.

1 Many of us spend time finding faults in the people we deal with in our lives. If, instead, we try to search their character for what we like about them, we'll like them more; and, as a result, they'll like us more. My friend had a very difficult relationship with her boss. Worse still, she truly disliked him as a person. One day, however, she decided to _____. Even though her manager was not a kind person in the office, he was a very devoted family man. After focusing on this quality, a little at a time, she started to like him gradually. 고3 모의

① acknowledge his strengths
② convince him to work harder
③ point out his wrong behaviors
④ force him to endure the conditions
⑤ make a complaint about her company

2 If you walk up and down a pebbly beach, you will notice that the pebbles have been sorted, arranged, and selected. We might explain that the arranging was really done by the blind forces of physics — in this case the action of waves. The waves have no purposes or intentions. They just randomly throw the pebbles around, and big pebbles and small pebbles respond differently to this treatment, so they end up at different levels of the beach. _____ has come out of disorder. 고2 모의 응용

• **pebble** 조약돌

---

1 **worse still** 더 심각한 것은 **devoted** 헌신적인 **gradually** 점차로 〈선택지 어휘〉 **acknowledge** 인정하다 **convince A to-v** A가 v하도록 설득하다 **point out** ~을 지적하다 **endure** 참다, 견디다 2 **pebbly** 조약돌이 많은 **sort** 분류하다 **blind** 눈이 먼; 맹목적인 **intention** 의도 **randomly** 무작위로, 아무렇게나 〈선택지 어휘〉 **crisis** 위기 **scenery** 경치, 풍경

① A state of confusion

② An influence of climate

③ A small amount of order

④ A crisis of the environment

⑤ An intended change of scenery

3 While browsing the Internet, I noticed an ad for a magazine, *The Economist*. The ad said an Internet subscription is $59, a print subscription is $125, and a print and Internet subscription is $125. I wondered who would want to buy the print option alone when both the Internet and the print subscriptions were offered for the same price. I suspect *The Economist*'s marketing wizards were actually manipulating me. They knew something important about human behavior: humans _____. We do not have an internal value meter that tells us how much things are worth. Rather, we focus on the relative advantage of one thing over another, and estimate value accordingly. 고2 모의 응용

① evaluate all things equally

② often purchase things impulsively

③ delay decisions to the last minute

④ prefer products frequently advertised

⑤ rarely choose things in absolute terms

3 **browse** 둘러보다 **subscription** 구독 **wizard** 귀재; 마법사 **manipulate** 속이다; 조작하다 **internal** 내부의 **estimate** 추정; 추정하다 **accordingly** 그에 따라 〈선택지 어휘〉 **evaluate** 평가하다 **impulsively** 충동적으로 **frequently** 자주, 빈번하게

[1~6] 다음 글의 빈칸에 들어갈 말로 가장 적절한 것을 고르시오.

1

Actors sometimes jump at the chance to play a huge response to some big news. One character says to another, "You just won a million dollars!" And the actor immediately jumps up and down and yells about winning a million dollars. But what would a person do? Stanislavski, a famous Russian theater director, spoke of _____. It often takes time for a person to process information — whether it's very good or very bad. Think back to a time in your life when some big news was received. What did you do? Did you immediately jump up and down, scream with joy or pain? Or did you just sit down for a moment, saying nothing? How long did it take to really understand that you won that award before you responded? Be a person. Don't just go for emotion or the obvious response. 고2 모의 응용

① reflective delay   ② social interaction

③ unintended result   ④ selective attention

⑤ individual contribution

2

Not only is it easy to lie with maps, but it's essential. A map must distort reality in order to portray a complex, three-dimensional world on a flat sheet of paper. To take a simple example, a map is a scale model, but the symbols it uses for parks, restaurants, and other places are not drawn to the same scale, which — if taken literally — would make them much bigger or smaller in reality. Furthermore, a map cannot show everything, or it will

---

1 **jump at the chance** 기회를 잡다 **process** (정보 등을) 처리하다; 과정 〈선택지 어휘〉 **reflective** 사색적인; 반사적인 **interaction** 상호작용 **unintended** 의도되지 않은 **selective** 선택적인 **contribution** 기여 2 **distort** 왜곡하다 **three-dimensional** 삼차원의 *cf.* **multi-dimensional** 다차원의 **symbol** 상징; 기호, 부호 **literally** 글자 그대로 **paradox** 역설; 역설적인 것

hide critical information in a fog of detail. The map, therefore, must offer a selective, incomplete view of reality. There's no escape from the map-making paradox: to present a useful and truthful picture, an accurate map must _____. 고2 모의

* **scale model** 축척 모형

① show details
② tell white lies
③ use more symbols
④ be multi-dimensional
⑤ be drawn at full size

3 In one experiment, students were asked what they would pay to insure against a risk. For one group, the risk was described as "dying of cancer." Others were told that the death would be "very slow and extremely painful, as the cancer slowly kills the internal organs of the body." That change in language, which was more clear and detailed, had a major impact on what students were willing to pay for insurance. Of course, photographic images are even more powerful and, not surprisingly, there's plenty of evidence that awful, frightening photos not only grab our attention but also stick in our memories. That's why several countries have replaced text-only health warnings on cigarette packs with horrible images of diseased lungs, hearts, and gums. They increase _____.

① the level of pain
② the perception of risk
③ the insensibility to disease
④ the willingness to purchase
⑤ the need for information delivery

3 **insure** 보험에 들다 *cf.* **insurance** 보험 **die of** ~으로 죽다 **extremely** 극도로 **internal** 내부의 **organ** (몸의) 기관, 장기 **be willing to-v** 기꺼이 v하다
cf. **willingness** 기꺼이 하는 마음 **stick in** ~에 박히다 **lung** 폐 **gum** 잇몸 〈선택지 어휘〉 **perception** 인지 **insensibility** 무의식; 무감각함

4

What gains or losses do you expect you will face if equality becomes acceptable in your workplace, your neighborhood, or the world? Ask yourself if the gains outweigh the losses. In your role as manager, be alert for individuals who feel they are losing power or think their traditions are endangered. They will work hard to undermine the advancement of a group that seems threatening. Shared power and status always _____. The acceptance of diversity and the ability to profit from the unique intelligence and skills of individuals, no matter how diverse, are keys to the future success of any organization. In a customer-driven, global marketplace, multi-cultural intelligence will be a core factor in a company's future success.

① lead to inner conflicts　　　　② balance losses with profits

③ strengthen an organization　　④ damage the spirit of equality

⑤ build bonds among team members

5

Why do some people choose to know the truth about their health, and others refuse? People who _____ are more likely to agree to know about their health. To test this idea, researchers set up a scenario that mimicked an annual checkup. In this checkup, they told participants about a serious but fictional disease, and then asked whether the participants would like to be tested for it. Prior to the checkup, some participants were made to feel good about themselves while others were not. The subjects who had their self-esteem raised were more likely to want to be tested for it. Physicians say that early treatment is critical for many diseases, so helping people face potentially frightening information with positive self-esteem increases their chances of survival. 고1 오의

---

4 equality 평등 acceptable 받아들여지는 *cf.* acceptance 수용 outweigh ~보다 더 크다 alert 경계하는 endangered 위기[위험]에 처한 undermine 약화시키다, 손상시키다 advancement 진보, 발전 threatening 위협적인 status 지위 diversity 다양성 *cf.* diverse 다양한 customer-driven 고객 주도적인 〈선택지 어휘〉 balance A with B A를 B로 상쇄하다 bond 유대(감) 5 scenario 시나리오, 각본 mimic 흉내 내다 annual 매년의, 연례의 checkup 검사; (건강) 검진 participant 참가자 fictional 허구적인; 소설의 physician 의사; 내과 의사 〈선택지 어휘〉 stable 안정된, 안정적인; 차분한

① consider themselves a valuable person

② have had serious health problems

③ keep their emotions stable

④ are educated in health or medicine

⑤ watch movies about serious diseases

6

If you really wanted to make a local economy prosper, the most important move might be _____. Say I lived in Burlington, Vermont, and I had in my wallet, next to my U.S. currency, a stack of "Burlington Bread," an alternative currency that could only be spent in the metropolitan area. Faced with the choice of buying local food at the farmers' market or food imported from California at a big supermarket, I'd be more inclined to buy the local product, which I could pay for in Bread, and save my U.S. dollars for something that had to come from a distance — a new car, for example. And then the local farmer would have Burlington Bread in her wallet, which would increase the likelihood that her next purchase would be local, and so on.

① to create a local currency

② to cut funding for local products

③ to focus on its specialty products

④ to clearly indicate the origin of products

⑤ to enhance transportation infrastructure

---

6 **prosper** 번영하다, 번성하다 **currency** 화폐, 통화 **stack** 더미 **alternative** 대체의 **metropolitan** 대도시의 **farmers' market** 농산물 직매장 **import** 수입하다 **be inclined to-v** v하는 경향이 있다 **likelihood** 가능성 〈선택지 어휘〉 **specialty** 특산품, 명물 **indicate** 나타내다 **enhance** 높이다, 강화하다 **infrastructure** 사회 기반 시설

RECHARGE YOURSELF!

Whatever you can do or dream you can,
begin it.
Boldness has genius, power, and magic in it.

- Johann Wolfgang von Goethe -

당신이 할 수 있거나 할 수 있다고 꿈꾸는 무엇이든지,
그것을 시작하라.
대담함은 그 안에 천재성, 힘, 그리고 마력을 가지고 있다.

− 요한 볼프강 폰 괴테 −

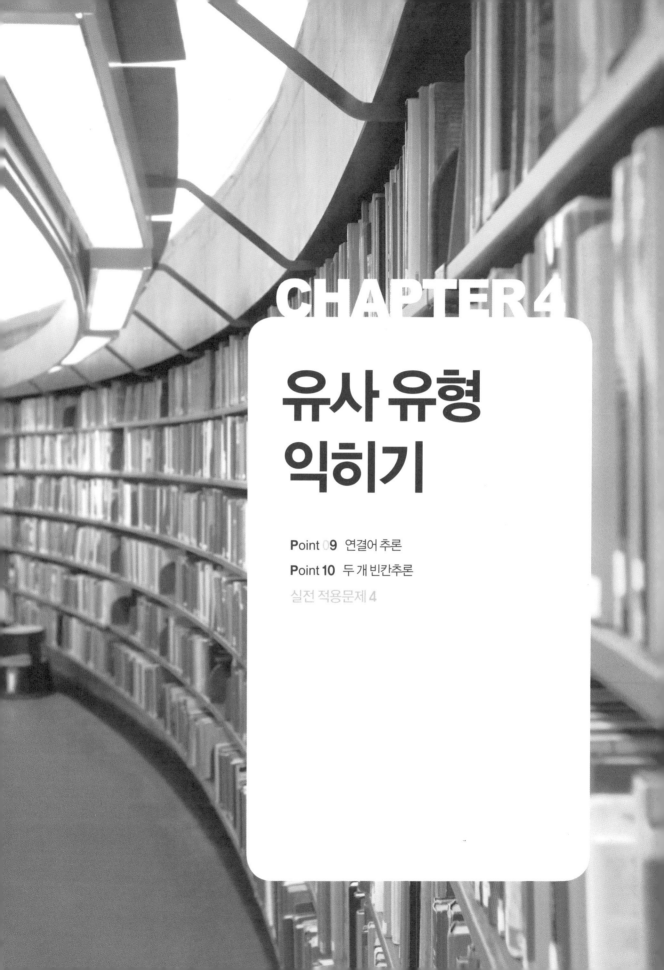

CHAPTER 4

유사 유형 익히기

POINT 09 연결어 추론

연결어 추론은 글의 논리적인 흐름을 파악하여 빈칸에 들어갈 연결어를 고르는 유형이다. 연결어를 추론할 때는 빈칸 앞뒤 문장 간의 논리 관계를 파악하는 것이 가장 중요하다. 아래 표를 통해 연결어의 종류와 쓰임을 익혀 알맞은 연결어를 고를 수 있도록 하자.

✔ **주요 연결어** (빈출 연결어는 굵게 표시함)

구분	연결어 종류	설명
역접	그러나, 그럼에도 불구하고 **however, nevertheless, nonetheless**, in spite of, but, yet, still, rather, unfortunately 반대로, 대신에 **conversely, instead** 반면에, 대조적으로 **in[by] contrast, on the other hand, on the contrary, otherwise**	앞뒤의 내용이 서로 반대되거나 대조적
예시	예를 들면 **for example, for instance**, as an illustration	앞 내용(포괄적)에 대한 구체적 예시가 제시됨
결과 결론 요약	그래서, 따라서, 결과적으로 **therefore, as a result, consequently, thus, in conclusion**, that's why 요약하면, 간단히 말해서 to sum up, **in short**, in brief	원인에 대한 결과 또는 앞 내용에 대한 결론, 요약이 제시됨
환언	즉, 다시 말해서 **in other words, that is** (to say), namely, to put it another way	앞의 내용이 다른 말로 재차 표현됨
비교 유사	마찬가지로, 같은 방식으로 **similarly, likewise**, in the same way, for the same reason, by the same token	앞 내용과 비교하여 유사한 내용이 덧붙여짐
첨가	게다가, 더군다나, 또한 **in addition, additionally, besides, furthermore, moreover**, what is more, also	앞 내용과 연결이 되는 또 다른 내용이 추가됨
강조	사실은, 무엇보다도 **in fact**, above all	앞 내용에 대해 자세한 내용을 덧붙이거나 반대되는 내용을 강조

기출 Focus 연결어 추론

1 다음 글의 빈칸 (A), (B)에 들어갈 말로 가장 적절한 것을 고르시오.

Our growing concern with health has affected the way we eat. For the last few years, the media have warned us about the dangers of our traditional diet, high in salt and fat, low in fiber. The media also began to educate us about the dangers of processed foods full of chemical additives. ____(A)____, consumers began to demand healthier foods, and manufacturers started to change some of their products. Many foods, such as luncheon meat, canned vegetables, and soups, were made available in low-fat, low salt versions. Whole grain cereals and higher fiber breads also began to appear on the grocery shelves. ____(B)____, the food industry started to produce all-natural products — everything from potato chips to ice cream — without additives and preservatives. Not surprisingly, the restaurant industry responded to this switch to healthier foods, drawing customers with salad bars, grilled fish, and steamed vegetables. 고2 모의 응용

	(A)	(B)		(A)	(B)
①	As a result	······ Moreover	②	In contrast	······ In addition
③	That is	······ Otherwise	④	Nevertheless	······ Similarly
⑤	Consequently	······ Conversely			

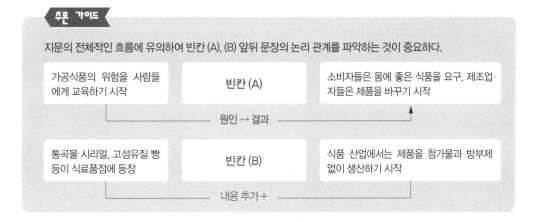

추론 가이드

지문의 전체적인 흐름에 유의하여 빈칸 (A), (B) 앞뒤 문장의 논리 관계를 파악하는 것이 중요하다.

가공식품의 위험을 사람들에게 교육하기 시작	빈칸 (A)	소비자들은 몸에 좋은 식품을 요구, 제조업자들은 제품을 바꾸기 시작

원인 → 결과

통곡물 시리얼, 고섬유질 빵 등이 식료품점에 등장	빈칸 (B)	식품 산업에서는 제품을 첨가물과 방부제 없이 생산하기 시작

내용 추가 +

[1~7] 빈칸 앞뒤 문장의 논리 관계를 생각하여 빈칸에 들어갈 말로 가장 적절한 것을 고르시오.

1 On the first day of class, a professor may negotiate with students, indicating it is okay to check text messages when the professor is passing out assignments but not during lecture or class discussion. _____, professors know that they cannot "negotiate" a social order in which students pay money to receive a desired grade. 〔고2 모의 응용〕

① Similarly   ② However

2 Paradigms are like glasses. When you have incomplete paradigms about yourself or life in general, it's like wearing glasses with the wrong prescription. That lens affects how you see everything else. _____, what you see is what you get. If you believe you're dumb, that very belief will make you dumb. If you believe your sister is dumb, you'll look for evidence to support your belief, find it, and she'll remain dumb in your eyes. 〔고2 모의〕

① In other words   ② Nevertheless

3 In order to understand why an individual fails or succeeds at some task which confronts him, we must know two things: how much ability he has for the task in question and how strongly motivated he is. Failure may be due to lack of ability or to lack of motivation. Success, _____, requires a high degree of motivation working with a high degree of ability. 〔고1 모의〕

① in addition   ② on the other hand

---

1 **negotiate** 협상하다 **indicate** 나타내다, 내비치다 **pass out** ~을 돌리다, 나눠주다 **assignment** 과제 2 **paradigm** 패러다임, 사고의 틀 **prescription** 처방(전) **dumb** 벙어리의; 바보 같은 3 **confront** 직면하다; (문제가) ~에게 닥치다 **degree** 정도; 등급; 학위

4 We can say that useful attributes tending to decrease with age include ambition, desire to compete, physical strength and endurance, and capacity for sustained mental concentration. _____, useful attributes tending to increase with age include experience of one's field, understanding of people and relationships, and ability to help other people without one's own ego getting in the way. 고3 모의

① Additionally   ② In other words   ③ Conversely

5 The public may have a richer conception of risks than the experts do. _____, the view cannot be maintained that experts' opinions should be accepted without question when they conflict with the opinions of other citizens. When experts and the public disagree on their priorities, each side must respect the insights and intelligence of the other. 고3 모의

① Consequently   ② In contrast   ③ In addition

6 The tsar had about ten times as many troops under his command as the king of Sweden. Most historians agree that the Swedish attack was irrational, since it was almost certain to fail. _____, the Swedes had no strategic reason for attacking; they could not expect to gain very much from victory. 고2 모의 응용

• **tsar** (제정 러시아 시대의) 황제

① On the other hand   ② Moreover   ③ Therefore

7 Groups of newborn birds and animals gather together into a ball, minimizing exposed surface so as to keep themselves warm. _____, the members of a herd of cattle or a school of fish seeking to minimize the opportunities for predators will gather themselves into a circular group to minimize the surface that a predator can attack. 고3 모의 응용

① Instead   ② That is   ③ Likewise

---

4 **attribute** 속성, 특성 **endurance** 인내 **capacity** 능력, 수용력 **sustained** 지속된, 일관된 **ego** 자아 **get in the way** 방해하다 5 **conception** 개념 **conflict with** ~와 상충되다 **priority** 우선 사항 **insight** 통찰(력) **intelligence** 지능, 이해력; 지혜 6 **troop** 군대, 부대 **irrational** 비이성적인 **strategic** 전략적인 7 **so as to-v** v하기 위해 **herd** 떼, 무리 **cattle** ((집합적)) 소 **school** (물고기의) 떼 **predator** 포식자 **circular** 원 모양의

POINT 10 두 개 빈칸추론

한 지문에 빈칸 두 개가 있는 유형으로, 빈칸은 주제문과 이를 설명하는 세부사항에 하나씩 있기도 하고, 각기 다른 두 가지 세부사항에 있는 경우도 있다. 빈칸의 위치는 주로 지문 초반과 후반에 각각 하나씩으로, 서로 떨어져 있기 때문에 지문을 읽어 내려가면서 각각의 내용을 정확히 파악하는 것이 중요하다.

☑ 두 개 빈칸추론에서 빈칸의 위치

1 주제문과 세부사항에 빈칸 위치

주제문	세부사항 1	세부사항 2
빈칸		빈칸

주제문에 있는 빈칸은 지문 내용을 포괄하는 말이 무엇인지 생각하며 추론을 해야 하고, 세부사항에 있는 빈칸은 빈칸 앞뒤 내용을 중심으로 단서를 찾아야 한다.

2 각 세부사항에 빈칸 위치

주제문	세부사항 1	세부사항 2
	빈칸	빈칸

주제문을 뒷받침하는 각각의 세부사항에 빈칸이 있는 경우로, 특히 대조, 상반되는 내용에 빈칸이 위치한 경우가 많으며, 이때 빈칸 문장이 어떤 대상에 관한 서술인지 반드시 확인하도록 한다.

*지문마다 주제문의 위치는 각기 다를 수 있다.

두 개 빈칸추론도 앞서 학습한 전략들을 활용하여 풀면 된다. 학습한 내용을 문제에 적용하며 연습해보자.

주의 두 개 빈칸의 추론 단서는 각각 따로 존재한다. 즉 하나의 빈칸을 풀 때 찾은 지문 내의 단서를 가지고 나머지 빈칸을 동시에 추론할 수 있게 구성되지 않으므로, 각각의 추론 단서를 찾아야 한다.

1 다음 글의 빈칸 (A), (B)에 들어갈 말로 가장 적절한 것을 고르시오.

It is easy to fall into the habit of criticizing others, even those we love most. We criticize the way someone eats or the manner in which they speak. We focus on the details and find fault with small habits that are different from ours. But what we focus on tends to _____(A)_____. If we keep focusing on a small difference, it will continue to increase in our minds until we perceive it to be a big problem. Do you really want to live in a world where everyone looks, acts, and thinks exactly as you do? It would be a pretty boring place. To live a happier, more peaceful life, try to see that the richness of our society comes from its _____(B)_____. Rather than looking for things to criticize in those around you, why not respect their differences? 고2 모의

	(A)	(B)		(A)	(B)
①	disappear	······ security	②	disappear	······ diversity
③	remain	······ simplicity	④	grow	······ diversity
⑤	grow	······ simplicity			

추론 가이드

빈칸 (A)는 세부사항, 빈칸 (B)는 주제문에 위치하고 있다.

빈칸 (A)	하지만 우리가 집중하는 것은 _____ 경향이 있다. ➡ 우리가 집중하는 것이 '어떠한' 경향이 있는지 찾아야 한다. ➡ 바로 뒤 문장에서 '우리가 작은 차이에 집중하면, 그것은 마음속에서 계속 커져서 마침내 우리는 그것을 큰 문제로 인식하게 될 것'이라고 했으므로, 이를 근거로 빈칸 (A)를 추론할 수 있다.
빈칸 (B)	더 행복하고 더 평화로운 삶을 살기 위해서는 우리 사회의 풍요로움이 그것(사회)의 _____ 에서 나온다는 것을 알려고 노력하라. ➡ 사회의 풍요로움이 사회의 '무엇'에서 나온다는 것인지 찾아야 한다. ➡ 앞 문장에서 의문문 형식으로 모두가 당신과 똑같이 보이고 행동하고 생각하는 세상에 살고 싶은지 반문하며 그곳은 매우 지루한 장소일 것이라고 했으므로 이를 근거로 빈칸 (B)를 추론할 수 있다.

[1~2] 다음은 두 개 빈칸추론 기출 문제를 빈칸 하나씩으로 분리한 것이다. 각각의 빈칸에 들어갈 말로 가장 적절한 것을 고르시오.

1 Indeed, confusing people a little bit is beneficial — it is good for you and good for them. For example, imagine someone extremely punctual who comes home at exactly six o'clock every day for fifteen years. You can use his arrival to set your watch. The fellow will cause his family anxiety if he is barely a few minutes late. Someone with a slightly more _____ schedule, with, say, a half-hour variation, won't do so. 고3 모의

① restricted　　　② urgent　　　③ consistent
④ settled　　　⑤ unpredictable

2 Stability is not good for the economy: firms become very weak during long periods of steady success without failure, and hidden vulnerabilities accumulate silently under the surface — so delaying crises is not a very good idea. Likewise, _____ of 'ups and downs' in the market causes hidden risks to accumulate quietly. The longer one goes without a market trauma, the worse the damage when a real crisis occurs. 고3 모의

　　　　　　　　　　　　　　　　　　　　• **vulnerability** 취약성

① frequency　　　② expectation　　　③ absence
④ duration　　　⑤ experience

---

1 **beneficial** 유익한, 이로운　**punctual** 시간을 엄수하는　**barely** 겨우; 거의 ~ 아니다　**say** (예를 들거나 가능성을 제시할 때) 이를테면　**variation** 변수 〈선택지 어휘〉 **urgent** 긴급한　**settled** 안정된　2 **stability** 안정성　**accumulate** 축적되다　**trauma** 트라우마, 충격적 경험 〈선택지 어휘〉 **absence** 결석, 결근, 부재　**duration** 지속 (기간)

[3~4] 다음은 두 개 빈칸추론 기출 문제를 빈칸 하나씩으로 분리한 것이다. 각각의 빈칸에 들어갈 말로 가장 적절한 것을 고르시오.

3 The United States consumes massive amounts of Asia's industrial products, which benefits the United States as a whole by providing consumers with cheap goods. At the same time, this trade pattern _____ certain American economic sectors and regions by undermining domestic industry. What benefits consumers can simultaneously increase unemployment and decrease wages, creating complex political issues within the United States. 고2 모의

① nourishes   ② supports   ③ transforms

④ strengthens   ⑤ devastates

4 One of the characteristics of the United States is that it tends to be oversensitive to domestic political concerns. Therefore, regardless of the overall benefits of trade with Asia, the United States could end up in a situation where domestic political considerations force it to _____ its policy toward Asian imports. That possibility represents a serious threat to the interests of Asia. 고2 모의

① maintain   ② change   ③ distort

④ enhance   ⑤ develop

---

3 **massive** 거대한 **undermine** 약화시키다 **domestic** 국내의; 가정의 **simultaneously** 동시에 〈선택지 어휘〉 **nourish** 영양분을 공급하다; 풍성하게 하다 **devastate** 황폐화시키다 4 **oversensitive** 지나치게 민감한 **end up in** 결국 ~에 처하게 되다 〈선택지 어휘〉 **distort** 비틀다; 왜곡하다 **enhance** 높이다, 강화하다

[1~5] 다음 글의 빈칸 (A), (B)에 들어갈 말로 가장 적절한 것을 고르시오.

1

When scientists created a piece of mass called the international prototype kilogram (IPK), and distributed about 40 of these prototype kilograms to other countries, they realized dirt could stick to the kilogram's surface. To try to make up for this effect, they made the masses into cylinders, which have less surface area to acquire dust and dirt. _____(A)_____, the basic unit of mass has gained tens of micrograms of mass from surface contamination. A skilled technician will rub the cylinders with alcohol, but because every country cleans their kilograms differently and at different times, each kilogram in the world is slightly different by an unknown amount. _____(B)_____, each country that has one of these standard masses has a slightly different definition of the kilogram, which could cause problems for science experiments that require very precise weight measurements or international trade in items that are highly restricted by weight. 고3 모의 응용

● **IPK** 국제 킬로그램 표준기 《질량 1킬로그램을 정의하는 저울추》 ● **cylinder** 원통, 원기둥

(A)	(B)
① In addition	······ For example
② In addition	······ On the contrary
③ Nevertheless	······ As a result
④ Nevertheless	······ Likewise
⑤ In other words	······ Furthermore

---

1 piece 한 부분, 조각; 한 덩어리, 일정량 **mass** 질량; 덩어리 **prototype** 원형, 표준 **stick to** ~에 들러붙다; ~을 고수하다 **acquire** 얻다 **dust and dirt** 먼지 **skilled** 숙련된 **technician** 기술자 **precise** 정확한 **restrict** 제한하다

2

There is a _____(A)_____ principle in human perception that affects the way we see the difference between two things that are presented one after another. For example, each student in the psychophysics laboratory takes a turn sitting in front of three buckets of water — one cold, one at room temperature, and one hot. After placing one hand in the cold water and one in the hot water, the student is told to place both in the lukewarm water simultaneously. Then something surprising happens. Even though both hands are in the same bucket, the hand that was in the cold water feels as if it is now in the hot water, while the one that was in the hot water feels as if it is in cold water. The point is that the same thing can be made to seem very different, depending on the nature of the event that _____(B)_____ it. 고2 모의 응용

• **lukewarm** 미지근한

	(A)		(B)
①	contrast	⋯⋯	precedes
②	contrast	⋯⋯	follows
③	similarity	⋯⋯	precedes
④	similarity	⋯⋯	follows
⑤	consistency	⋯⋯	causes

2 perception 인지 **psychophysics** 정신물리학 **bucket** 양동이 **room temperature** 실온 〈선택지 어휘〉 **precede** 선행하다, 앞서 있다 **consistency** 일관성

3

Two types of procrastinator have been recognized: the optimistic procrastinator and the pessimistic procrastinator. Optimistic procrastinators delay their intentions but do not worry about doing so. They are confident that they will succeed in the end, regardless of their engagement in the intended action now or later. _____(A)_____, they overestimate their progress and their chances to succeed and underestimate the effort needed to accomplish their goal. In contrast, pessimistic procrastinators do worry about their procrastination. They are aware of the fact that they fall behind schedule. Nevertheless, they still procrastinate because they are unsure how to deal with the task. They feel incompetent and are afraid that their involvement in the task will prove their incompetence. _____(B)_____, they procrastinate to avoid unpleasant experiences.

* **procrastinator** (해야 할 일을) 미루는 사람

(A)	(B)		(A)	(B)
① However	⋯⋯ In addition		② Above all	⋯⋯ Meanwhile
③ Above all	⋯⋯ Similarly		④ Moreover	⋯⋯ Therefore
⑤ Moreover	⋯⋯ In contrast			

4

The danger that the human population poses to the environment is the result of two factors: the _____(A)_____ of people and the environmental impact of each person. When there were few people on Earth and limited technology, the human impact was primarily local. Even so, people have affected the environment for a surprisingly long time. It started with the use of fire to clear land, and it continued, new research shows, with large effects on the environment by early civilizations. For example, large areas of North America were modified by American Indians, who used fire for a variety of

---

3 **engagement** 참여; 약혼; 고용 **procrastination** 꾸물거림 *cf.* **procrastinate** 미루다, 꾸물거리다 **incompetent** 무능력한 *cf.* **incompetence** 무능력(함)
involvement 관여 4 **pose** (문제 등을) 제기하다; 자세 **primarily** 최초로; 주로 **local** 지역[국소]적인; 지방의 **even so** 그렇긴 해도 **civilization** 문명 **modify**
변경하다 〈선택지 어휘〉 **global** 세계적인, 지구상의; 포괄적인, 전체적인 **accidental** 우연한, 돌발적인 **exaggerate** 과장하다

reasons and modified the forests of the eastern United States. The problem now is that there are so many people and our technologies are so powerful that our effects on the environment are even more _____(B)_____. This could cause a negative cycle — the more people, the worse the environment; the worse the environment, the fewer people. 고2 모의 응용

	(A)	(B)		(A)	(B)
①	number	⋯⋯ global	②	number	⋯⋯ limited
③	knowledge	⋯⋯ positive	④	movement	⋯⋯ accidental
⑤	movement	⋯⋯ exaggerated			

5

"One swallow doesn't make a summer." You might think this phrase comes from William Shakespeare or another great poet. It looks as though it might. _____(A)_____, it's from Aristotle's book *The Nicomachean Ethics*. The point he was making was that just as it takes more than the appearance of one swallow to prove that summer has arrived, so a few moments of pleasure don't add up to true happiness. Happiness for Aristotle wasn't a matter of short-term joy. Surprisingly, he believed that children couldn't be happy. This sounds absurd. But it shows how different his view of happiness was from ours. Children are just beginning their lives, and so haven't had a full life in any sense. _____(B)_____, true happiness required a longer life in his view.

	(A)	(B)		(A)	(B)
①	In fact	⋯⋯ Instead	②	In fact	⋯⋯ In short
③	For example	⋯⋯ Moreover	④	For example	⋯⋯ In short
⑤	As a result	⋯⋯ Moreover			

---

5 **swallow** 삼키다; 제비 **appearance** 등장; 외모 **add up to A** 결국 A가 되다 **absurd** 터무니없는

Words & Phrases 3단계 활용법

▶ **1단계**: 아는 단어는 □ 안에 체크를 한다. 모르는 단어는 뜻을 확인한다.
▶ **2단계**: 지문의 문맥을 통해 모르는 단어의 뜻을 재확인한다.
▶ **3단계**: 학습 후 알게 된 단어의 □ 안에 체크를 하고 모르는 단어는 뜻을 확인하는 과정을 반복한다.

1

□ **priority**	우선순위(의 것), 우선권	□ **boundary**	경계(선)
□ **whereby**	(그것에 의하여) ~하는	□ **exception**	예외
□ **conduct**	행하다; 지휘하다; (열·전기를) 전도하다	cf. **exceptional**	예외적인; 출중한
cf. **conductor**	안내원; 지휘자	□ **cooperation**	협력
□ **get in the way of**	~을 방해하다	□ **routine**	(판에 박힌) 일상, 일과
□ **as such**	그런 만큼		

2

□ **illiterate**	문맹의 (↔ literate 글을 읽고 쓸 줄 아는)	□ **get out**	~을 만들어 내다; 나가다; 도망치다
□ **rely on**	~에 의존하다 (= depend on, count on)	□ **station**	역; 방송국
□ **editorial**	사설	□ **broadcast**	방송하다; 널리 알리다
□ **typically**	일반적으로	cf. **broadcasting**	방송

3

□ **psychologist**	심리학자	□ **figure**	인물; 숫자
□ **suspicion**	의심, 불신	□ **group mind**	군중 심리
□ **admiration**	감탄, 존경	□ **collective**	집단의, 단체의
□ **sweep away**	~을 휩쓸어버리다	□ **overwhelm**	압도하다
□ **propose**	(설명 등을) 제시하다; 제안하다	□ **further**	발전시키다
□ **notorious**	악명 높은		

4

☐ **blink**	눈을 깜박이다; 눈 깜박임	☐ **undergo**	겪다
☐ **take A for granted**	A를 당연한 것으로 여기다	☐ **make up**	~을 지어내다, 꾸며내다
☐ **be tied to A**	A와 연결[관련]되어 있다	☐ **deficient**	부족한, 결핍된
☐ **coincide with**	~와 일치하다, ~와 동시에 일어나다		
cf. **coincidence**	우연의 일치, 동시 발생		

5

☐ **consumption**	소비	☐ **in principle**	이론상으로
cf. **consume**	소비하다 (= expend); 먹다; 마시다	☐ **be involved in**	~에 가담해 있다
☐ **governance**	통치, 관리	☐ **regard A as B**	A를 B로 여기다
☐ **capacity**	수용력; 능력	☐ **hostile**	적대적인 (↔ hospitable 환대하는, 친절한)
☐ **dictate**	받아쓰게 하다; 좌우하다	☐ **in that respect**	그런 점에서
☐ **enforce**	집행하다; 강요하다	☐ **emissions limit**	배기가스 허용 기준
☐ **only go so far**	한계가 있다	☐ **cooperation**	협력
☐ **radiation**	방사(능); 복사(열) 《열이나 전자기파가 사방으로 방출됨, 또는 그 열이나 전자기파》	☐ **advance**	진보; 나아가다 (= progress)
		in advance	앞서, 미리, 사전에

6

☐ **demonstrate**	입증하다, 보여주다; 시위에 참여하다	☐ **elevated**	높은
cf. **demonstration**	(시범을 통한) 설명; 시위	☐ **core**	중심; 핵심
☐ **chilled**	냉장한, 아주 차가운	☐ **alert**	기민한, 재빠른
☐ **throughout**	~ 동안 내내	☐ **state**	상태; 주(州); 나라; 언급하다
☐ **resistance**	저항력	☐ **energized**	에너지가 충만한
☐ **continual**	계속적인	☐ **room temperature**	실온

[1-5] 다음 글의 빈칸에 들어갈 말로 가장 적절한 것을 고르시오.

---

1 Protect your priorities. Once you know what's personally important to you, protect it by _____. For example, if peace of mind is a priority, set up a rule whereby you no longer answer your telephone after 9 p.m. or before 9 a.m. This will automatically help create a peaceful home environment. If maintaining a balance between your professional and personal life is important, decide to no longer conduct any business on the weekends. My client Jody, whose physical health is a top priority, no longer lets anything get in the way of her daily exercise. She's found the time of day that works best for her and has protected this time by scheduling work around it. I know this won't necessarily be easy, but if something is truly a priority, you must treat it as such.

① hiding your plans
② creating boundaries
③ allowing exceptions
④ seeking cooperation
⑤ developing routines

---

2 Information about what has happened in the world, in our country, in our area, or even in our town _____. People who can read may get their news from newspapers. Because many people in the world are illiterate, however, others rely on elders or neighbors. Newspapers around the world are similar in many ways. Most include editorials that give the opinions of the government or of the newspaper's publishers. Magazines are another way that some people get the news. Magazines are longer and typically appear weekly. Radio and television are two other sources that get the news out faster than newspapers and magazines, and they do not have to be read. Radio and television stations broadcast the news several times each day.

① spreads in networks
② demands our attention
③ functions in various ways
④ comes to us in many ways
⑤ affects our minds differently

---

3 Psychologists have long been aware of the power of social groups to _____, but they have tended to view this with suspicion rather than admiration. Writing at the end of the nineteenth century, the French psychologist Gustave LeBon spoke about how people can be swept away by the passions of the crowd. More recently, psychologists have proposed that notorious figures such as Hitler and Mussolini achieved and maintained control in part by taking advantage of a "group mind," in which collective emotion overwhelms the individual voice of reason. Collective emotion can be a powerful force, but most intellectuals have regarded this power as dangerous rather than as useful.

① draw brilliant ideas
② spread information
③ strengthen emotions
④ improve performance
⑤ further democracy

4 Blinking is a necessary behavior for the proper function and care of our eyes and is really taken for granted. Depending on our physical environments, lighting, and other factors, we generally blink on the average about once every five or six seconds. What is interesting, however, is that blinking has been found also to be tied to the amount of mental stress we are experiencing and our blinking rate under stress conditions seems to coincide with how fast the brain is processing information. An increase in the blink rate suggests that the person _____. The person, for whatever reason, is quickly creating and evaluating his thoughts as he prepares himself, and this is a good sign that he may be undergoing a change in the level of mental stress.

① is thinking rapidly

② is making up a story

③ is deficient in certain vitamins

④ has a low stress level

⑤ lacks creativity

5 Since it's a global problem, dealing with energy consumption and climate change requires global governance. That doesn't mean a single body of government with the capacity to dictate policy for everyone and the power to enforce it. It does mean that local decision makers have to try to develop a global view. The problem is that even effective local policy can only go so far, and there might be _____. Using chemicals to reduce solar radiation could in principle be done by one country alone, or just a few nations. However, if this cuts sunlight for crops in countries not involved in the project, other governments might regard this as a hostile act. In that respect, such a plan would probably turn out to be as politically complex as carbon trading and emissions limits.

* **carbon trading** 탄소 (배출량) 거래

① extra effort needed on global issues

② no way to solve local energy problems

③ an organization that controls local actions

④ serious obstacles to international cooperation

⑤ surprising advances in political effectiveness

다음 글의 빈칸 (A), (B)에 들어갈 말로 가장 적절한 것을 고르시오.

6 Studies demonstrate that when you consume small amounts of chilled water every 20-30 minutes throughout the day, you improve your overall health and resistance to illness. _____(A)_____, you provide a strong, clear, and continual signal to your body to keep your energy level elevated. Dr. Darden, the director of research for Nautilus Sports/Medical Industries in Colorado Springs, says, "A gallon of ice-cold water requires more than 200 calories of heat energy to warm it to the core body temperature of 37℃." _____(B)_____, your body expends a lot of energy to warm ice-cold water, and this keeps you in an alert and active state. While it is not yet a scientific fact, this suggests that you get even more energized by drinking ice-cold water than water at room temperature.

	(A)		(B)
①	However	·····	Instead
②	However	·····	Similarly
③	For example	·····	Therefore
④	In addition	·····	Similarly
⑤	In addition	·····	Therefore

Words & Phrases 3단계 활용법

▶ **1단계**: 아는 단어는 □ 안에 체크를 한다. 모르는 단어는 뜻을 확인한다.
▶ **2단계**: 지문의 문맥을 통해 모르는 단어의 뜻을 재확인한다.
▶ **3단계**: 학습 후 알게 된 단어의 □ 안에 체크를 하고 모르는 단어는 뜻을 확인하는 과정을 반복한다.

1

□ **aroma**	향기	□ **texture**	질감
□ **associate A with B**	A를 B와 연관 짓다	□ **crunch**	바삭거리다, 오도독거리다
□ **distinctive**	독특한	□ **have little to do with**	~와 거의 관계가 없다
cf. **distinction**	차이; 특징	□ **component**	요소, 부품
□ **fragrance**	향기	□ **play a core role in**	~에서 중심적인 역할을 하다
참고 **aroma, perfume** 향기		□ **differentiate**	구별하다 (= distinguish)
참고 **scent**	일반적인 냄새		
참고 **odor, stink**	악취		

2

□ **govern**	통치하다; 지배[통제]하다; 운영하다	□ **at A's best**	A의 최고 상태에 있는
□ **interference**	간섭, 방해	□ **dwell on**	~을 곰곰이 생각하다
cf. **interfere**	방해[간섭]하다	□ **mechanics**	역학
□ **tighten up**	긴장하다; 조이다	□ **flame**	불길, 화염; 활활 타다
□ **fluidity**	유동성	□ **endure**	참다
□ **be supposed to-v**	v하기로 되어 있다, v해야 한다	□ **live with**	~을 받아들이다, 감수하다, 참고 견디다

3

□ **orbit**	궤도	□ **scarcity**	부족, 결핍
□ **acceleration**	가속; 가속도	□ **relatively**	상대적으로
cf. **accelerate**	속도를 높이다	cf. **relative**	비교상의, 상대적인; (~와) 관련된; 친척
□ **space shuttle**	우주 왕복선	□ **specialization**	전문화
□ **likely**	있을 것 같은	cf. **specialize**	전문화하다; 전공하다
어구 **be likely to-v** v할 것 같다			

4

give in	항복[굴복]하다	resume	다시 시작하다
be left with	~이 남겨지다, ~을 계속 지니다	heart-to-heart	허심탄회한, 솔직한; 마음을 터놓고 하는 대화
resentment	분함, 분개		
halt	중지, 중단; 멈추다, 서다		

5

bias	편향, 편견 (= prejudice, preconception)	considerably	상당히
derive	끌어내다, 얻다	cf. considerable	상당한, 많은
어구 be derived from	~에서 비롯되다, 유래하다	inflate	부풀리다
be located in	~에 위치해 있다		(↔ deflate 공기를 빼다; 수축시키다)
tend to-v	v하는 경향이 있다	underestimate	과소평가하다
preselect	미리 선택하다		(↔ overestimate 과대평가하다)
consistently	끊임없이, 일관되게	have an effect on	~에 영향을 미치다
cf. consistent	일관된 (↔ inconsistent 일관성 없는)	significant	상당한
hypothesize	가설을 세우다	cf. significantly	상당히

6

finding	연구[조사] 결과	fatigue	피곤함, 피로
be engaged in	~에 몰두하다; ~에 종사하다	register	기록하다; 등록하다
apparently	듣자[보자] 하니; 분명히	cf. registration	등록; (출생·혼인 등의) 신고
cf. apparent	분명한 (= obvious); ~인 것처럼 보이는	consciousness	의식, 자각
psychic	정신적인	bearable	참을 수 있는 (= endurable)
be committed to A	A에 전념되다		(↔ unbearable 견딜 수 없는)
definite	명확한 (↔ indefinite 애매한)		

[1–5] 다음 글의 빈칸에 들어갈 말로 가장 적절한 것을 고르시오.

1 What aroma do you most associate with movie theaters? It's popcorn. One cinema owner in Chicago decided to blow the smell of popcorn from inside his theater onto the sidewalk a half-hour before the movie was scheduled to begin. Later, he told me, that wonderful smell helped him fill seats in a matter of minutes. To be honest, the distinctive fragrance of popcorn or the texture and sound of crunching cornflakes has little to do with the actual product or its quality. Yet these components have come to play a core role in our relationship with these products. _____ not only helps us differentiate one product from the next, but also becomes part of our decision-making processes, becoming part of our long-term memories.

① A purchasing decision
② Something affecting our senses
③ Promoting products
④ Repeating exposure
⑤ Reading customers' minds

2 During competition, effective performers must and will forget about the workings of their muscles and their physical technique. They trust their kinetic memory. Kinetic memory governs an athlete's muscles unless there is interference from negative thinking. If negative thoughts do enter the mind, the muscles will tighten up, losing their natural fluidity. Athletes must be taught to _____! The muscles have learned how to do what they're supposed to do, and they are at their best when the athlete's mind doesn't interfere. However, athletes tend to dwell on mechanics and technique when they're struggling. This is essentially throwing gasoline on the fire. Their relaxed and focused performance goes up in flames.

• **kinetic** 운동의, 운동에 의해 생기는

① focus on their physical technique

② endure pain to succeed

③ let negative thoughts go

④ leave their muscles alone

⑤ live with their weaknesses

---

3 Unlike airplanes, which push against air to fly, rockets get their power by forcing exploded fuel backward. And chemical fuel at its highest energy per gram shoots backward at less than one mile per second, much less than the 5 miles per second needed to maintain a low Earth orbit. So acceleration is slow. The space shuttle must use 30 pounds of fuel for every pound of satellite that goes into orbit. To make reaching space more efficient, NASA is trying to develop an airplane that could go fast enough, but such hypersonic speeds are likely many years away. Some people think a giant elevator might be more efficient, but such an elevator would still need rockets to remain in orbit. In other words, the high cost of space travel is due to

_____.

• **hypersonic** 극초음속의

① the difficulty of research

② the scarcity of resources

③ the relatively low demand

④ the inefficiency of rockets

⑤ the high degree of specialization

4 How should partners in a committed relationship resolve conflict? "Fair fighting" is one concept that can be useful. What is involved? Most experts suggest that, if possible, couples _____ to resolve conflict. The old saying "Don't let the sun set on a quarrel," which means "Don't go to bed angry," is not wise advice. Too often, individuals fight when they are tired or under extreme stress. When in these conditions, couples can create added problems, or, as often happens, one person "gives up" in order to get some rest. The concept of "giving up" and "giving in" places fighting on the level of a wrestling match. Usually, the one who gives up is left with resentment. Fair fighters can call a time-out, a halt in their discussion, and resume under more positive conditions.

① avoid reacting emotionally
② choose the best conditions
③ try to have a heart-to-heart talk
④ consider what the real problem is
⑤ conclude an argument on the spot

5 It's widely believed that the majority of the world's research papers are now published in English. It is not obvious, however, whether such high percentages for English provide an accurate picture of languages selected for publication by researchers around the world. The main difficulty is bias in the databases from which these high percentages are typically derived. The databases are those founded by the major services which are mainly located in the United States. As a result, these services have tended to preselect papers that are written in English. Indeed, no Arabic language science journal was consistently included in the Science Citation Index in the mid-1980s. We can hypothesize from this discussion that the role of English in research _____.

① may be changed pretty soon

② may be considerably inflated

③ will become far more important

④ will turn out to be underestimated

⑤ has a significant effect on findings

다음 글의 빈칸 (A), (B)에 들어갈 말로 가장 적절한 것을 고르시오.

6

An interesting finding is that people report significantly more physical symptoms, such as headaches and backaches, on weekends and at times when they are not studying or working. Even the pain of women with cancer is _____(A)_____ when they are with friends or engaged in an activity; it gets worse when they are alone with nothing to do. Apparently, when psychic energy is not committed to a definite task, it is easier to notice what goes wrong in our bodies. When playing a close tournament, chess players can go for hours without noticing hunger or a headache; athletes in a competition can ignore pain and fatigue until the event is finished. When _____(B)_____ is focused, minor aches and pains have no chance to register in consciousness.

	(A)		(B)
①	cured	······	pain
②	cured	······	thought
③	severe	······	effort
④	bearable	······	treatment
⑤	bearable	······	attention

실전
모의고사

Words & Phrases 3단계 활용법
▶ **1단계:** 아는 단어는 □ 안에 체크를 한다. 모르는 단어는 뜻을 확인한다.
▶ **2단계:** 지문의 문맥을 통해 모르는 단어의 뜻을 재확인한다.
▶ **3단계:** 학습 후 알게 된 단어의 □ 안에 체크를 하고 모르는 단어는 뜻을
확인하는 과정을 반복한다.

1

□ **existence** 존재
cf. **existing** 기존의; 현재 사용되는
□ **announcement** 발표
어구 **make an announcement** 알리다, 발표하다
□ **discipline** 훈련; 자제; 학문 분야; 훈련하다; 징계하다
□ **commitment** 약속; 헌신; 전념
□ **call** 통화; 사명, 천직

□ **greatness** 탁월함, 뛰어남
□ **fingerprint** 지문
□ **triumph** 승리, 정복; 승리를 거두다
□ **potential** 가능성이 있는, 잠재적인; 가능성, 잠재력
□ **current** 현재의; 흐름
cf. **currency** 통화, 화폐; 유행

2

□ **when it comes to A** A에 관한 한
□ **be eager to-v** 몹시 v하고 싶어 하다
□ **fit** 맞다; 적합한; 건강한
□ **strengthen** 강화하다 (↔ weaken 약화시키다)
□ **soreness** 쑤심, 아픔

□ **ambitious** 야심에 찬, 의욕적인
□ **outweigh** ~보다 더 크다
□ **less-is-more** 적을수록 많다는
□ **hold true** 진실이다, 적용되다; (규칙·말이) 유효하다
□ **workout** (근력) 운동

3

□ **size** 크기, 치수; 어떤 크기로 만들다
□ **stick out of** ~ 밖으로 삐져나오다
□ **tremendous** 엄청난 (= huge, enormous)
□ **profit margin** 이윤 폭; 이익률

□ **be due to A** A 때문이다
□ **in part** 부분적으로
□ **illusion** 오해, 착각; 환상
□ **return** 돌아오다; 반환(하다); 수익

4

☐ **fine**	좋은; 우수한; 미세한; 벌금		☐ **at times**	이따금
☐ **constructive**	건설적인		☐ **invade**	침입하다
cf. **construct**	건설하다; (이론 등을) 구성하다		☐ **regarding**	~에 관하여 (= in[with] regard to, considering, about)
☐ **criticism**	비평			
cf. **critic**	비평가		☐ **companion**	친구, 벗
cf. **critical**	비평(가)의; 비판적인; (병이) 위독한; 결정적인, 중요한		☐ **tend to-v**	v하는 경향이 있다
☐ **impose**	강요하다; 부과하다			

5

☐ **surround A with B** A를 B로 둘러싸다			☐ **ruin**	망치다, 황폐화시키다; 붕괴; 《주로 복수형》 폐허, 유적
☐ **to one degree or another** 이런저런 정도로				
			☐ **destination**	종착지, 목적지

6

☐ **logic**	논리; 논리학		☐ **presenter**	발표자
☐ **let A in on B**	A에게 B에 관한 정보를 주다		☐ **convey**	전하다, 전달하다
☐ **be true of**	~에게 적용되다		☐ **format**	구성 방식, 포맷; 포맷[서식]을 만들다
☐ **wonder**	놀라다; 궁금해하다; 놀랄 일		☐ **conversely**	반대로, 역으로 (= on the contrary)
참고 **wander**	돌아다니다, 헤매다		☐ **in short**	간단히 말해서 (= to sum up)
☐ **absolute**	절대적인, 완전한 (↔ relative 상대적인)		☐ **accordingly**	따라서
☐ **confusion**	혼란, 혼동			

[1–5] 다음 글의 빈칸에 들어갈 말로 가장 적절한 것을 고르시오.

1 Have the courage _____ — and if you don't know what it is, realize that one reason for your existence on earth is to find it. It won't come to you through some special announcement or through the voice of God. Your life's work is to find your life's work — and then to exercise the discipline and commitment it takes to pursue it. How do you know whether you're on the right path or in the right job? The same way you know when you're not: you feel it. Each of us has a personal call to greatness — and because yours is as unique to you as your fingerprint, no one can tell you what it is. Pay attention to what makes you feel alive, connected, and stimulated — what gives you your energy. And you will do more than succeed. You will triumph.

① to face the future
② to follow your passion
③ to reach your full potential
④ to fight your inner fear
⑤ to leave your current path

2 When it comes to exercising, one of the biggest mistakes is _____ _____. If you are eager to lose weight and get fit, you probably want to start immediately, get a gym membership, start going to a kickboxing class, and begin using all of the muscle-strengthening machines. Unfortunately, this aggressive attitude can do more harm than good: injury, soreness, and quitting. The problems related to being too ambitious outweigh the benefits. If you think about the changes required to keep up such a difficult pace, you are setting yourself up for failure. So, how do you avoid this? You do less. The less-is-more saying holds true when it comes to exercise. Just start slowly, and you will soon find yourself doing more just because it feels good.

① not to take enough rest

② not to change one's workout

③ to try to do too much too soon

④ to focus on quantity over quality

⑤ to follow another's successful program

3

We often find in a fast-food restaurant that the burger and various vegetables are sized to stick out of the bread, as if the bread cannot contain the "tremendous" amount of food within. Similarly, the bags and boxes seem to be stretching at the top, overflowing with French fries. The insides of the boxes for McDonald's large fries are curved, and this eliminates a few pennies worth of potato. Indeed, there is a huge profit margin in the fries. It is reported that at Burger King, fries are sold at 400% of their cost! Similarly, drinks at Burger King sell for 600% of their cost. This is due, in part, to all the ice used to create the impression that people get more of a drink than they actually do. Thus, in fact, the consumers' thinking is wrong — getting a lot of food for little cost _____.

① is wasting their money

② is often more illusion than reality

③ can seriously damage their health

④ can make quick returns for the shops

⑤ is the companies' trick for you to spend more

4 Many people think they are trying to make a relationship better when in fact they are _____. There is a fine line between constructive criticism and an attempt to impose one's values on the other person. While it is appropriate at times to try to influence another person's values, I believe it is never appropriate to try to impose one's values on another person — even one's children. That is invading their space and is, in my eyes, an attack on their spirit. Therefore, I do not use direct messages regarding matters like my children's grades in school, their companions, whether or not they go to church, and so on. When a person tries to impose his values on another, it tends to damage the relationship.

① gossiping about others
② violating the other person's space
③ using indirect messages with others
④ trying not to criticize each other
⑤ not spending time with the other person

5 Have you ever had a job where your work was actually quite boring but you still liked going to work? If you've had that kind of job, it's almost certainly true that your enjoyment was found on a personal level. Almost every job you'll ever have will surround you with people to one degree or another. A good job can be ruined if you're surrounded by difficult people or people you just aren't comfortable with, and an ordinary, not-so-interesting job can be fun if you work with people you enjoy. Finding a dream job involves more than discovering what you love to do; it also means _____.

① learning to be more patient

② realizing what you can do for other people

③ figuring out what your life's destination will be

④ understanding others as individual human beings

⑤ finding what kinds of people you enjoy working with

다음 글의 빈칸 (A), (B)에 들어갈 말로 가장 적절한 것을 고르시오.

6 Bernard Augustine de Voto once said, "The mind has its own logic but does not often let others in on it."＿＿＿(A)＿＿＿, this is true of many speakers. So it's no wonder that listeners are often left sitting in absolute confusion. Every message needs a beginning, a middle, and an ending. And it's your job, as presenter, to convey that structure to the listeners. Don't worry about finding the best way to organize your material. That's a waste of time because there is no best way. ＿＿＿(B)＿＿＿, you'll find lots of good ways. Just choose whatever suits your speaking style and your material. But no matter what format you use, make sure it's clear to the audience.

(A)	(B)
① Conversely	······ In short
② Accordingly	······ Furthermore
③ Accordingly	······ Otherwise
④ Unfortunately	······ Instead
⑤ Unfortunately	······ As a result

Words & Phrases 3단계 활용법

▶ **1단계:** 아는 단어는 □ 안에 체크를 한다. 모르는 단어는 뜻을 확인한다.
▶ **2단계:** 지문의 문맥을 통해 모르는 단어의 뜻을 재확인한다.
▶ **3단계:** 학습 후 알게 된 단어의 □ 안에 체크를 하고 모르는 단어는 뜻을 확인하는 과정을 반복한다.

1

typically	일반적으로; 전형적으로	elsewhere	어딘가 다른 곳에
lean in	앞으로 숙이다	setting	환경
hearty	진심 어린	when it comes to A	A에 관한 한
in place	제자리에 (있는)	initial	처음의, 초기의 (↔ final 마지막의)

2

ordinarily	대개는, 보통 때는	prey	먹이, 사냥감
from time to time	이따금, 가끔	reason	이유; 이성; 추론[판단]하다
tribe	부족, 종족	permissible	허용되는
cf. tribal	부족의	slow-paced	느린 속도의
come up with	(해답 등을) 내놓다, 찾아내다	cf. pace	속도; (~의) 속도를 유지하다

3

take advantage of	~을 이용하다, 기회로 활용하다	trash	쓰레기; 버리다, 폐기하다
productivity	생산성	to-do list	해야 할 일을 적은 목록
beat oneself up	자책하다		

4

frequently	흔히, 자주	stem from	~에서 기인하다, 생겨나다
cf. frequency	자주 일어남; 빈도	party	당사자; 정당; 파티
attribute	속성; (~을 …이) 덕분으로 보다	list	목록; 목록을 작성하다
sympathy	동정, 연민; 동조; 공감 (↔ antipathy 반감)	likeable	호감이 가는
참고 empathy	감정이입, 공감		(↔ unlikable 호감이 가지 않는)
blossom	꽃; 꽃피우다 (= bloom)		

5

become involved with	~에 관여하다, 연관되다 (= get involved with)	welfare	복지; 행복
contribution	기여; 기부(금)	colleague	동료 (= coworker)
cf. contribute	기부하다 (= donate); 기여[공헌]하다	call upon	~에게 부탁[요청]하다
cause	원인; (사회적) 운동, 대의명분	purely	순전히, 전적으로
in the first place	애초에	sincere	진실한, 진정한; 진심의
unselfish	이기적이지 않은 (= selfless) (↔ selfish 이기적인)	cf. sincerity	성실; 정직
		cf. sincerely	진심으로

6

timid	소심한	compassion	연민, 동정심 (= sympathy)
outgoing	외향적인 (= extrovert, sociable) (↔ introvert 내향적인)	benefit from	~으로부터 이익을 보다
intelligence	지능	aspect	면, 측면
cf. intelligent	똑똑한, 머리가 좋은	humanity	인류
cf. intellectual	지적인	superior	우수한, 우월한 (↔ inferior (~보다) 못한, 열등한)
in terms of	~의 면에서	exceptional	특출한, 예외적인
rational	이성적인 (↔ irrational 비이성적인)	opposing	서로 겨루는; 서로 반대되는
highly	대단히, 매우		
common sense	상식		

[1–5] 다음 글의 빈칸에 들어갈 말로 가장 적절한 것을 고르시오.

1

_____ is important to observe when you first meet people. It reveals how they feel about you. Personally, when I first meet someone, I typically lean in, give the person a hearty handshake and then take a step back. One of three responses is likely: (a) the person will remain in place, which lets me know he or she is comfortable at that distance; (b) the individual will take a step back, which lets me know he or she wants more space or wants to be elsewhere; or (c) the person will actually take a step closer to me, which means they feel comfortable with me. This is useful information in any social setting, but also consider what makes *you* comfortable when it comes to space.

① Eye contact
② Body language
③ Physical distance
④ Effective listening
⑤ Initial appearance

2

Human beings aren't ordinarily on a tiger's menu, but that doesn't stop people from being eaten from time to time. A hungry tiger will always chase and eat a human rather than a faster animal. That's why a tribe in India came up with an easy means of protecting themselves in tiger country. Since tigers hunt and attack their prey from behind, the tribal people reasoned that if they wore masks on the back of their heads, they wouldn't seem to have a behind. Many tribal people still believe that the trick works. They say that a tiger may follow them at first, but soon becomes confused by the mask and even scared by it, and eventually runs away. Clearly, for these people, _____ is not only permissible, but actually required!

① being two-faced
② living in a jungle
③ hunting wild animals
④ wearing a tiger mask
⑤ leading a slow-paced life

3

One way to more fully take advantage of the present moment and increase your productivity is _____. Max was learning this the hard way. He said, "I almost get everything done, but there are always two or three things I don't get done." He would beat himself up about the two or three things he didn't do instead of congratulating himself for the ten things he did. Try keeping the list for work, but consider trashing your personal list. Or just try living without it for a week and see what happens. You will find that you naturally do what needs to be done. If you just lived the day doing what needed to be done and didn't worry about the list, then you wouldn't worry about what didn't get done.

① to have enough breaks
② to get rid of your to-do list
③ to tell other people about your goals
④ to set a deadline for each of your tasks
⑤ to complete your most hated tasks first

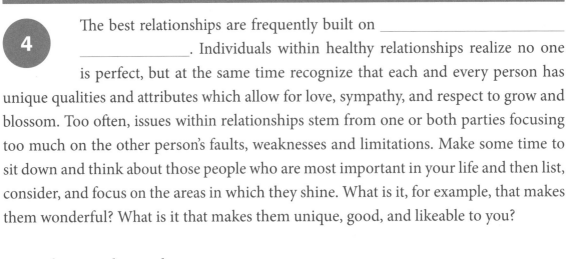

4 The best relationships are frequently built on _____
_____. Individuals within healthy relationships realize no one
is perfect, but at the same time recognize that each and every person has
unique qualities and attributes which allow for love, sympathy, and respect to grow and
blossom. Too often, issues within relationships stem from one or both parties focusing
too much on the other person's faults, weaknesses and limitations. Make some time to
sit down and think about those people who are most important in your life and then list,
consider, and focus on the areas in which they shine. What is it, for example, that makes
them wonderful? What is it that makes them unique, good, and likeable to you?

① trust between the members
② exposure of personal weakness
③ time for meaningful conversations
④ recognition of each other's strengths
⑤ honest and immediate expression of feelings

5 Becoming involved with your community and working to make the world
a better place _____. People who
make important contributions to community organizations usually have an
emotional tie to the organization's mission or cause. People get involved because of a
parent suffering from a disease, a friend with cancer, a child with a learning disability, or
some other deeply personal connection — it is these connections that catch their interest
in the first place, not their unselfish concern for other people's happiness and welfare.
People with a healthy connection to their community make their interests known to
friends, colleagues, and family members. Then when the right opportunity presents
itself, they are more likely to be called upon, and they get involved.

① helps to create a healthy society

② teaches you the pleasure of giving

③ starts from pity for your poor neighbors

④ does not have to be a purely selfless act

⑤ hurts those being helped if you are not sincere

다음 글의 빈칸 (A), (B)에 들어갈 말로 가장 적절한 것을 고르시오.

6 All humans have many sides but it appears to be human nature to divide ourselves into good and bad parts. Timid and outgoing are not the only qualities that have been _____(A)_____ in such a way. For instance, before Dr. Daniel Goleman's book *Emotional Intelligence*, intelligence was thought of only in terms of rational thinking. Emotions were thought of as irrational and less valuable. Humans were divided into the "head" and the "heart." However, we all realize that some people are highly intelligent, yet they seem to have little common sense or compassion for other people. Other people have great kindness and wisdom, yet they may not be so intellectual. We need the head and the heart. It's obvious we need to learn from people with _____(B)_____ talents: our society benefits from all aspects of humanity.

	(A)		(B)
①	harmed	⋯⋯	practical
②	improved	⋯⋯	unique
③	separated	⋯⋯	superior
④	improved	⋯⋯	exceptional
⑤	separated	⋯⋯	opposing

실전 모의고사

Words & Phrases 3단계 활용법

▶ **1단계**: 아는 단어는 □ 안에 체크를 한다. 모르는 단어는 뜻을 확인한다.
▶ **2단계**: 지문의 문맥을 통해 모르는 단어의 뜻을 재확인한다.
▶ **3단계**: 학습 후 알게 된 단어의 □ 안에 체크를 하고 모르는 단어는 뜻을 확인하는 과정을 반복한다.

1

□ **inning**	《야구》 이닝, 회(回)
□ **legendary**	전설적인, 전설의
□ **sail**	미끄러지듯 날다; 항해하다
□ **bend down**	몸을 굽히다
□ **catcher**	《야구》 포수
□ **baseman**	《야구》 (1 · 2 · 3)루수

□ **promptly**	즉시, 민첩하게
cf. **prompt**	즉각적인; 시간을 엄수하는; 촉구하다
□ **tag out**	《야구》 ~을 태그아웃시키다 《주자가 베이스를 벗어난 상황일 때 공을 가진 수비수가 주자를 태그해서 아웃시키는 것》
□ **sympathy**	동정, 연민; 동조; 공감 (↔ antipathy 반감)
참고 **empathy**	감정이입, 공감

2

□ **preference**	선호(도)
어구 **have a preference for**	~을 더 좋아하다
□ **solitude**	고독; 외로움
□ **eliminate**	제거하다 (= get rid of)
□ **virtually**	사실상
cf. **virtual**	실제상의; 가상의
□ **encounter**	만남, 조우; (우연히) 만나다; (위험 · 곤란 등에) 부닥치다

□ **interpersonal**	대인 관계의
□ **correlate**	연관성이 있다, 연관성을 보여주다
어구 **correlate with**	~와 관련 있다
□ **innate**	타고난, 선천적인 (= inborn, inherent)
□ **acquired**	획득한; 후천적인
cf. **acquire**	얻다
□ **conflict with**	~와 상충되다

3

□ **unfairly**	부당하게, 불공평하게
□ **modernization**	현대화
□ **set a goal**	목표를 정하다
□ **rely on**	~에 의존하다 (= depend on, count on)
□ **confidently**	자신 있게

□ **reference**	참고, 참조; 언급
□ **expand**	확장[확대]하다 (= enlarge) (↔ contract 수축하다)
□ **criticism**	비판, 비난
cf. **criticize**	비판[비난]하다

4

uncommon	흔하지 않은	formal	공식적인, 격식을 차린
reflect	반영하다; 비추다; 숙고하다		(↔ informal 비공식의)
숙어 reflect on	~에 대해 숙고하다, 곰곰이 생각하다	be good at	~을 잘하다
accomplished	성취된; 숙달된	acquire	습득하다
figure out	~을 (헤아려) 알아내다	참고 inquire	묻다, 알아보다
remarkable	주목할 만한	참고 require	요구하다

5

more or less	거의, 대략	category	범주
credit	신뢰, 신용; 이름 언급, 크레디트 《영화나 텔레비전 프로그램 제작에 참여한 사람들의 이름을 언급하는 것》	have much to do with	~와 많은 관계가 있다
		motivate	동기를 부여하다 (= inspire)
		cf. motivation	동기 부여; 자극
significant	상당한	contribute to A	A에 기여하다
cf. significantly	상당히	highlight	가장 중요한 부분; 강조하다
production	생산; 제작(소)	cooperation	협력
cf. produce	생산하다; 농작[산]물		

6

visible	눈에 보이는 (↔ invisible 눈에 보이지 않는)	be apt to-v	v하는 경향이 있다 (= tend to-v)
		defensive	방어적인 (↔ offensive 공격적인)
posture	자세, 태도	appropriate	적절한 (↔ inappropriate 부적절한)
tension	긴장; 팽팽함	concern	~에 관련되다; 걱정하다; 걱정; 염려; 관심사
distort	일그러뜨리다; 왜곡하다		
arch	아치형; 동그랗게 구부리다	overbearing	건방진, 거만한; 위압적인
widen	넓히다 (= broaden)	result in	~의 결과를 낳다 (↔ result from ~이 원인이다)
hind legs	(동물의) 뒷다리		

[1–5] 다음 글의 빈칸에 들어갈 말로 가장 적절한 것을 고르시오.

1 In the third inning of a home game against the Chicago Cubs, the legendary Dodgers shortstop Harold Henry Reese was preparing to run to second base when batter Carl Furillo swung hard and missed. The bat slipped out of Furillo's hands and sailed toward first base. As he was naturally a nice guy, Reese didn't hesitate to walk off the base to pick up the bat and return it to Furillo. As he bent down to pick up the bat, the Cubs catcher threw the ball to the first baseman, who promptly tagged Reese out. This embarrassing moment was, for Reese and many others at the game, a quick lesson in understanding that _____ has no place on the baseball diamond.

• **shortstop** 〈야구〉 유격수 《2루와 3루 사이를 지키는 내야수》 • **baseball diamond** 야구장

① eagerness   ② wealth   ③ cheating

④ kindness   ⑤ sympathy

2 In one seven-day study, college students reported what they did each hour of the day, whether they were alone, and whether they found the experience enjoyable. The researchers also measured the students' preference for solitude. After eliminating time spent in class, at work, and sleeping, students with a high and low preference for solitude were compared for how they spent their free time. Virtually all the students spent most of their free time with other people. It seems clear that people with a high preference for solitude do not avoid social encounters and, in fact, enjoy their time with others quite a lot. Thus, a preference for solitude and good interpersonal relations _____.

① are two different things
② are negatively correlated
③ are not innate but acquired
④ occur in one's school years
⑤ don't conflict with each other

3

In Jonathan Swift's *Gulliver's Travels*, Gulliver comes to believe that things can only be big or small if you compare them to each other. We have been busy comparing our country to many wealthier developed nations and unfairly judging ours to be too "small." It may have been helpful during Korea's decades of modernization to set goals according to the accomplishments of the U.S., Germany, Japan, or any other country. But now it's time that the achievements and standards of other countries _____. It's more important to consider how we can build on our own achievements than to rely on international examples. Based on the resources we have now built, we can deal more confidently and effectively with the changes we face in Korea today.

① be used in specific regions
② take an equal place in history
③ be used for reference only
④ help us expand our knowledge
⑤ be exposed to more criticism

4 Though it is uncommon to reflect feelings in a conversation, each of us has, in the course of our growth, learned to _____ _____. No doubt we could improve that skill. Still, it is important to realize that we are more accomplished at it than most of us realize. There have probably been times in your life when you were talking to individuals or groups and quickly realized that the listeners were bored. Remember those times when people didn't mention it, but wanted something from you — and you figured out what they were really after? Then, too, there are those people that like you a lot but may never say it in words — yet you know. What is remarkable is that people with no formal training in these skills are generally quite good at them.

① draw attention from others
② read the emotions of others
③ win what we want from others
④ acquire the skills of conversation
⑤ realize people want something from us

5 Every industry _____. Think of the TV industry as an example. When you hear the word "drama," you might only think of famous actors and actresses. However, there are thousands of people who work in studios in more or less full-time positions. They don't get credit on screen, but the show could not be made without their effort. That's why there will be two thousand or more regular employees at a major studio and a smaller but still significant number at the smaller production companies. There are many categories of jobs, and lots of people spend their whole working lives at a studio. They might not really have much to do with actual production, but they like the environment of working in television.

① benefits the community in its way

② uses various ways to motivate staff

③ contributes to creating regular jobs

④ requires a number of hidden workers

⑤ highlights the importance of cooperation

다음 글의 빈칸 (A), (B)에 들어갈 말로 가장 적절한 것을 고르시오.

6 Before health problems become fully visible, our posture often provides plenty of evidence of tension. When low-level stresses are not dealt with satisfactorily, we are likely to distort our bodies. In similar situations, other animals attempt to grow in size by arching their backs high, widening their chests, or standing on their hind legs. A human being,   (A)   , is apt to make himself smaller by shortening his neck or pulling his arms against his chest. These defensive actions provide time to think up an appropriate way of dealing with the problem.   (B)   , if the difficulty concerns an overbearing employer, a family difficulty, or an emotional relationship that cannot be immediately solved, the failure to deal with the matter simply results in more stress, which creates a vicious cycle.

ᴼ **vicious cycle** 악순환

	(A)		(B)
①	therefore	······	However
②	therefore	······	Likewise
③	in fact	······	Moreover
④	by contrast	······	Moreover
⑤	by contrast	······	However

실전 모의고사

Words & Phrases 3단계 활용법

▶ **1단계:** 아는 단어는 □ 안에 체크를 한다. 모르는 단어는 뜻을 확인한다.
▶ **2단계:** 지문의 문맥을 통해 모르는 단어의 뜻을 재확인한다.
▶ **3단계:** 학습 후 알게 된 단어의 □ 안에 체크를 하고 모르는 단어는 뜻을 확인하는 과정을 반복한다.

1

hinder	저해[방해]하다	overview	개요
call forth	~을 불러일으키다	crisis	위기
presence	존재, 있음; 출석, 참석	feature	특징; 특징으로 삼다
어구 **in the presence of A** A의 면전에서 (= in A's presence)		generate	만들어 내다, 생성하다
relief	구호; 안도, 위안	approach	다가가다; 접근(법), 처리 방법
statistical	통계적인	packed	(특히 사람들이) 꽉 들어찬; 가득 찬
cf. **statistics**	통계(학)		

2

-driven	~ 중심의, ~ 주도의	stick	막대기; 찔리다, 박(히)다; 붙(이)다
phenomenon	현상 《복수형 phenomena》	rapid	급격한; 빠른, 신속한
receptionist	접수원	complexity	복잡성
cf. **reception**	접수처; 환영회		
eliminate	없애다, 제거하다 (= remove, get rid of)		

3

resistance	저항력	work against	~에게 불리하게 작용하다; ~에게 반대하다
cf. **resist**	~에 저항하다; 방해하다	inability	무능력 (↔ ability 능력)
cf. **resistant**	저항력 있는, (~에) 잘 견디는	victim	피해자
exercise	운동; 운동하다; (역량 등을) 발휘하다	safety ignorance	안전 불감증
self pity	자기 연민	caretaker	관리인

4

☐ **good for the soul**	자기[본인, 당사자]에게 좋은	☐ **make a demand of**	~을 요구하다 (= demand)
☐ **behavioral**	행동의, 행동에 관한	☐ **candleholder**	촛대 (= candlestick)
☐ **present A with B**	A에게 B를 주다, 수여하다	☐ **previously**	이전에
☐ **attach A to B**	A를 B에 붙이다 (↔ detach A from B	☐ **compared with**	~와 비교해서
	B로부터 A를 떼어내다)	☐ **mother tongue**	모국어
☐ **cardboard**	판지	☐ **adapt to A**	A에 적응하다
☐ **drip**	뚝뚝 떨어뜨리다	☐ **circumstance**	《주로 복수형》 환경, 상황 (= situation)

5

☐ **seemingly**	겉보기에, 외견상으로	☐ **mimic**	따라 하다, 모방하다 (= imitate)
☐ **yawn**	하품; 하품하다	☐ **distinguish A from B**	A를 B와 구별하다
☐ **unconsciously**	무의식적으로 (↔ consciously 의식적으로)	☐ **continuously**	계속해서, 끊임없이
cf. **unconscious**	의식이 없는; 무의식적인	cf. **continuous**	계속되는, 지속적인
☐ **peer**	또래; 자세히 들여다보다		

6

☐ **look into**	~을 조사하다	cf. **participant**	참가자
참고 **look for**	~을 찾다	☐ **surface**	수면 위로 떠오르다; 표면
☐ **promote**	승진시키다; 증진시키다, 촉진하다	☐ **directive**	지시; 지시적인
☐ **significantly**	상당히	☐ **make A's point**	A의 주장을 펴다
cf. **significant**	중요한 (= important); (양·정도가) 상당한	☐ **inadequate**	부적절한 (↔ adequate 적절한)
☐ **whereas**	~인 반면에	☐ **rewarding**	보람 있는; 수익이 많이 나는
☐ **participation**	참여		
cf. **participate**	참가[참여]하다 (= take part)		

[1–5] 다음 글의 빈칸에 들어갈 말로 가장 적절한 것을 고르시오.

1

_____ may hinder the emotions called forth by the presence of one, suffering person. Researchers designed an experiment in which people were asked to donate to African relief. One appeal included only a statistical overview of the crisis, another featured a seven-year-old girl, and a third provided both the information about the girl and the statistics. Not surprisingly, the one with the girl generated much more giving than the statistics alone, but it also did better than the combined approach. Of course, big numbers can impress. But they impress by size alone, not by human connection. Imagine standing in the center of a stadium packed with 30,000 people. Impressive? Certainly. Now imagine the same scenario but with 90,000 people. Again, it's impressive, but it's not three times more impressive, because our feelings don't work on that scale.

① Causes   ② Numbers   ③ Information
④ Beliefs   ⑤ Experiences

2

One of the main problems surrounding the concept of globalization is that people don't understand that it is mainly a technology-driven phenomenon, not a trade-driven one. We had a receptionist at the Washington office of *The New York Times*, but the company eliminated her job. You might guess she lost her job to a foreign worker, but she lost it to a microchip — the microchip that operates the voice-mail device in all our office phones. Because foreign workers are easy to see, and microchips are not, they stick in your consciousness as the cause of the problem. That's why trade, which can be seen and felt, has come to symbolize for many people all the anxieties connected with rapid change and globalization — even though the main causes of those anxieties are _____.

① foreign workers

② work troubles

③ new technologies

④ cultural differences

⑤ extreme complexities

---

3 We don't all recognize how much we aid or harm our own health. For example, we spend much more effort to avoid getting wet than to avoid getting angry. But it is said that anger can lower resistance to colds much quicker than getting wet. American poet Henry Longfellow once wrote that joy would shut the door on the doctor's nose. There's no doubt that most doctors' noses are safe. But they, too, would be glad if more patients would exercise their abilities to promote their own good health by focusing on joy rather than self pity. We lower our resistance to ill health in many ways, but none works against us as surely as our inability to recognize the fact that we are _____.

① all in the same boat

② our own greatest enemy

③ a victim of safety ignorance

④ the only animal that worries

⑤ the best caretaker of ourselves

4 While living abroad has long been seen as good for the soul, few people realize that it _____. In a behavioral test, individuals were presented with three objects on a table: a candle, a pack of matches, and a box of tacks. They were asked to attach the candle to a cardboard wall — using only the objects on the table — so that the candle burns properly and does not drip wax on the floor, a problem that made demands of their ability to think creatively. The researchers found that the longer students had spent living abroad, the more likely they were to use the box as a candleholder. In fact, 60% of students who had previously lived abroad solved the problem compared with 42% of students who hadn't.

• **tack** 압정

① enables us to improve our problem solving ability

② helps us understand the people of other cultures

③ tends to make us forget our mother tongue

④ gives us the best environment to learn other languages

⑤ trains us to be able to adapt to our circumstances

5 As her 13-year-old son has a mild form of autism, Nicole Anthony understands the challenges of raising an autistic child. Based on her experience taking care of her son, she said the biggest problem of a child with autism is _____. Her son doesn't even do seemingly simple things like yawning in response to someone else yawning, which is something almost everyone unconsciously does. A group of researchers found that children with autism were about half as likely as their peers to mimic someone yawning. "Something like that won't affect him. If you're doing what he's not interested in, he's not going to pay attention," she said.

• **autism** 자폐증

① not distinguishing reality from a dream

② only doing the things he or she wants to do

③ not responding to other people in social situations

④ imitating what other people do continuously

⑤ not wanting to express his or her feelings in public

다음 글의 빈칸 (A), (B)에 들어갈 말로 가장 적절한 것을 고르시오.

6 Researchers looked into which leadership style best promotes the sharing of unshared information. They found that shared information was introduced and used significantly more than unshared information, which explained why group discussion can be _____(A)_____ in gathering unique ideas from group members. However, leaders played a key role in information management. Whereas leaders who welcome participation encouraged more shared information to surface, it was the directive leaders who brought more unshared information, even when it disagreed with their own point of view. The directive leaders actively used the unshared information to make their point. This wasn't always _____(B)_____. When directive leaders held correct unshared information, they helped their group make effective decisions. On the other hand, when these leaders did not have the best information, they affected the groups' decision making negatively.

	(A)		(B)
①	inventive	······	positive
②	unnecessary	······	unimportant
③	inadequate	······	negative
④	rewarding	······	negative
⑤	ineffective	······	positive

7회 **실전 모의고사**

Words & Phrases 3단계 활용법

▶ **1단계**: 아는 단어는 □ 안에 체크를 한다. 모르는 단어는 뜻을 확인한다.
▶ **2단계**: 지문의 문맥을 통해 모르는 단어의 뜻을 재확인한다.
▶ **3단계**: 학습 후 알게 된 단어의 □ 안에 체크를 하고 모르는 단어는 뜻을 확인하는 과정을 반복한다.

1

nighttime	밤, 야간 (↔ daytime 낮, 주간)	**be all things to all people[men]**	모든 사람의 비위를 다 맞추려 들다
broaden	넓히다	**essence**	본질
typically	전형적으로	**sacrifice**	희생
short-term	단기적인 (↔ long-term 장기적인)	**willingness**	기꺼이 하는 마음
specific	특정한; 구체적인		
cf. **specifically**	분명히; 특별히		

2

brainstorming	브레인스토밍 《무엇에 대해 여러 사람이 자유롭게 생각을 제시하는 방법》	**take hold of**	~을 쥐다, 잡다
session	기간; 회의	**interaction**	상호작용
throw out	~을 내뱉다, 말하다	cf. **interact**	상호작용하다, 소통하다
springboard	발판, 도약판	**indispensable**	없어서는 안 될, 필수적인 (= necessary)

3

more often than not	자주, 대개 (= as often as not)	**stimulation**	자극
privilege	특권	**maintenance**	유지, 관리
generate	생성하다, 만들어 내다	cf. **maintain**	유지하다; 주장하다
cf. **generation**	(특히 전기 · 열의) 발생; 세대	**collision**	충돌
passionate	열정적인	cf. **collide**	충돌하다 (= crash)
in contrast to A	A와 대조적으로	**relatively**	상대적으로
boredom	지루함, 따분함	cf. **relative**	상대적인

4

☐ **transform A into B** A를 B로 변형시키다, 바꿔 놓다

☐ **will** 의지; 결심; 유언(장)

☐ **reassess** 재평가하다

  cf. **assess** 평가하다

☐ **assume** (사실이라고) 추정하다 (= presume)

  cf. **assumption** 추정

☐ **dog whistle** (조련용) 개호루라기

☐ **frequency** 주파수; 빈도

☐ **range** 범주; ~의 범위에 이르다

  어구 **range from A to B** (범위가) A에서 B 사이[까지]이다

☐ **activate** 활성화시키다

☐ **equipped** 준비가 된, 장비를 갖춘

5

☐ **distinct** 구별되는, 뚜렷이 다른

☐ **reasoning** 추론

  cf. **reason A out** A를 추론[도출]해내다

☐ **illustrate** (실례를 이용해) 설명하다

☐ **let's say (that)** (예를 들어) ~라고 해보자

☐ **call out to A** A를 부르다

☐ **be based on** ~을 근거로 하다

☐ **run water** 물을 틀다, 흐르게 하다

☐ **innate** 선천적인

☐ **family bond** 가족 간 유대

6

☐ **computerize** 컴퓨터화하다

☐ **represent** 대표하다; 나타내다

  cf. **representation** 묘사, 표현; 대표, 대리

  cf. **representative** 대표(자), 대리인; 대표하는

☐ **irrationality** 비합리성 (↔ rationality 합리성)

☐ **federal** (미국 · 캐나다 등의) 연방제의, 연방정부의

☐ **administration** 행정 기관; 관리; 집행

☐ **official** 공식적인; 공무[직무]의; 공무원

  cf. **officially** 공식적으로

☐ **advanced** 진보된; 고급의

☐ **airline** 항공사

☐ **operator** 조종사

☐ **secondary** 부수[부차]적인

☐ **pose a threat to** ~에게 위협이 되다

[1-5] 다음 글의 빈칸에 들어갈 말로 가장 적절한 것을 고르시오.

1
Nyquil, the nighttime cold medicine, gave up the daytime market. Now the focus of most marketing operations is just the opposite. They look for ways to broaden their markets by developing new products. This typically produces short-term sales increases and long-term brand problems. For sales, smaller may be better. It is usually better to look for specific areas with less competition rather than a bigger market you have to share with three or four other brands. You can't be all things to all people and still have a strong position. In other words, the essence of creating a brand should be _____ .

① trust   ② sacrifice   ③ creativity
④ challenge   ⑤ willingness

2
Creativity _____ . Have you ever noticed what happens during a good brainstorming session? One person throws out an idea. Another person uses it as a springboard to introduce another idea. Then somebody takes hold of it and brings it to a whole new level. The interaction of ideas can be thrilling. In my case, I have a strong group of creative individuals in my life. I make an effort to frequently spend time with them. When I leave them, I'm full of ideas, and I see things differently. They truly are indispensable to my life. It's true that you begin to think like the people you spend a lot of time with. The more time you can spend with creative people, the more creative you will become.

① spreads quickly

② is a road to succeed

③ affects our communication

④ can be increased with efforts

⑤ comes from trying new things

3

People have always watched others play and, more often than not, paid for the privilege. Sport has never had any trouble generating passionate interest. For most fans it provides excitement in contrast to the boredom of everyday life, and produces a pleasant level of stimulation, which is necessary for the maintenance of mental health. It represents the search for excitement in an unexciting society. Collision sports, such as American football, and person-on-person sports, such as soccer and basketball, therefore, have a strong attraction to fans who desire to escape from their tightly controlled work and social environments. In these situations, fans are encouraged to become the shouting, screaming, arm-waving spectator before returning to their relatively quiet lives of parent, employee, and civilized citizen. For many fans, sport watching is a powerful tool for _____.

① finding themselves

② improving physical well-being

③ experiencing a different role

④ learning teamwork and cooperation

⑤ strengthening community relationships

4 What tools can you use to transform desire into will? The good news is that _____. If your friend blows a whistle in front of you and you cannot hear it, you are likely to think that the whistle does not work. Your experience of reality is that there is no whistle blown. If, however, you see a nearby dog become upset and bark, you might reassess your reality and assume that your friend is blowing a dog whistle. The sound produced by a dog whistle is in a frequency range that we are physically unable to hear. Just because we cannot hear the sound when the dog whistle is blown doesn't mean the sound isn't real. Similarly, we may not be aware of our ability to transform desire into will, but it nevertheless exists inside each of us, waiting to be activated.

① your mind is already equipped

② your trust in yourself can help you

③ you can easily learn from your friends

④ you know when to avoid an approaching danger

⑤ your thoughts are not limited by what others say

5 There is a distinct type of reasoning that children between the ages of two and four use. They "reason things out" by referring to _____. To illustrate, let's say that two-year-old Jack calls out to his father, who doesn't answer. Jack concludes: "Daddy is sleeping," based on what his father was doing one day he didn't answer when called. Or let's say Jack sees his father running hot water in the bathroom sink, and reasons: "Daddy's running hot water, so he's going to shave." What Jack tells himself is directed by what he saw the last time his dad ran hot water.

① an innate sense that they were born with

② a sound that they have heard in their daily lives

③ a family bond that has formed in early childhood

④ a simple situation that they have already experienced

⑤ a moral standard that their parents taught them is right

다음 글의 빈칸 (A), (B)에 들어갈 말로 가장 적절한 것을 고르시오.

6 The modern, computerized airplane represents an interesting case of the irrationality of rationality. "Modern pilots can push just a few buttons and lean back while the plane flies itself," said one FAA(Federal Aviation Administration) official. These airplanes are in many ways safer and more reliable than older, less technologically advanced models. ____(A)____, pilots who rely on these technologies may lose the ability to handle emergency situations creatively. One airline manager said, "If we have human operators secondary to technology, then we're going to lose that creativity. I don't have computers that can be creative; I just don't." ____(B)____, in an emergency situation, these airplanes pose a real threat to the passengers.

• **aviation** 비행, 항공

	(A)		(B)
①	Similarly	······	After all
②	Similarly	······	Therefore
③	However	······	In addition
④	However	······	Therefore
⑤	For example	······	In addition

1

retailer	소매상	insufficient	부족한 (↔ sufficient 충분한)
impulse	충동	external	외부의; 외국의
expend	(돈·시간·노력 등을) 쏟다, 들이다		(↔ internal 내부의; 체내의; 국내의)
packaging	포장	competent	능력이 있는, 유능한
superficial	피상적인; 얄팍한 (= shallow)		(↔ incompetent 무능한, 쓸모없는)
		take A's time	천천히 하다

2

physics	물리학	evolution	진화
cf. physicist	물리학자	cf. evolve	진화하다
predictive	예언의, 예측의	cf. evolutionary	진화의; 점진적인
complicated	복잡한	elsewhere	(어딘가) 다른 곳에서
humble	겸손한; (신분이) 미천한; 보잘것없는	guarantee	보증, 약속; 보장하다
expand	확장하다 (= enlarge) (↔ contract 수축하다)	alien	외계인; 외계의; 낯선
scope	범주	beyond measure	측정할 수 없는
application	응용, 적용	self-esteem	자존감
cf. apply	신청[지원]하다; 적용하다; 바르다	trace	추적하다
어구 apply to[for]	~에 지원하다		
어구 apply A to B	A를 B에 적용하다; A를 B에 바르다		

3

arise	일어나다, 발생하다 (= happen)	lay the blame on	~을 비난하다, ~에게 비난을 돌리다
accidental	우연한, 돌발적인	어구 be to blame	(~에 대한) 책임이 있다, 책임을 져야 한다
convert	전환하다	어구 blame A for B	B에 대해 A를 비난하다
punishment	처벌	person in charge	책임자
cf. punish	처벌하다	어구 in charge of	~을 맡아서, 담당해서
arrange	마련[계획, 준비]하다		
cf. arrangement	정돈; 준비		

4

- **hibernate** — 동면하다, 겨울잠을 자다
- **in advance of** — ~에 대비해 미리; ~보다 앞서
- **famine** — 기근, 가뭄
- **instinctive** — 본능의
  - cf. **instinct** — 본능; 직감

- **assumption** — 추측, 가정
- **scarce** — 부족한, 드문
- **be convinced that** — ~임을 확신하다

5

- **offend** — ~의 감정을 상하게 하다, 기분 나쁘게 하다
- **upset** — 화나게 하다; 속상한
- **pretend that** — ~인 체하다
- **injustice** — 불공평, 부정
- **abuse** — 부당한 대우, 학대; 남용

- **avoidance** — 회피, 도피
- **organization** — 조직, 단체
- **unavoidable** — 피할 수 없는
- **crisis** — 위기 (복수형 crises)
- **matter** — 문제가 되다; 중요하다

6

- **variation** — 변형
  - cf. **vary** — 다양하다
- **interstate** — 주간(州間)의, 주와 주 사이의
- **freeway** — 고속도로
- **residential** — 주택의, 거주의
  - cf. **reside** — 살다, 거주하다 (= dwell)
  - cf. **resident** — 주민, 거주자
- **alley** — 골목(길)

- **dirt road** — 비포장도로 (↔ pavement 포장도로)
- **pathway** — 길
- **neural** — 신경(계)의
- **flexible** — 유연한 (↔ inflexible 신축성[융통성] 없는)
- **constructive** — (사고 따위가) 건설적인
  - cf. **construction** — 건설; 건물; 구조

[1–5] 다음 글의 빈칸에 들어갈 말로 가장 적절한 것을 고르시오.

1

Perhaps the best advice when shopping is _____. A majority of our purchases, for example, are what retailers like to call "impulse buys," which is why much effort is expended by those who sell things on the science of packaging and something called product placement. An important concept for the advertising industry is that people make purchasing decisions based on the most superficial considerations. Most of us tend to make decisions rapidly and base them on insufficient evidence. You can trust that a great deal of thought was given to the title and cover design of books. And as much effort was spent on the external appearance of your car as its engine. While we all believe ourselves competent to judge appearances, few of us are expert mechanics.

• **product placement** (영화 · TV 프로그램을 이용한) 간접광고

① to listen to others
② to take your time
③ to focus on quality
④ to make your own decisions
⑤ to prepare a shopping list

2

Biology is more like history than it is like physics. You have to know the past to understand the present. There is as yet no predictive theory of biology, just as there is not yet a predictive theory of history. The reasons are the same: both subjects are still too complicated for us. But we can know ourselves better by _____. The study of a single instance of extraterrestrial life, no matter how humble, will greatly expand the scope and area of application of biology. Just knowing that other kinds of life are possible will give essential clues about evolution in general and our own. When we say the search for life elsewhere is important, we are not guaranteeing that it will be easy to find — only that the value of knowledge gained from research in an alien environment is beyond measure.

• **extraterrestrial** 지구 밖의, 외계의

① focusing on self-esteem

② understanding other cases

③ tracing the course of our life

④ asking others about ourselves

⑤ thinking of our own strengths

---

3 An interesting form of control arises when rare or accidental events are used in _____. For example, we may "blame" someone for an unfortunate event which was not actually the result of his behavior, although the timing was such that a relationship seems possible. "If you hadn't wasted time, we would have started earlier, and the accident never would have happened." We blame him in order to alter his future behavior — to make him less likely to waste time again — and we achieve this by converting an unrelated event into an effective punishing consequence. We use the event as a punishment, even though we did not actually arrange it.

① laying the blame on bad luck

② connecting unrelated stories

③ developing better policies

④ punishing a person in charge

⑤ controlling the behavior of others

4

Birds will often move to warmer climates, and bears will hibernate in advance of winter famines. People tend to think that these and other animal behaviors are just "dumb" instinctive reactions to nature's changing signs. Despite this general assumption that animals aren't smart and don't think like we do, a recent study suggests that human beings may not be the only animals that _____ _____ . In fact, Cambridge University researcher Caroline Raby believes that a mere bird — the western scrub jay — does just that. The bird stores food while food is available in case it becomes scarce later. After studying the bird's behavior, Raby and her colleagues are convinced that the behavior is more than just an instinct that says: "Bury food when cold."

　　● **western scrub jay** 〈조류명〉 서양덤불 어치

① eat when they are not hungry

② are aware of themselves

③ learn to work effectively

④ make and use tools

⑤ plan for the future

5

Because we are afraid of offending others and making them angry, we say nothing when something upsets us, hoping that the problem will go away even though we know it will not. We sit at the dinner table with our partner in cold silence without any comments. At work, we pretend that nothing is bothering us when in fact we are really mad at something a co-worker did. We ignore the injustice and abuse that is happening to those around us. Avoidance can be harmful not only to our personal health, but also to our organization's health, as problems slowly grow until they become unavoidable crises. As Martin Luther King Jr. once said, "Our lives begin to end the day when _____ about things that matter."

① we care too much

② we become silent

③ peace doesn't exist

④ a solution seems unclear

⑤ agreement cannot be reached

다음 글의 빈칸 (A), (B)에 들어갈 말로 가장 적절한 것을 고르시오.

6 The United States has one of the largest and most complex ground transportation systems in the world. There are many variations on the idea of "road," from interstate freeways, turnpikes, and state highways to residential streets, one-lane alleys, and dirt roads. Pathways in the human brain are similarly ___(A)___ . Our brains have neural interstate freeways, turnpikes, and state highways. These large pathways are the same from one person to the next, functioning in yours about the same way they function in mine. So a great deal of the structure and function of the brain is ___(B)___ . Such similarity is what allows us scientists to speak with some confidence about the human brain even though each brain is in many ways unique.

* **turnpike** 유료 고속도로

	(A)		(B)
①	diverse	·····	flexible
②	diverse	·····	predictable
③	broad	·····	mysterious
④	broad	·····	constructive
⑤	maintained	·····	independent

9회 실전 모의고사

Words & Phrases 3단계 활용법

▸ **1단계**: 아는 단어는 □ 안에 체크를 한다. 모르는 단어는 뜻을 확인한다.
▸ **2단계**: 지문의 문맥을 통해 모르는 단어의 뜻을 재확인한다.
▸ **3단계**: 학습 후 알게 된 단어의 □ 안에 체크를 하고 모르는 단어는 뜻을 확인하는 과정을 반복한다.

❶

distribute	분배하다; (상품을) 유통하다
cf. **distribution**	분배; 분포; 유통
annually	매년; 연간
sufficiently	충분히
cf. **sufficient**	충분한
income tax	소득세
decade	십 년
어구 **for decades**	수십 년 동안

the Supreme Court	(미국의) 연방 대법원
deserve	받을 만하다
remote	외딴; 먼; 원격의
어구 **remote control**	원격 조종; 리모컨
tension	긴장

❷

one-sided	일방적인
retain	보유하다
recruit	신입사원; 채용[모집]하다
cf. **recruitment**	신규 모집, 채용
compensation	보상
cf. **compensate**	보상하다
promotion	촉진; 홍보; 승진
cf. **promote**	증진[촉진]하다; 승진시키다
health benefit	《복수형》 의료 혜택

simply put	간단히 말하자면
attorney	변호사 (= lawyer)
senior	선배의 (↔ junior 후배의)
associate	연상하다; 제휴한; 동료
어구 **associated with**	~와 관련된
urgent	긴급한
cf. **urgency**	긴급한 일
dime	10센트 동전
rating	순위; 평가

❸

household	가구, 가정
consumption	소비
shade tree	그늘을 만들어주는 나무
significant	상당한; 의미 있는

saving	절약한 양, 절약; 예금
throughout	~ 동안 죽[내내]
carbon emission	《복수형》 탄소 배출(량)
variety	(식물 · 언어 등의) 품종, 종류; 다양성

4

- **unconscious** 무의식적인
- **phrase** 구; 표현하다
- **subject matter** 주제
- **material** 재료; 물질; 소재; 물질적인
- **very** 매우; (다름 아닌) 바로 그
- **virtue** 선; 미덕; 장점
- **unavoidable** 불가피한, 부득이한
  (↔ avoidable 피할 수 있는)

- **inescapable** 피할 수 없는 (↔ escapable 피할 수 있는)
- **body** 몸체; 물체; 많은 양, 모음
- **feature** 특징
- **aspect** 측면, 양상
- **indicator** 지표; 척도; (속도 등을 나타내는) 장치
  cf. **indicate** 나타내다, 가리키다

5

- **in person** 몸소, 직접 (대면하여)
- **come across** 이해되다; ~을 우연히 마주치다
  (= run across, bump into, encounter)
- **pat** 쓰다듬기, 토닥거리기
- **utilize** 이용하다

- **medication** 약, 약물
- **refer to** ~을 나타내다; ~와 관련 있다
  refer to A as B A를 B라고 부르다
- **assume** (사실이라고) 추정하다 (= presume)
  cf. **assumption** 추정

6

- **depending on** ~에 따라서
- **vary** 다양하다
- **considerably** 상당히, 많이
  cf. **considerable** 상당한, 많은
  considerate 사려 깊은

- **term** 용어; 기간; 학기; 《복수형》 (계약 등의) 조건
- **somewhat** 다소
- **supervisor** 감독관, 관리자
  cf. **supervise** 감독하다, 관리하다

실전 모의고사 **9** 회

[1–5] 다음 글의 빈칸에 들어갈 말로 가장 적절한 것을 고르시오.

1 Some countries which have oil and gas distribute income to their citizens annually. Alaska, for example, is sufficiently rich in oil and gas that it has no income tax and in fact gives some money back to each citizen, which over the past decade averaged around $1,500 a year. However, even in rich countries, the distribution of oil income _____. Several arguments have broken out, one of which went all the way to the Supreme Court of the United States, about whether recent arrivals in Alaska deserved as much of a bonus as long-time residents. It may be fortunate that to get the money you have to move to a cold, remote state where it is dark for over twenty hours a day in winter, because it limits the number of people fighting over the money.

① requires careful planning
② cannot make much sense
③ follows that of other rich countries
④ doesn't improve the lives of residents
⑤ can cause some degree of tension

2 In too many companies, feedback is mostly one-sided and negative. Sullivan & Cromwell, a respected law firm, had a problem retaining new recruits — over 30 percent turnover for two years running. Compensation was not the issue; the lawyers were extremely well paid. Nor were promotions or health benefits at fault. Simply put, the young attorneys _____. So in August of 2006, Sullivan & Cromwell's partners decided to introduce two phrases throughout the company that had been badly lacking: "please" and "thank you." Senior partners began praising junior associates for jobs well done, or politely asking, rather than demanding, if they would be able to stay late for an urgent meeting. It didn't cost a dime, but the effort to be polite quickly earned Sullivan & Cromwell the top-employer rating among New York firms.

• **turnover** 이직률

① did not feel appreciated

② were recruited by other companies

③ did not have an opportunity for growth

④ disliked the competitive atmosphere

⑤ were discouraged by inadequate training

3

A recent study of 460 households in Sacramento, California, is the first major study to find that trees can reduce home energy consumption. Shade trees planted around a house produce significant savings on summertime energy bills, but the amount of savings depends on _____. Trees planted within 12 meters of the south side of a home reduce energy use by about the same amount as those planted up to 18 meters from the west side. This is because of the way shadows fall throughout the day. Trees planted on the east and north sides of a house have no effect on energy use. Shading the west side of houses, however, can reduce carbon emissions from summertime electricity use by about 30%.

① the population of the area

② the length of summertime

③ the direction of the house

④ the variety of shade trees

⑤ the location of the trees

4 An artist's style may be easy to recognize but hard to define. The unconscious gesture, the repeated phrasing, the automatic selection, the characteristic reaction to subject matter and materials — these are the very things we emphasize when we talk about style. Lots of people, artists included, consider this a virtue. Viewed closely, however, style is not a virtue, it is unavoidable — the inescapable result of doing anything more than a few times. The repeated gestures of the artist appear throughout any body of work developed enough to be called a body of work. Style is not a feature of good work, it is an aspect of *all* work. Style is

_____ .

① the natural consequence of habit
② the important feature of artwork
③ a fashion shared by modern artists
④ a clue showing the artist's intention
⑤ an indicator different in every work

5 Telephones, text messaging, e-mail, and answering machines have taken away from opportunities to speak to others in person. And that's an important loss because the best conversation takes place face to face. To be a good listener, you should _____ . In person, you'll hear nuances in someone's voice that may not come across on the telephone. You'll be able to see the emotion in his face and the tension in his body. When with a close friend, you can grab his hand or give him a pat on the back, which may encourage him to reveal even more. You may even be able to utilize smells, such as medication, or sweat. Listening may technically refer only to sound, but true understanding requires much more.

① not assume you understand everything

② use your information about the speaker

③ show sensitive reactions to every word

④ not interrupt while the speaker is talking

⑤ be able to pick up all the available clues

다음 글의 빈칸 (A), (B)에 들어갈 말로 가장 적절한 것을 고르시오.

6
What does it take to be successful at work? Depending on where you work, and for whom you work, that answer varies considerably, so start by understanding how success is defined in workplace terms, which may differ somewhat from your own. For example, if your manager defines success by how many hours you put in at your desk, you know that arriving early and leaving late will score you some points.   (A)   , your boss might be far more interested in the kind of results you're generating than when you come and go. That's why the fact that you've completed your work may be the only thing on her mind.   (B)   , once you know what your supervisor values, you'll know what to draw attention to and emphasize to your supervisor when appropriate.

	(A)		(B)
①	Otherwise	······	Likewise
②	Otherwise	······	Conversely
③	For instance	······	Therefore
④	On the other hand	······	Instead
⑤	On the other hand	······	That is

실전 모의고사

Words & Phrases 3단계 활용법

▶ **1단계:** 아는 단어는 □ 안에 체크를 한다. 모르는 단어는 뜻을 확인한다.
▶ **2단계:** 지문의 문맥을 통해 모르는 단어의 뜻을 재확인한다.
▶ **3단계:** 학습 후 알게 된 단어의 □ 안에 체크를 하고 모르는 단어는 뜻을 확인하는 과정을 반복한다.

1

□ **basically**	기본적으로		□ **breakthrough**	돌파구
□ **survival**	생존		□ **secondary**	부차적인
cf. **survive**	생존하다, 살아남다		□ **decisive**	결정적인; 결단력 있는
□ **stillness**	고요, 정적		□ **majority**	다수, 대부분 (↔ minority 소수 (집단))
cf. **still**	조용한, 고요한; 아직		□ **think outside the box**	틀[고정관념]에서 벗어나다, 새로운 관점에서 생각하다
□ **insight**	통찰(력)			

2

□ **motivation**	동기 부여; 자극		□ **resolve**	해결하다; 결심하다
cf. **motivate**	동기를 부여하다		cf. **resolution**	해결; 결심; 결의안
□ **drill**	드릴, 송곳; 반복 훈련(하다)		□ **make use of**	~을 이용하다
□ **association**	연관, 연계; 협회		여기 **make the best use of** ~을 최대한 이용하다
□ **mature**	성숙한 (↔ immature 미성숙의)			
□ **overwhelming**	압도적인; 엄청난			
cf. **overwhelm**	압도하다			

3

□ **primary**	주된, 주요한; 초기의		□ **ambiguity**	모호함
cf. **primarily**	주로 (= chiefly, mainly, mostly)		cf. **ambiguous**	애매모호한
□ **demonstrate**	(실례를 들어) 보여주다; 입증하다		□ **timid**	소심한
cf. **demonstration**	(시범을 통한) 설명		□ **offend**	화나게 하다
□ **convey**	운반하다; (생각 등을) 전달하다		□ **cite**	인용하다

4

☐ **billion**	10억	☐ **fall to pieces**	부서지다, 붕괴하다
cf. **billionaire**	억만장자, 갑부	☐ **organism**	유기체, 생물
☐ **cooperatively**	협력하여, 협조적으로	☐ **cope with**	~에 대처하다
cf. **cooperative**	협력[협조]하는	☐ **abundant**	풍부한
☐ **transition**	(다른 상태·조건으로의) 이행, 전환, 변화		
cf. **transitional**	변천하는; 과도기의		

5

☐ **significantly**	상당히; 의미가 있게	☐ **opposite**	반대(되는 것); 정반대의
☐ **involve**	수반하다	☐ **convince A (that)**	A에게 ~라고 확신[납득]시키다
☐ **potential**	잠재적인; 잠재력	☐ **be worth it**	(시간이나 비용을 들일) 가치가 있다
☐ **tend to-v**	v하는 경향이 있다	☐ **displeasure**	불쾌감, 불만 (↔ pleasure 즐거움)
☐ **reject**	거부[거절]하다	☐ **financial**	재정의, 금융의

6

☐ **seemingly**	겉으로 보기에; 보아하니	☐ **interact with**	~와 상호작용하다
☐ **figure out**	~을 알아내다, 이해하다		

실전 모의고사 **10**회

[1–5] 다음 글의 빈칸에 들어갈 말로 가장 적절한 것을 고르시오.

1

The mind is basically a survival machine. Attack and defense against other minds, gathering, storing, and analyzing information — this is what it is good at, but it is not at all creative. All true artists, whether they are aware of it or not, create from a place of no mind, from inner stillness. The mind then gives form to the freshly received insight. Even the great scientists have reported that their biggest breakthroughs came at a time of mental calm. Thinking plays only a secondary part in the brief, decisive phase of the creative act itself. So it seems the simple reason why the majority of scientists are not able to think outside the box is not that they don't know how to think but that they don't know _____!

① how to organize their ideas
② how to stop thinking
③ what's wrong with their work
④ how to keep on thinking
⑤ when to ask for advice

2

A teacher's best friend in the effort to increase an elementary student's vocabulary is the student's own motivation to discover meaning. Drilling lists of words seldom takes place at a time when the student feels a need to know those words; it fails to use the natural motivation for learning the associations between word and meaning. Learning through reading faces the opposite problem: not enough information about the word is available at the moment the student is motivated to learn its meaning. The important thing is to provide the information _____. Access to a dictionary may help a mature and well-motivated student, but for the average child it is likely to simply provide an overwhelming amount of unnecessary information. A human tutor — someone immediately available to detect and resolve confusion — is much better.

① while the reader still wants it

② using the easiest words available

③ before the student feels it's necessary

④ until the student totally understands it

⑤ while making the best use of a dictionary

3 Good writers know that their primary goal is to present their thoughts so that readers can understand them. If they don't, they fail, regardless of any creativity or insight they might demonstrate. So they are careful to choose words that convey ideas without ambiguity. And they don't weaken the power of those words with unnecessary words. But others are timid when they write. They are afraid of seeming too forceful and possibly offending their audience with their opinions. So they tend to use adjectives and adverbs to make their writing less direct, which doesn't help readers. Using words such as these weakens the impact of sentences by creating some uncertainty. So give your thoughts increased power by _____.

① using easy vocabulary

② repeating your argument

③ offering several examples

④ citing works of authorities

⑤ cutting out the nonessential bits

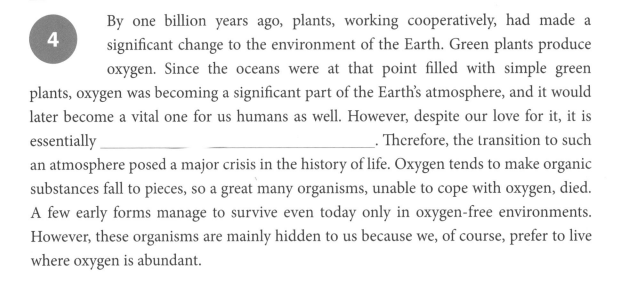

4

By one billion years ago, plants, working cooperatively, had made a significant change to the environment of the Earth. Green plants produce oxygen. Since the oceans were at that point filled with simple green plants, oxygen was becoming a significant part of the Earth's atmosphere, and it would later become a vital one for us humans as well. However, despite our love for it, it is essentially _____ _____. Therefore, the transition to such an atmosphere posed a major crisis in the history of life. Oxygen tends to make organic substances fall to pieces, so a great many organisms, unable to cope with oxygen, died. A few early forms manage to survive even today only in oxygen-free environments. However, these organisms are mainly hidden to us because we, of course, prefer to live where oxygen is abundant.

① an obstacle to human progress
② a barrier to the growth of plants
③ a poison for most organic matter
④ an important element supporting ecosystems
⑤ a major cause of environmental pollution

5

Which do you prefer: getting 10% off, or avoiding a 10% charge? How a single value is presented can significantly affect the decisions we make, which makes it a very important part of advertising. That's why it's so common to see notices such as this one: "Hurry and sign up today or you may well lose this crazy discount!" When a choice involves a potential gain people tend to reject that choice, but when it involves a potential loss they tend to do the opposite. Generally, people prefer _____. That's why, once we have put our efforts into a project, it's very hard to convince ourselves it isn't worth it and that we should give it up.

① to enjoy the challenge of the unexpected

② not to experience the displeasure of loss

③ not to be bothered by financial matters

④ to follow their instincts when making decisions

⑤ to be fully informed about risks and benefits

다음 글의 빈칸 (A), (B)에 들어갈 말로 가장 적절한 것을 고르시오.

6
It has been shown that kids are _____(A)_____. You see this just in their everyday behavior. They are going out into the world and choosing a toy and pressing the buttons and pulling the strings on it. It looks random, but it turns out that that seemingly random play is to figure out how it is that that toy works. Among all things, the most important thing for children to understand is other _____(B)_____. We can show that when we interact with babies they recognize the connections between what we do and what they do. And children also try to determine what the other person is going to do and feel and think. If you think of them as little psychologists, we're the lab rats.

	(A)		(B)
①	playing	·····	benefits
②	playing	·····	emotions
③	learning	·····	principles
④	experimenting	·····	humans
⑤	experimenting	·····	entertainments

왜 어휘끝인가!
어휘끝 수능

여러 권을 여러 번 볼 필요 없다!

튼튼한 양장본으로 제작되어
오래 볼 수 있는 어휘끝.

책갈피로 진도를
표시할 수 있는 어휘끝.

특수 코팅으로 긁힘에 강하고
고급스러운 어휘끝.

천일문 저자진이 집필하여
좋은 예문이 수록된 어휘끝.

방대한 기출 데이터를
분석해 엄선한
3,300여개 수능 대비 단어

| 반복이 필요 없는 가장 효율적이고
효과적인 학습 방법론 제시 ⇒
필수 접사, 어근 등의 원리로 **이해를 통한 암기**

문맥 속에서 어휘 뜻을
추론할 수 있는 **실전 추론 훈련**

쎄듀북닷컴(www.cedubook.com)에서 부가 자료를 무료로 다운로드할 수 있습니다.

CEDU BOOK 쎄듀

어법의 시작과 끝은 쎄듀다!

어법끝 START 2.0의
최신 개정판

어법끝
START

수능·고등 내신 어법의
기본 개념 익히기

1 대수능, 모의고사 27개년 기출문제 반영한 빈출 어법 포인트
2 단계적 학습으로 부담 없는 어법학습 가능
3 반복 학습을 도와주는 미니 암기북 추가 제공
4 고등 어법 입문자 추천

출제량 40% 증가 **내신 서술형 문항 추가** **미니 암기북 추가 제공**

 수능·내신 어법의 개념 적용

 고등 실전 어법의 완성

 수능 어법의 실전 감각 향상

어법끝 START 실력다지기

| 어법끝 START 실력다지기의 최신 개정판 |

· 어법끝 START의 복습과 적용
· 문장형, 지문형 문제 등 다양한 문제 유형 수록
· 실전모의 15회 60문제 제공

어법끝 ESSENTIAL

| 어법끝 5.0의 최신 개정판 |

· 역대 기출의 출제 의도와 해결전략 제시
· 출제진의 함정 및 해결책 정리
· 누적 테스트, 실전모의고사로 실전 적용력 강화

어법끝 실전 모의고사

| 파워업 어법어휘 모의고사의 최신 개정판 |

· 완벽한 기출 분석 및 대처법 소개
· TOP 5 빈출 어법 및 24개 기출 어법 정리
· 최신 경향에 꼭 맞춘 총 288문항

CEDU BOOK 쎄듀

빈칸 백서

논리독해의 시작, 빈칸추론 유형의 기본 접근법
HOW TO START BLANK COMPLETION

백서

기본편   정답 및 해설

CEDU BOOK 쎄듀

논리독해의 시작, 빈칸추론 유형의 기본 접근법
HOW TO START BLANK COMPLETION

빈칸백서

기본편 정답 및 해설

01 빈칸 문장과 선택지 읽기

기출 Focus 1. ②, ③, ⑤ 2. ① p.12

소재 부모와 자녀 간 지속적인 의사소통의 필요성

해석 괴롭히는 것은 다른 사람을 상처 주거나 다른 사람에게 폭력을 가하는 그 모든 행동이다. 그것은 언어적일 수도 있고 혹은 신체적일 수도 있다. 그것은 종종 단순히 '보통 아이들의 행동'으로 여겨지지만, 피해자의 정신 건강을 심각하게 해칠 수 있다. 아이들은 종종 무슨 일이 일어날지에 대한 두려움 때문에 누구에게도 말하지 않는다. 부모가 아이들과 정기적으로 그들의 학교 일, 친구뿐 아니라 그들의 안전에 관해서도 이야기하는 것은 필수적이다. 부모는 아이들에게 학교에서 무슨 일이 일어나고 있는지, 그것에 대해 아이들이 어떻게 생각하는지 직접적인 질문을 해야 한다. 만약 부모가 자녀와 지속적인 <u>의사소통</u>을 한다면 큰 문제가 발생할 때 아들딸들이 자신들의 문제에 대해 부모에게 편안하게 이야기할 것이다. 자녀가 이야기할 수 있는 안전하고 애정 어린 환경을 만들어라.

추론 흐름
1. 부모가 자녀와 '무엇'을 해야 자녀가 문제에 대해 부모에게 편하게 이야기할 것인지를 찾아야 한다. 빈칸에는 긍정적인 결과를 가져올 수 있는 것들이 들어가야 하므로 논리상 '단절', '갈등', '긴장'은 일차적인 오답 후보로 판단할 수 있다.
2. 단서 부분을 보면 부모가 정기적으로 자녀들의 안전에 대해 그들과 이야기해야 한다고 했고, 자녀가 이야기할 수 있는 환경을 만들라고 했으므로, 지속적인 '의사소통'이 빈칸에 적절하다.

선택지 해설
② 단절
③ 갈등
④ 운동
⑤ 긴장
②, ③, ⑤ → 자녀가 자신들의 문제에 대해 부모에게 편안하게 이야기할 수 있는 긍정적인 결과를 가져오는 것으로 적절하지 않음.

어휘 **ongoing** 계속 진행 중인, 지속적인 / **tension** 긴장 (상태) / **bully** (약자를) 괴롭히는 사람; (약자를) 괴롭히다 / **victim** 희생자, 피해자 / **on a regular basis** 정기적으로

구문 [4행~6행] It is essential / that parents **talk** [**to** their children] [**on** a regular basis] [**about not only** their
가주어   진주어
schoolwork and friends **but also** their safety].
- to, on, about이 이끄는 세 개의 전명구가 부사 역할로 동사 talk를 수식하고 있음.
- 〈not only A but also B〉: A뿐만 아니라 B도 (= B as well as A)

[9행~10행] Create *a safe, loving environment* [**in which** kids can talk].
- 선행사 a safe, loving environment가 추상적인 공간을 나타냄. in which는 장소를 나타내는 관계부사 where로 바꿔 쓸 수 있음.

Basic Training
1. ②, ④ 2. ③ 3. ②, ④ 4. ① 5. ①, ②, ④, ⑤ 6. ③

1. ②, ④ 2. ③ p.14

해석 당신의 얼굴에 환한 미소를 지음으로써, 당신은 행복을 <u>퍼뜨릴</u> 수 있다.
① 구입할 ② 잊을 ④ 숨길 ⑤ 측정할

한 연구자가 행복의 비결 중 하나를 밝혀내는데 그것은 전염성이다. 만약 내가 잘 아는 누군가가 행복해지면, 내가 행복해질 가능성이 15% 증가할 것이다.

추론 흐름
1. 당신의 얼굴에 환한 미소를 지음으로써 행복을 '어떻게 할' 수 있는지를 찾아야 한다. 그런데 '잊을', '숨길'은 객관적인 논리로 보아 적절하지 않다.
2. 행복의 비결은 '전염성', 즉 아는 사람이 행복하면 나도 행복해질 가능성이 높아진다고 했으므로 빈칸에 적절한 것은 '퍼뜨릴'이다.

어휘 **contagiousness** 전염성 *cf.* **contagious** 전염되는

3. ②, ④ **4.** ①

해석 기꺼이 위험을 무릅쓰는 것은 새로운 사업을 시작하는 데 있어 매우 중요하다.
② 포기하는
③ 의견을 공유하는
④ 다른 사람을 용서하는
⑤ 실수로부터 배우는

매우 성공적인 쿠키 체인점의 소유주인 데비 필즈는 그 사업을 하지 말라는 말을 들었다. 사람들은 쿠키는 모든 슈퍼마켓에서 살 수 있기 때문에 누구도 그녀의 쿠키를 사지 않을 것이라고 했다. 그럼에도 불구하고, 그녀는 신선하고 따뜻한 쿠키에 대한 많은 수요가 있다고 확신했다. 그녀는 모든 돈을 투자했고 은행을 설득해 그녀의 새로운 사업에 자금을 대게 하기도 했다. 그녀의 모험은 결국 성공적이었고, 그녀의 회사는 오늘날 4억 5천만 달러 이상의 가치가 있다.

추론 흐름
3. 기꺼이 '어떤' 행동을 하는 것이 새로운 사업을 시작하는 데 있어 매우 중요한지 찾아야 한다. 그러므로 '포기하는' 것, '다른 사람을 용서하는' 것은 논리상 빈칸에 적절하지 않아 보인다.
4. 데비 필즈가 사람들이 쿠키 사업을 하지 말라고 했음에도 불구하고 확신에 따라 과감히 모든 돈을 투자해서 결국 성공을 이루었으므로 '위험을 무릅쓰는' 것이 빈칸에 적절함을 알 수 있다.

어휘 **willingness** 기꺼이 하려는 마음 / **take a risk** 위험을 무릅쓰다 / **finance** 자금; 재무; 자금을 대다 / **venture** 벤처 (사업), (사업상의) 모험

---

5. ①, ②, ④, ⑤ **6.** ③

해석 그 포장 봉지는 끈을 통과시켜 튼튼하게 만든 종이 가방으로 되어 있어서 소비자의 운반할 수 있는 양을 증가시켰다.
① 이윤 폭
② 재정적 이익
④ 체력
⑤ 지속적인 불만

월터 데브너는 미네소타 주에서 식료품점을 운영했는데, 자신의 사업을 신장시킬 방법을 찾고 있었다. 언젠가 그는 가방 없이 가게에 온 손님들이 가방을 가져온 손님들보다 훨씬 더 적은 음식을 사는 것을 발견했다. 왜일까? 그들은 단지 식료품을 들고 갈 수 없었기 때문이었다. 그래서 그는 그들이 더 많은 것을 한 번에 사도록 도와줄 방법을 고안하기 시작했다.

추론 흐름
5. 포장 봉지가 튼튼하게 만든 종이 가방으로 되어 있어서 소비자의 '무엇'을 증가시켰는지를 찾아야 한다. 그러므로 빈칸 내용은 소비자와 관련된 것이어야 하는데, '이윤 폭', '재정적 이익'은 우선 판매자에 관련된 것으로 생각되므로 논리적으로 적절하지 않다. 그리고 튼튼하게 만든 종이 가방 때문에 소비자의 '체력'이 증가했다는 것은 어색하며, 튼튼하게 만든 종이 가방은 일단 소비자에게 긍정적인 것으로 생각되므로 소비자의 '지속적인 불만'을 증가시켰다는 것 또한 빈칸에 적절하지 않아 보인다.
6. 월터 데브너가 가방 없이 가게에 온 손님들이 적은 물건을 사는 것을 보고 더 많은 것을 한 번에 살 수 있는 방법을 고안하기 시작했다고 했으므로 그가 만든 포장 봉지는 튼튼한 종이 가방으로 되어 있어서 소비자의 '운반할 수 있는 양'을 증가시키도록 했을 것이다.

어휘 **consist of** ~으로 구성되다 / **profit margin** 이윤 폭 / **capacity** 용량; 수용력 / **complaint** 불평, 항의 *cf.* **complain** 불평[항의]하다 / **grocery** 식료품 및 잡화 / **set about** ~을 시작하다 / **devise** 고안하다

구문 **[1행~2행]** The package **consisted of** *a paper bag* [**with** cord **running** through it for strength] and **increased**
　　　　　 　　　　　　 S　　　 V₁　　　　　　　　　　　　　　　　　　　　　　　　　 V₂
customers' carrying capacity.
● 〈with + (대)명사의 목적격 + 분사〉: ~가 …한 채로, ~가 …하며

POINT 02 대명사와 지시어 및 대용어구 파악하기

기출 Focus　**1.** ①　**2.** ①

소재 영향력 있는 소비자
해석 마케팅 담당자들은 소비자들의 관심을 사로잡기 위해 자신들의 메시지를 소비자들에게 다른 방법으로 전달해야 한다는 것을 인식한다. 그렇게 하기 위해서, 많은 회사들은 '버즈 마케팅'으로 알려진 전략에 의지하고 있는데, 그것에 의해 소비자들은 자기 자신들이 직접 그 메시지들을 퍼뜨리도록 요청받는다. 마케팅 담당자의 목표는 영향력 있는 소비자들을 발견하여 그들이 친구들에게 제품의 특정 브랜드나 서비스를 좋게 말하도록 밀어붙이는 것이다. 그들은 강력한 전달자들이 되어, 브랜드의 메시지를 더 많은 사람들에게 말한다. 궁극적으로 브랜드는 이익을 보게 되는데 사회적 모임의 받아들여진 구성원은 항상 그 어떤 광고보다 훨씬 더 믿을 수 있을 것이기 때문이다.

추론 흐름
1. 가리키는 바는 주로 바로 앞 문장에 있을 확률이 크므로 가능한 복수명사를 찾아본다. 복수명사가 두 개(the influential consumers, their friends) 있는데, 영향력 있는 소비자들이 친구들에게 브랜드나 서비스를 좋게 말하도록 밀어붙이는 것이 마케팅 담당자의 목표라고 했으므로 브랜드의 메시지를 더 많은 사람들에게 말하는 주체인 They는 the influential consumers이다.
2. 그들(영향력 있는 소비자들)이 '무엇'이 되어서 브랜드의 메시지를 더 많은 사람들에게 말하는지를 찾아야 한다. 소비자들이 직접 광고 메시지를 퍼뜨리도록 하는 버즈 마케팅에 대해 소개하고 있고, 빈칸 뒷부분에서는 친구들에게 브랜드 메시지를 말하는 것이 항상 광고보다 더 큰 신뢰감을 줄 것이라고 했으므로, 영향력 있는 소비자들이 '강력한 전달자들'이 된다는 것이 빈칸에 적절하다.

선택지 해설
② 국내 생산자들
③ 장학사들
④ 국제 감독관들
⑤ 회계 관리자들
②, ③, ④, ⑤ → 주어인 They가 소비자들이므로 연결하면 어색함.

어휘 **turn to** ~에 의지하다 / **buzz marketing** 버즈 마케팅 《인적 네트워크를 통해 소비자에게 상품정보를 전달하는 마케팅 기법》 / **whereby** 그것에 의해 / **influential** 영향력 있는 / **talk up** ~을 좋게 말하다 / **accepted** 받아들여진 / **credible** 믿을 수 있는 (↔ incredible 믿을 수 없는) 〈선택지 어휘〉 **domestic** 국내의 (↔ foreign 외국의) / **school inspector** 장학관 / **supervisor** 감독관, 관리자 / **financial** 재정의 / **controller** 관리자

구문 **[2행~4행]** To do so, many companies are turning to a *strategy* [**known** as *buzz marketing*], **whereby** <u>consumers</u>
$$\text{A}$$
themselves are asked to spread the messages.

- whereby 이하는 a strategy ~ marketing을 부연 설명하는 관계부사절로 이때의 whereby는 '그것에 의해'의 의미이다.
- themselves는 강조용법으로 사용된 재귀대명사로 흔히 '직접, 몸소'로 해석한다.
- 〈A is asked to-v〉는 SVOC 문형의 능동태인 〈ask A to-v〉 (A에게 v해 달라고 요청[부탁]하다)를 수동태로 전환한 것이다.

[4행~6행] The goal of the marketer is **to find** the influential consumers │and│ *(to)* **push** them **into talking up** a particular brand of a product or service **to** their friends.

- to find 이하는 명사적 역할의 to부정사구로 is의 보어로 쓰였다.
- 〈push A into v ing〉: A를 밀어붙여 v하게 하다
- 〈talk up A to B〉: A를 B에게 좋게 말하다

[7행~9행] Ultimately, <u>the brand</u> <u>benefits</u> // because <u>an accepted member of the social circle</u> / will always be
$$\text{S}\text{V}\text{A}$$
far more credible / **than** <u>any advertisement</u>.
$$\text{B}$$

- 비교급 비교구문이 사용되었으며 A, B가 비교 대상이다. far는 비교급을 강조 수식하는 말로 '훨씬'의 의미이며 much, even, still, a lot 등과 바꿔 쓸 수 있다.

Basic Training

1. ① **2.** ① **3.** (Factors such as) good health, consumer goods, friends, and so on
4. ④ **5.** ② **6.** ④

---

1. ① 2. ①

소재 구매 결정에서의 망설임

해석 나는 최근에 막 동네 대리점에 들어온 특정 자동차를 사는 것에 대해 상담을 했다. 나는 이틀 동안 그것을 관찰했고 두 번 시승했다. 나는 그것이 정말 맘에 들었다. 그것은 몇몇 드문 조건 때문에 특별한 거래였다. 하지만 내가 그것을 아무리 많이 좋아해도 그리고 그것이 아무리 완벽한 거래인 것 같아도 <u>나는 내가 가서 그것을 사야 한다는 긍정적인 믿음을 형성하는 데 이를 수가 없었다.</u> <u>이것은</u> 그것(자동차)을 사지 않기로 결정하는 것과 동등했는데, 내 망설임으로 인해서 내가 가능성을 생각하는 동안 다른 관심 있는 사람이 그것을 채갔기 때문이었다.

추론 흐름

1. 빈칸 문장의 This는 문맥상 앞 문장의 내용(그것(자동차)을 사야겠다는 긍정적 믿음을 가질 수 없었다.)을 가리킨다. 이렇게 this나 that, it은 명사가 아니라 앞 내용을 가리키기도 한다.
2. '자동차를 사야겠다는 긍정적 믿음을 가질 수 없었던 것'이 '무엇'과 같았는지를 찾아야 한다. 이어지는 빈칸 나머지 부분이 단서가 되는데, 필자의 망설임 때문에 결국 다른 관심 있는 사람이 그 자동차를 채갔다고 했으므로 '그것(자동차)을 사지 않기로 결정하는 것'과 같았다는 말이 빈칸에 적절하다.

선택지 해설

② 가장 좋은 물건을 얻는 것
③ 더 나은 거래의 결과를 낳는 것
②, ③ → 빈칸 뒷부분을 보면 결국 자동차를 구매하지 못했다는 것에서 끝나고 있으므로 더 좋은 것을 샀거나 더 나은 결과가 있었는지는 알 수 없음.
④ 충동구매를 유발하는 것 → 물건 구매에 대한 내용이므로 상식적으로 선택할 수 있으나 본문에 근거 없음.
⑤ 구매력을 감소시키는 것

어휘 **dealership** 대리점, 영업소 / **be equivalent to A** A와 동등하다 / **hesitation** 망설임, 주저함 / **snatch A away** A를 채가다 〈선택지 어휘〉 **impulse** 충동 / **diminish** 줄이다, 감소시키다

구문 **[3행~5행]** But, **as** much **as** I liked it, and **as** perfect a deal **as** it seemed, I couldn't **manage to form** <u>the positive belief that</u> I should go buy it.
$$=$$

- 〈as · as ...〉 구문이 '아무리 ~해도'의 뜻인 양보의 의미로 사용된 문장으로 앞의 as가 없는 형태가 더 흔히 쓰인다.
- 〈manage to-v〉: 용케[가까스로] v해 내다

[5행~7행] This **was equivalent to** deciding not to buy it, // as my hesitation **allowed** another interested party **to snatch** it away / while I considered the possibilities.

- 〈be equivalent to A〉: A와 동등하다
- 〈allow A to-v〉: A가 v하도록 허락하다, A가 v하게 하다

3. (Factors such as) good health, consumer goods, friends, and so on 4. ④

p.18

소재 행복한 인생을 즐기는 데 필요한 요소들

해석 행복한 인생을 즐기는 데 필요한 많은 요소들이 있다. 좋은 건강, 소비 물자, 친구들 등과 같은 요소들이다. 만약 당신이 이것들을 자세히 살펴본다면, 당신은 이 모든 것들이 다른 사람들에게 달려 있다는 것을 알게 될 것이다. 좋은 건강을 유지하기 위해서, 당신은 다른 사람들에 의해 만들어진 약과 다른 사람들에 의해 제공되는 의료 서비스에 의존한다. 만약 당신이 인생의 즐거움을 위해서 사용하는 모든 시설들을 조사한다면, 당신은 이런 사물들 중에 다른 사람들과 연결되지 않는 것이 거의 없다는 것을 알게 될 것이다. 주의 깊게 생각해 본다면 이 모든 제품들이 직접적이든 간접적이든 많은 사람들의 노력의 결과로서 존재하게 된다는 것을 알게 될 것이다.

추론 흐름

3. these things가 대신하는 바를 찾기 위해 앞 문장의 복수명사를 살펴본다. 여기에서는 (Factors such as) good health, consumer goods, friends, and so on을 가리킨다.

4. 빈칸 문장과 선택지로 보아, 이것들(좋은 건강, 소비 물자, 친구들 등과 같은 요소들)을 자세히 살펴보면 '어떠하다'는 것을 알 수 있는지 찾아야 한다. 빈칸 문장 뒤에서 건강을 유지하는 데 다른 사람들에 의해 만들어진 약에 의존한다고 했고, 시설이나 제품들 모두 다른 사람들과 연결되어 있다고 했으므로 '이 모든 것들이 다른 사람들에게 달려 있다'는 것이 빈칸에 적절하다. 정답인 all of these에서 these 역시 (Factors such as) good health ~ and so on을 가리킨다.

선택지 해설

① 당신은 다른 사람들을 신뢰할 수 없다
② 당신은 다른 사람들에게 의존하지 않는다 ➜ 다른 사람들과 연결되어 있다는 문맥과는 정반대의 내용.
③ 그것들은 당신의 행복을 보장할 수 없다 ➜ they가 가리키는 Factors는 행복한 인생을 즐기는 데 필요한 많은 요소들이라고 했으므로 오답.
⑤ 이러한 요소들은 돈으로 제공될 수 있다

어휘 **factor** 요인, 요소 / **investigate** 조사하다, 살피다 / **rely on** ~에 의존하다 (= depend on, count on) / **facility** 《복수형》 시설, 기관 / **come into being** 존재하게 되다 〈선택지 어휘〉 **be independent of** ~으로부터 독립해 있다 (↔ be dependent (up)on ~에 의존하다) / **assure** 장담하다; 확인하다; 보장하다 / **provide A with B** A에게 B를 공급하다

---

5. ② 6. ④

p.19

소재 사랑의 실패에 대한 극복

해석 어느 것도 사랑하는 것보다 더 쉽지는 않다는 태도는 그 반대에 대한 압도적인 증거에도 불구하고 계속 사랑에 대해 널리 퍼져 있는 생각이어 왔다. 사랑처럼 그렇게 엄청난 희망과 기대를 갖고 시작되지만 그렇게 자주 실패하는 그 어떤 활동도 거의 없다. 만일 이것이 어떤 다른 활동의 경우라면, 사람들은 왜 자신이 그것에 실패했는지 알아보고 어떻게 더 잘할 수 있는지를 알아내기 위해 열심이거나, 아니면 그들은 그 활동을 포기할 것이다. 사랑의 경우에는 후자가 불가능하기 때문에, 사랑의 실패를 극복하는 데는 딱 한 가지 적절한 방법이 있는 것 같은데, 즉 이 실패의 원인을 조사하는 것과 사랑의 의미를 계속 연구하는 것이다.

추론 흐름

5. the latter는 앞에 나온 두 가지 동등한 사항 중 나중에 제시된 것을 가리킨다. 앞 문장에서 '왜 실패했는지 알아보고 어떻게 더 잘할 수 있는지를 알아내는 것'과 '그 활동을 포기하는 것'이 나열되고 있으므로, the latter는 뒤에 제시된 '그 활동을 포기하는 것'을 가리킨다.

6. 빈칸 문장으로 보아 사랑의 실패를 극복하려면 '어떻게' 해야 하는지를 찾아야 한다. 빈칸 앞 문장에서 사랑의 경우에는 두 가지 방법 중 후자, 즉 '그 활동을 포기하는 것'이 불가능하다고 했으므로 전자에 해당하는 '왜 실패했는지 알아보고 어떻게 더 잘할 수 있는지를 알아내는 것'을 다르게 표현하는 '이 실패의 원인을 조사하는 것'이 빈칸에 적절하다.

선택지 해설

① 그들의 파트너의 요구를 받아들이는 것
② 다른 사람들을 사랑하는 행위를 포기하는 것 ➜ 앞에서 언급한 '후자(the latter)'에 해당하는 내용으로, 사랑의 경우에는 후자가 불가능하다고 했으므로 오답.
③ 마음의 상처를 입은 사람들에게 도움을 주는 것 ➜ 본문 단어(the failure of love)에서 '마음의 상처'를 연상할 수 있으나 상처 입은 타인에게 도움을 준다는 내용이므로 빈칸에는 적절하지 않음.
⑤ 그들의 파트너와 관계를 유지하는 것
①, ⑤ ➜ 사랑에 실패한 이후에 이를 극복하는 방법이어야 하는데 이 둘은 사랑이 실패하지 않기 위한 방법이므로 내용상 적절하지 않음.

어휘 **prevalent** 널리 퍼져 있는 / **overwhelming** 압도적인 *cf.* **overwhelm** 압도하다 / **tremendous** 엄청난

구문 [1행~2행] **The attitude that** nothing is easier than to love / has continued to be the prevalent idea about love / in spite of overwhelming evidence to the contrary.

[2행~4행] There is **hardly** *any activity*, **which** is started with such tremendous hopes and expectations,

A
and yet, **which** fails so regularly, **as love**.

B
● hardly는 부정부사로 '거의 ~ 않다'의 의미이다.

[4행~6행] **If** this **were** the case with any other activity, // people **would** be eager **to know** why they had failed in it **and** **to learn** how one could do better, / or they **would** abandon the activity.

‹If+주어+동사의 과거형[were] ~, 주어+조동사 과거형(would)+동사원형 …› 형태의 가정법 과거 문장으로 '~라면 …일[할] 텐데'의 뜻이다.

실전 적용문제 1   1. ④ 2. ④ 3. ② 4. ④ 5. ④ 6. ③

1. ④   p.20

소재 개성의 존중

해석 다른 누구도 당신의 마음이 사물에 대해 느끼는 방식을 경험할 수 없다. 누구도 당신이 보는 것과 아주 똑같이 인생을 보기 위해 당신이 사용하는 렌즈를 통해 볼 수는 없다. 이러한 개성을 받아들여라. 그것을 존중하기도 하고 칭찬하기도 하라. 쉽게 그것과 타협하지 마라. 다른 사람과 어울리거나 다른 사람들을 행복하게 만들려는 당신의 욕망 속에서, 당신은 당신이 아닌 누군가인 척하려는 유혹을 받을지도 모른다. 당신은 심지어 당신이 정말로 믿지 않는 것들을 믿는 척하거나 진정한 당신의 모습과 어울리지 않는 방식으로 행동할지도 모른다. 이렇게 할 때 당신은 진짜 당신을 놓친다. 세상도 당신을 놓친다. 건강하고 행복하고 아는 것이 많은 사람이 되려고 노력하라, 그런 다음 당신의 동료 여행가들과 더불어 당신이 있어야 할 곳에 있으면서, 기다리고 있는 세상에 당신의 본모습을 제공하라.

추론 흐름 빈칸 문장과 선택지로 보아, 빈칸 문장의 this는 빈칸에 들어갈 명사를 수식하므로 '이러한 _____'의 뜻임을 알 수 있다. this가 지칭하는 바를 앞 문장에서 살펴보면 '누구도 당신이 보는 것과 아주 똑같이 인생을 보기 위해 당신이 사용하는 렌즈를 통해 볼 수는 없다는 것'으로, 이를 빈칸 형태에 맞게 한 단어로 바꾸어 표현하면 이러한 '개성'을 받아들이라는 것이 적절하다.

선택지 해설
① 유사성 → 빈칸 앞 내용에서 관점이 똑같을 수 없다고 했으므로 정반대의 내용.
② 인내
③ 관대함
⑤ 칭찬

어휘 **compromise** 타협하다 / **lose out on** ~을 놓치다 / **knowledgeable** 아는 것이 많은, 많이 아는 *cf.* **knowledge** 지식 / **alongside** ~와 더불어
‹선택지 어휘› **endurance** 인내, 참을성 / **generosity** 관대함

구문 **[1행]**   No one else can experience *the way* [(**that[in which]**) your heart feels about things].

● your heart 이하는 선행사 the way를 수식하는 관계부사절로 앞에 that 또는 in which가 생략되어 있다. 이처럼 선행사가 the way일 경우에는 the way how 형태로는 쓰이지 않으나, the way와 how 중 한쪽을 생략하거나, the way that, the way in which의 형태로 쓰는 것은 가능하다.

[1행~2행]   No one can see through *the lens* [(which[that]) you use ●] / **to see** life **the same as** you **do**.
                                                                     (= see)

● you use는 선행사 the lens를 수식하는 관계사절로 앞에 목적격 관계대명사 which 또는 that이 생략되어 있으며, to see 이하는 목적을 나타내는 to부정사구이다.
● ‹(quite) the same as ~›: ~와 (아주) 똑같이

2. ④   p.20

소재 생각을 죽이지 않는 법

해석 새로운 생각을 거부하는 것은 정상적인 반응이다. 유감스럽게도, 그렇게 함으로써 당신은 탐구의 길을 막을 뿐만 아니라 상대방의 자존심도 해치게 된다. 누구도 자신의 생각이 무시되는 것을 즐기지 않으므로, 이 사람은 방어적으로 반응하기 쉽다. 당신은 '생각을 죽이는' 논쟁에 빠지는 위험을 무릅쓰는 것이다. 이것이 일어나지 않도록 하기 위해서, 당신은 심호흡을 하고 긍정적인 면을 볼 필요가 있다. 만약 누군가가 당신이 반대하는 생각을 낸다면, 부정적인 어떤 말을 하기에 앞서 그것에 대해 당신이 말할 수 있는 세 가지 좋은 점을 의도적으로 찾음으로써 그것을 발전시켜라. 만약 당신의 지지하는 말이 비판적인 말보다 더 크다면, 상대방은 당신이 그들

추론 흐름 빈칸 문장의 this는 앞 문장의 (getting into) an "idea-killing" argument를 가리킨다. 그러므로 생각을 죽이는 논쟁이 일어나지 않도록 하기 위해서 심호흡을 하고 '어떻게' 해야 하는지를 찾아야 한다. 이어지는 명령문 build on ~ anything negative.는 상대방의 생각에 반대하더라도 의도적으로 세 가지 좋은 점을 찾아보라는 것이므로, 빈칸에 알맞은 말은 '긍정적인 면을 볼' 필요가 있다는 것이다.

선택지 해설
① 계속해서 당신의 속도를 바꿀 → 빈칸 문장의 내용(take a deep breath)에서 연상되는 오답.
② 집단의 필요를 만족시킬
③ 당신의 가장 약한 점을 발견할
⑤ 당신의 미래 계획을 세울

의 생각을 고려하고 있다는 데에 대해서 만족하고 당신이 말
하는 것을 더욱 쉽게 받아들일 가능성이 있다.

어휘 **ego** 자존심; 자아 / **defensively** 방어적으로 *cf.* **defensive** 방어의; 방어적인 / **feel opposed to** ~에 반대하다 / **deliberately** 의도적으로 (=
intentionally) / **outweigh** ~보다 더 크다[대단하다]

구문 **[3행~4행]** Nobody enjoys **having** their ideas **ignored**, so this person is likely to react defensively.
- 〈have + O + OC(p.p.)〉: ~가 …되(게 하)다

[6행~8행] If someone offers *an idea* [**to which** you feel opposed], // build on it by deliberately looking for *three*
*good thing*s [**that** you can say ● about it], / before you **allow** yourself **to say** anything negative.
- to which ~ opposed는 an idea를 수식하는 〈전치사 + 관계대명사〉절이며, that ~ about it은 three good things를 수식하는 목적격 관계대명사절이다.
- 〈allow A to-v〉: A가 v하도록 허락하다, A가 v하게 하다

3. ②   p.21

소재 효율적인 야구방망이
해석 야구방망이의 '힘'을 생각해 보라. 방망이에 의해 얻어진 모든 에너지는 타자에 의해 공급된다. 방망이는 그저 공을 그것의 길로 보내도록 도와주는 도구일 뿐이다. 만약 방망이가 자신의 일을 잘하면, 우리는 대체로 방망이가 강력하다고 말한다. 물리학 용어로, 우리는 정말로 방망이를 그것의 효율성 면에서 설명해야 한다. 효율적인 방망이는 타자가 그의 팔에 있는 에너지를 공까지 그 과정에서 너무 많은 에너지 손실 없이 이동시키게 해주는 방망이일 것이다. 사실 모든 방망이는 팔에 있는 에너지의 작은 부분만이 공에게 주어진다는 점에서 아주 비효율적이다. 그 에너지의 대부분은 방망이가 공을 친 후의 계속되는 팔의 움직임의 결과로서 방망이와 팔에 보유되어 있다.

추론 흐름 빈칸 문장으로 보아, 효율적인 야구방망이가 되게 하려면 '무엇'이 없어야 하는지를 찾아야 한다. 바꿔 말하면 '무엇'은 야구방망이를 비효율적으로 만드는 것이어야 하는데, '신체적 힘의 강화'는 효율적으로 만들 수 있는 것이므로 오답 후보로 생각할 수 있다. 직접적인 단서는 빈칸 다음 문장인 In fact 이하에서 찾을 수 있다. 모든 방망이는 사실 매우 비효율적인데, 이는 팔에 있는 에너지의 작은 부분만이 공에 주어진다는 점에서 그러하다고 했으므로, 즉 '너무 많은 에너지 손실'이 없어야 야구방망이를 효율적으로 만들 수 있을 것이다.

선택지 해설
① 공으로의 그 어떤 마찰
③ 휘두르는 속도의 감소
④ 또 다른 도구로부터의 도움
①, ③, ④ → 빈칸 문장에 넣었을 때 그럴듯하나 본문에 근거 없음.
⑤ 신체적 힘의 강화 → 효율적인 야구방망이가 되기 위해 '없어야' 하는 것을 찾아야 하므로 내용상 적절하지 않음.

어휘 **on A's way** A가 가는 길에; 도중에 / **term** 용어, 말; 학기; 기간 *cf.* **in terms of** ~의 면에서 / **efficiency** 효율성 *cf.* **efficient** 효율적인 (↔ inefficient 비효율적인) / **fraction** 부분 / **retain** 보유하다 / **continuing** 계속되는 〈선택지 어휘〉 **friction** 마찰 / **enhancement** 강화

구문 **[5행~7행]** An efficient bat would be ***one*** [**that** allows the batter to **transfer** the energy in his arms **to** the ball
without too much loss of energy in the process].
- one은 a bat를 대신하는 대명사이며, that 이하는 선행사 one을 수식하는 주격 관계대명사절이다.
- 〈transfer A to B〉: A를 B로 이동시키다

[7행~8행] In fact, all bats are very inefficient **in the sense that** only a small fraction of the energy [in the arms]
〈부분을 나타내는 명사〉 〈단수명사〉
is given to the ball.
단수동사
- 〈in the sense that ~〉: ~라는 점[의미]에서
- 주어에 〈부분을 나타내는 명사 + of + 명사〉가 자리했을 때 동사의 수는 of 뒤의 명사에 일치시킨다.

4. ④   p.22

소재 성공하는 조직의 특징
해석 분석가들은 항상 고전적인 경제적 및 사회적 통계에 의해 사회를 측정하는 경향이 있어 왔다. 어떤 통계는 중요하고 흥미롭다. 하지만 내가 생각하기에 훨씬 더 중요하고 흥미로운 사실을 드러내는 또 다른 통계 자료가 있는데, '당신의 사회가 꿈보다 기억을 더 많이 가지고 있는가 아니면 기억보다 꿈을 더 많이 가지고 있는가?'이다. 여기서 꿈은 희망에 차 있는 것의 긍정적인 면을 말한다. 유명한 컨설턴트인 마이클

추론 흐름 진정으로 성공한 조직은 기꺼이 '어떤' 행동을 하고 새롭게 시작하려 하는지를 찾아야 한다. 빈칸 문장의 논리상, 새롭게 시작한다는 것과 '그 조직의 과거의 영광에 집착하고'는 거리가 멀어 보인다. (성공적인) 과거의 기억이 꿈을 넘어설 때 끝이 가까운 것이라고 했고, 전에 아무리 좋았더라도 그때는 그때였고 지금은 지금이라고 했으므로, 기꺼이 '그 조직을 성공하게 만든 것을 포기하고' 새롭게 시작하려는 마음이 성공한 조직의 특징으로 빈칸에 적절하다.

선택지 해설
① 현실적인 목표를 정하고

해머는 언젠가 말했다. "한 회사가 어려움에 처해 있다고 알려 주는 한 가지는 그들이 과거에 얼마나 훌륭했는지를 저에게 말해 줄 때입니다. 국가도 마찬가지입니다. 당신은 정체성을 잊고 싶지 않을 것입니다. 당신이 14세기에 훌륭했던 것은 기쁘지만, 그때는 그때였고 지금은 지금입니다. 기억이 꿈을 넘어서면, 끝이 가까운 것입니다. 진정으로 성공한 조직의 특징은 기꺼이 그 조직을 성공하게 만든 것을 포기하고 새롭게 시작하려는 마음입니다."

② 그 조직의 과거의 영광에 집착하고 → 과거에서 벗어나라는 문맥과 정반대되는 내용.
③ 그 조직이 한때 어려움에 처해 있었다는 것을 인정하고 → 본문 표현(in trouble)을 활용한 오답. 본문에서 인용된 부분을 정확히 해석하지 못하면 고를 수 있는 오답이다. 어떤 회사가 과거에 얼마나 훌륭했는지를 말할 때 그것으로 어려움에 처해 있다는 것을 알 수 있다는 내용으로, 과거에 어려움에 처했다는 것을 인정하라는 것과는 다르다.
⑤ 그 조직이 언젠가 성공할 것임을 받아들이고
①, ⑤ → 성공적인 운영을 위해 필요한 것으로 그럴듯해 보이나, 본문에 근거 없음.

어휘 **analyst** 분석가 / **statistic** 통계 (자료); 《복수형》 통계(학) / **revealing** 흥미로운 사실을 드러내는 / **hopefulness** 희망참 / **consultant** 컨설턴트, 고문 / **remark** 언급하다 / **exceed** 초과하다, 넘어서다 / **willingness** 기꺼이 하려는 마음 〈선택지 어휘〉 **stick to A** A를 고수하다, A에 집착하다 / **glory** 영광 / **abandon** 포기하다

구문 **[2행~5행]** But there is *another statistic* [**that** (I think) is **even more important and revealing**]: Does your society have **more memories than dreams** or **more dreams than memories**?
● that ~ revealing은 선행사 another statistic을 수식하는 주격 관계대명사절로 I think는 삽입절이다.
● even은 비교급 more important and revealing을 강조 수식하는 부사로 '훨씬'의 의미이며 far, much, still, a lot 등으로 바꿔 쓸 수 있다.
● more memories than dreams와 more dreams than memories는 or로 연결되어 병렬구조를 이루고 있다.

[10행~12행] The hallmark of a truly successful organization is *the willingness* [**to abandon** *what made it successful* and **start** fresh].
● 〈the willingness to-v〉: 기꺼이 v하려는 마음
● abandon ~ successful과 start fresh는 and로 연결되어 to에 공통으로 걸려 있는 병렬구조이다.
● what ~ successful은 선행사를 포함한 관계대명사절로 abandon의 목적어이다.

5. ④   p.22

소재 회사 혁신의 한 가지 원천
해석 회사를 위한 혁신으로 매우 두드러지는 한 가지 원천이 있는데, 열성적인 소비자들의 참여이다. 컴퓨터 게임 커뮤니티는 이와 관련하여 선도자 역할을 해 왔다. 밸브를 예로 들어보자. 이 회사가 1996년에 매장을 연 지 오래지 않아, 관리자들은 많은 숙련된 열성 팬들이 게임 암호를 해킹하여 더 흥미로운 배경과 무기를 가진 변형된 버전을 만들어 냈다는 것을 알아챘다. 이 입장에 있던 또 다른 회사는 전도유망한 제품에 대한 통제력 상실 때문에 위협을 느꼈을지도 모르지만, 밸브의 관리자들은 그 고객 맞춤화된 게임이 새로운 팬들을 얻고 있다는 것을 깨달았고, 그래서 팬들이 그들 자신의 아이디어를 개발하는 것을 더 쉽게 해주는 새로운 소프트웨어를 제공했다. 사람들이 제품에 끊임없이 덧붙이도록 하면 제품 수명을 연장할 수 있고 원래의 제품이라면 확보하지 못할 모든 종류의 고객들에 도달할 수 있다.

추론 흐름 회사를 위한 혁신으로 두드러지는 한 가지 원천이 '무엇'인지 찾아야 한다. 이어지는 밸브라는 회사에 대한 예시에서, 밸브의 새 게임이 해킹을 당해 변형된 버전이 만들어진 것을 계기로 사용자들이 더 쉽게 변형을 가할 수 있게 함으로써 새로운 고객을 더 많이 확보했다는 내용이므로 고객들이 해킹을 통해 제품에 직접 관여한 것이 변화의 시작이었음을 알 수 있다. 그러므로 혁신으로 두드러지는 원천은 '열성적인 소비자들의 참여'라는 것이 빈칸에 적절하다.

선택지 해설
① 위험을 감수할 용기
② 사람의 관점의 변화
③ 끊임없는 연구와 개발
⑤ 경쟁업체의 분석
①, ②, ③, ⑤ → 혁신의 원천이 될 수 있는 내용들로 빈칸에 그럴듯하나 본문에 근거 없음.

어휘 **innovation** 혁신 / **in this regard** 이와 관련하여 / **skilled** 숙련된 / **enthusiast** 열성 팬; 열렬한 지지자 *cf.* **enthusiastic** 열렬한 / **hack** 해킹하다 / **modify** 수정[변경]하다 / **promising** 전도유망한 / **customize** 고객 맞춤화하다 〈선택지 어휘〉 **bravery** 용기 / **participation** 참여 / **competitor** 경쟁자

구문 **[8행~10행]** ~, but Valve's managers realized **that** the customized games were winning new fans,
          S   V   O
so they provided *new software* [**that** made **it** easier **for fans to develop** their own ideas].
● it은 to부정사구 진목적어를 대신하는 가목적어이며 for fans는 to develop의 의미상 주어이다.

[10행~12행] **Having** people constantly **adding** to a product **can extend** its life and **reach** *all sorts of customers* [**that** the original product wouldn't have ●].
● Having ~ a product는 주어로 사용된 동명사구이고, 〈have+O+OC(v-ing)〉 구조로 '~가 …하게 하다'의 의미이다.
● extend its life와 reach ~ wouldn't have는 and로 연결되어 can에 공통으로 걸려 있는 병렬구조이다.
● that 이하는 선행사 all sorts of customers를 수식하는 목적격 관계대명사절이다.

8 정답 및 해설

6. ③

6. ③

6. ③ 　　　　　　　　　　　　　　　　　　　　　　　　　　**p.23**

소재 환경 유해 물질과 질병들의 관계

해석 우리는 늘어나고 있는 과체중인 사람들의 수를 건강 문제의 증가와 직접 연관시킬 수 있지만, 환경적 독소와 건강 간의 덜 분명한 관계를 측정하는 것은 더 어렵다. 유독한 오염 물질은 학습 및 행동 장애와 암, 파킨슨병 등과 같은 질병을 포함하는 많은 건강 관련 문제들의 원인이 될 수 있다. 산업적 화학물질, 살충제, 중금속에 대한 우리의 노출의 일부분은 우리가 먹는 음식으로부터 나온다. 이 화학물질들의 많은 것들이 그것들이 사람의 건강에 미치는 영향에 대해 적절하게 검사되지 않아 왔다. 화학물질에 노출되는 수준과 시간, 사람이 노출된 화학물질들의 혼합물, 사람 자신의 유전적 구성 모두가 건강 문제에 기여하는 요소들임을 명심하라. 따라서 특정 화학물질을 특정 질병과 관련짓는 것은 어렵다.

추론 흐름
빈칸 문장으로 보아, 따라서 '무엇'이 어렵다는 것인지를 찾아야 한다. 앞부분에서 환경적 독소와 건강과의 관계를 명확하게 측정하기 어렵다고 했으므로 '특정 화학물질을 특정 질병과 관련짓기'가 어렵다는 내용이 빈칸에 적절하다.

선택지 해설
① 진보에도 불구하고 몇몇 질병들을 치료하기 → 본문 단어(cancer, Parkinson's)에서 연상되는 오답.
② 당신의 식단을 조절하지 않으면서 건강을 유지하기 → 본문 단어(overweight)에서 연상되는 오답.
④ 우리의 오염된 환경에서 독소를 피하기 → 본문 단어(toxins)를 이용한 오답. 독성이 있는 오염 물질이 건강 문제의 원인이 될 수 있다고 했지만, 독소를 피하는 것에 대한 언급은 본문에 없음.
⑤ 일상 제품에서 화학물질의 사용을 금지하기 → 본문 단어(chemicals)를 이용한 오답. 빈칸 문장에 넣었을 때 그럴듯하나 본문 내용과는 관련 없음.

어휘 **connect A to B** A를 B와 연관시키다 / **growing** 늘어나는, 증가하는 / **toxin** 독소 *cf.* **toxic** 유독한 / **pollutant** 오염 물질 *cf.* **polluted** 오염된 / **including** ~을 포함하여 / **behavioral** 행동의 / **disability** 장애 / **exposure** 노출 *cf.* **expose** 노출하다 / **industrial** 산업의 / **pesticide** 살충제, 농약 / **heavy metal** 중금속 / **adequately** 적절하게 / **timing** 시기, 시간; 타이밍 / **genetic** 유전적인 / **makeup** 구성 〈선택지 어휘〉 **progress** 진보, 진전; 진전을 보이다 / **surroundings** 환경 / **ban** 금지; 금지하다

구문

[1행~3행] **While** we can directly **connect** the growing number of *people* [**who** are overweight] **to** the rise in health problems, it's harder <u>to measure the less clear relationship between environmental toxins and health</u>.
(가주어 / 진주어)
● 이때의 접속사 While은 '~이지만, ~할지라도'의 의미.
● 〈connect A to B〉: A를 B와 관련짓다

[6행~7행] <u>Part of our exposure</u> to industrial chemicals, pesticides, and heavy metals <u>comes</u> from *the foods* [*(which[that])* we eat ●].
(S / V)
● 〈부분을 나타내는 명사+of+명사〉 구조가 주어에 사용될 경우 동사의 수는 of 뒤의 명사에 맞추는데 여기서는 our exposure가 그에 해당하므로 단수동사 comes를 썼다.

[8행~11행] Keep in mind **that** <u>the level and timing of exposure to chemicals</u>, *the mixture of chemicals* [*to which one is exposed*], and one's own genetic makeup are all contributing factors to health problems.
(A / B / and / C)
● '~을 명심하다'란 뜻의 〈keep ~ in mind〉 구문에서 ~이 길어져 뒤로 보낸 문장이다. that절이 ~에 해당하는데, 주어는 A, B, and C이고, to which ~ exposed는 선행사 the mixture of chemicals를 수식하는 〈전치사+관계대명사〉절이다.

CHAPTER 2 추론의 단서: 연결어

03 For example, In other words

기출 Focus 1. ①   p.26

소재 협력의 중요성

해석 스코틀랜드의 경제학자 에덤 스미스는 경쟁을 자기 이익을 극대화시키는 것으로 보았다. 그러나 오늘날 가장 '경쟁적인 사람들'은 그의 철학을 수학자인 존 내시의 생각으로 대체하고 있다. 그는 스위스의 철학자 장 자크 루소의 이론을 수학적으로 증명하였는데, 그것은 당사자들이 협력할 때 이익의 전체 크기는 거의 항상 증대되어, 각 당사자는 혼자 얻을 수 있는 것보다 더 많은 것을 얻는다는 것이다. 그 전형적인 예는 네 명의 사냥꾼들이 홀로 행동하는 동안은 각자 한 마리 토끼만을 잡을 수 있지만, 함께 하면 사슴 한 마리를 잡을 수 있다는 것이다. 오늘날 현명한 경쟁자들은 가능할 때면 언제나 협력한다. 연구는 거의 90% 정도의 경우에, 협력하는 환경에 있는 사람들이 전통적인, '경쟁적인', 이기고 지는 환경에 있는 사람들보다 업무수행을 더 잘한다는 것을 보여준다. 다시 말하면, 협력이 더 나은 결과를 만들어낸다.

추론 흐름 빈칸 문장이 In other words로 시작하므로 앞 문장의 내용에 주목한다. 연구에서 협력하는 환경에 있는 사람들이 경쟁적인 환경에 있는 사람들보다 업무수행을 더 잘한다는 것을 보여준다고 했으므로, 이를 다른 말로 표현하면 선택지에서 가장 적절한 것은 '협력이 더 나은 결과를 만들어낸다'이다.

선택지 해설
② 과로는 스트레스의 주된 원인이다
③ 협력은 근무시간을 줄이지 않는다 → 본문 단어(cooperative)에서 연상되는 오답.
④ 경쟁은 시장에서 필요하다 → 본문 단어(competitive)에서 연상되는 오답.
⑤ 많은 직장이 독립적으로 일하는 능력을 요구한다

어휘 **competitiveness** 경쟁력, 경쟁적임 *cf.* **competitive** 경쟁적인; 경쟁력 있는 *cf.* **competition** 경쟁; 시합 / **maximize** 극대화하다 / **self-interest** 이기심; 자기 이익 / **philosophy** 철학 *cf.* **philosopher** 철학자 / **mathematician** 수학자 / **collaborate** 협력하다, 공동으로 일하다 / **cooperative** 협력[협조]하는 *cf.* **cooperation** 협력, 협동

Basic Training 1. ② 2. ① 3. ② 4. ⑤

1. ②   p.28

소재 사진의 소재는 일상

해석 사진가의 자원은 사람들과 그들 삶의 모든 양상인 그들의 환경, 습관, 가족 등등일 수 있다. 그리하여 사진가는 특별한 어떤 것을 찾으려 하기보다는 오히려 그러한 것들(사람들과 그들 삶의 모든 양상)을 탐구하고 이해하려고 노력해야 한다. 다시 말하면, 그는 그의 주변에 무슨 일이 일어나고 있는지를 알아내는 것을 목표로 삼아야 한다.

추론 흐름 그(사진가)가 '무엇'을 알아내는 것을 목표로 해야 하는지를 찾아야 한다. 빈칸 문장이 In other words로 시작하고 있으므로 앞부분에 주목한다. 사진가들의 자원으로 특별한 것을 찾기보다는 사람들과 그들 삶의 모든 양상을 탐구하고 이해하려고 노력하라고 하였다. 따라서 빈칸에는 이 내용을 다르게 표현한 '그의 주변에 무슨 일이 일어나고 있는지'를 알아내는 것을 목표로 해야 한다는 내용이 가장 적절하다.

선택지 해설
① 그의 카메라들의 기본적인 용도 → 본문 단어(photographer)에서 연상할 수 있는 오답.
③ 실패로부터 배우는 방법
④ 범상치 않은 이야기들을 어디에서 얻어야 하는지 → 일상에서 사진의 소재를 구하라는 본문의 내용과 정반대되는 내용.
⑤ 그의 사진들 뒤에 있는 특별한 의미 → 본문 단어(special)를 이용한 오답.

어휘 **aspect** 측면, 양상 / **aim** 목적, 의도; 목표 삼다; 겨냥하다 〈선택지 어휘〉 **use** 사용하다; 사용(법) / **extraordinary** 비범한, 예사롭지 않은

2. ①   p.28

소재 과학의 진보 속도에 대한 과소평가

해석 1893년에, 시카고 만국 박람회의 일부분으로, 74명의 유명 인사들이 앞으로 100년 후의 삶이 어떤 모습일지를 예측해 달라는 요청을 받았다. 한 가지 문제는 그들이 과학의 진보 속도를 과소평가했다는 것이었다. 예를 들어, 많은 이들이 우리가 언젠가 대서양을 횡단하는 상업적인 비행선을 가질 것이라고 정확하게 예측

추론 흐름 빈칸 문장과 단락 첫 문장을 통해, 유명 인사들이 100년 후 미래의 삶이 어떤 모습일지를 예측한 것에 '어떤 문제'가 있었는지를 찾아야 함을 알 수 있다. 빈칸 문장 뒤의 For example 이하에 이 예측을 구체적 예시를 들어 설명하고 있으므로 이를 종합, 포괄하면 된다. 즉 100년 뒤에는 마차를 부르듯이 열기구를 부를 것이고 우편물은 역마차와 말로 배달될 것으로 생각했다고 했으므로, '과학의 진보 속도를 과소평가했다'는 것이 문

했지만, 그들은 그것이 열기구일 것이라고 생각했다. 존 J. 인갈스 상원의원은 "시민이 자신의 열기구를 부르는 것은 현재 자신의 마차를 부르는 것처럼 흔할 것이다."라고 말했다. 그들은 또한 자동차의 도래를 일관적으로 놓쳤다. 체신부장관 존 와나메이커는 미국의 우편물이 심지어 100년 후에도 역마차와 말로 배달될 것이라고 진술했다.

제였음을 알 수 있다.

어휘 **commercial** 상업상의; 광고 방송 / **transatlantic** 대서양 횡단의 / **airship** 비행선 / **senator** 상원의원 / **consistently** 끊임없이, 일관되게 / **stagecoach** 역마차 / **horseback** 말을 탄 〈선택지 어휘〉 **underestimate** 과소평가하다 / **transportation** 운송, 수송; 교통[수송] 기관 / **emphasis** 강조

구문 **[1행~3행]** In 1893, / as part of the World's Columbian Exposition in Chicago, // seventy-four well-known individuals **were asked to predict** / what life would be like in the next 100 years.
- 〈A is asked to-v〉 (A가 v해 달라는 요청[부탁]을 받다)는 〈ask A to-v〉 (A에게 v해 달라고 요청[부탁]하다)의 수동형.
- what 이하는 간접의문문으로 predict의 목적어이다.

[6행~7행] **It** will be **as** common **for** the citizen **to call for** his hot-air balloon **as** it now is (common for the citizen to call) for his buggy.
- 〈It is ... for A to-v〉의 〈가주어 It + 의미상 주어 for A + 진주어 to-v〉 구문이 사용된 문장으로 'A가 v하는 것은 …하다'의 의미.
- 〈as ~ as ...〉의 원급 비교구문이 사용되었고 비교 대상은 미래의 A와 현재의 B이다.

3. ②

p.29

소재 거짓말의 사회적 기능

해석 우리는 너무나 어린 나이에 거짓말하는 것을 배우고 그것을 너무 자주 하여 거짓말을 설득력 있게 하는 데 능숙하게 된다. 자세한 설명을 위해, 당신이 "그들에게 우리가 집에 없다고 말해" 혹은 "사교용 미소를 지어" 혹은 "엄마 아빠께 무슨 일이 일어났는지 말하지 마, 안 그러면 우리 둘 다 곤란해져"와 같은 말을 얼마나 자주 들어 보았는지에 대해 생각해 보라. 우리는 다른 사람들과 관련되어 있기 때문에, 우리 자신의 이익을 위해서 거짓말할 뿐만 아니라, 다른 사람들의 이익을 위해서도 거짓말한다. 거짓말하는 것은 장황하게 설명하는 것을 피하는 방법, 처벌을 피하려는 시도가 될 수 있고, 혹은 단순히 예의를 지키는 데 사용될 수도 있다. 심지어 우리의 화장품과 속을 채워 넣은 옷조차도 속임수의 형태이다. 다시 말해서, 우리 인간에게, 거짓말하는 것은 사회적 관계를 위한 도구이다.

추론 흐름 빈칸 문장으로 보아, 거짓말하는 것이 인간에게 '무엇'인지 찾아야 한다. 단서는 단락 중간의 Because 이하에 집중되는데, 우리는 다른 사람들과 관련되어 있어서 이러저러한 목적(우리 자신뿐만 아니라 타인의 이익을 위해, 장황한 설명이나 처벌을 피하기 위해, 예의를 지키기 위해)으로 거짓말한다고 하였다. 그러므로 거짓말하는 것은 인간에게 있어 '사회적 관계를 위한 도구'임을 알 수 있다.

어휘 **skillful** 능숙한, 숙련된 (= skilled) / **falsehood** 거짓말(하기) / **convincingly** 설득력 있게 / **illustrate** 자세히 보여주다, 설명하다 / **lengthy** 장황한, 너무 긴 (↔ brief 간결한) / **punishment** 벌, 처벌 cf. punish 벌주다 / **cosmetic** (주로 복수형) 화장품 / **padded** 속을 채워 넣은; 솜을 넣은 〈선택지 어휘〉 **addictive** 중독성이 있는 / **scold** 꾸짖다

구문 **[1행~2행]** We learn to lie at **such** a young age — and we do it **so** frequently — **that** we become skillful at telling falsehoods convincingly.
- 〈such/so ~ that ...〉 구문은 '너무 ~해서 …하다'의 의미이며 〈such (a/an) + (형용사) + 명사〉 또는 〈so + 형용사[부사]〉 형태가 쓰인다.

[6행~8행] Lying can be a way [**to avoid giving** a lengthy explanation], an attempt [**to avoid** punishment], or it can simply **be used to be** polite.
(= Lying)
- avoid는 동명사를 목적어로 취하는 동사이다.
- 〈be used to-v〉: v하는 데 사용되다

4. ⑤ p.29

소재 지구 온난화와 곤충의 번식 패턴

해석 한 보고서에 따르면, 중부 유럽에서의 평균 온도가 대략 1.5℃ 정도 상승했다. 이 기간에 거의 50종의 나비와 나방이 그들의 번식 패턴을 바꾸었다. 예를 들면, 만약 나비가 일 년에 한 번 알을 낳았다면, 이제는 두 번 알을 낳는다. 필연적으로, 기온이 더 따뜻하기 때문에 번식 시기가 더 빨리 시작되고, 그러면서 곤충들에게는 짝짓기를 위한 시간이 더 많이 주어진다. 게다가 더 온난해진 기온은 곤충의 발달을 가속화시켜, 그들은 생애에서 보다 일찍이 번식할 준비가 된다. 모든 것이 더 일찍, 더 빨리 일어나고 있는 것이다.

추론 흐름

빈칸 문장과 단락 첫 문장을 통해 평균 온도가 상승한 기간에 나비와 나방이 '무엇'을 바꾸었는지 찾아야 함을 알 수 있다. For example 이하에 예시가 전개되고 있는데, 나비가 일 년에 한 번 낳던 알을 두 번 낳고, 번식 시기도 빨라지고, 발달 속도도 빨라졌다고 했으므로 이를 포괄적으로 표현하면 '번식 패턴'을 바꾼 것이다.

선택지 해설

① 습관

② 번식지 ➜ 본문 단어(breeding)를 이용한 오답.

③ 서식지 범위

④ 체형과 색깔

①, ③, ④ ➜ 환경이 바뀌면 함께 변할만한 요소를 이용한 오답.

어휘 **approximately** 거의, 대략 / **moth** 나방 / **breeding** 번식, 부화 / **reproduce** 재생[재현]하다; 번식하다 **cf. reproductive** 재생[재현]의; 번식의

 ## However, But

기출 Focus **1.** ① p.31

소재 개의 다양한 역할

해석 모든 사람은 개가 훌륭한 애완동물이 된다는 것을 알고 있다. 그러나 많은 개들은 또한 다양한 임무도 가지고 있다. 예를 들어 어떤 개는 경찰에 의해 사용된다. 흔히 이런 개는 곤경에 빠진 사람을 돕거나 길을 잃은 사람을 찾아낸다. 또 다른 개는 공항에서 일한다. 그런 개는 사람들이 다른 나라로부터 들여와서는 안 되는 식물, 식품 등을 냄새로 찾아낸다. 개의 도움으로 이런 것들은 발각되고 국내로 절대 들어오지 못한다. 몇몇 다른 개는 사람이 해충으로부터 집을 안전하게 지키는 데 도움을 준다. 개가 예민한 코로 곤충의 서식지를 찾아내면, 사람들은 그 곤충과 그것들의 서식지를 제거할 수 있다.

추론 흐름

빈칸 문장이 But으로 시작되고 있는데, 앞 문장의 내용은 모든 사람이 개가 훌륭한 애완동물이 된다는 것을 알고 있다는 것으로, 빈칸 문장과 선택지를 보면 빈칸에 들어갈 말은 단순히 이와 반대되는 내용이 아닌 것을 알 수 있다. 그러므로 개가 또한 다양한 '무엇'도 가지고 있는지를 빈칸 문장 이후의 예시에서 찾아야 한다. 이어지는 예시에서 개의 다양한 역할들이 언급되고 있으므로 개는 다양한 '임무'를 가지고 있음을 알 수 있다.

선택지 해설

② 적

③ 성격

④ 습관

⑤ 기억력

②, ③, ④, ⑤ ➜ 모두 지문 내용과 관련 없음.

어휘 **nest** 둥지, 서식지 / **sharp** 날카로운, 예리한; (감각이) 예민한, 민감한 **cf. sharply** 날카롭게; 급격히

Basic Training **1.** ④ **2.** ② **3.** ⑤ **4.** ②

1. ④ p.32

소재 타교보다 성적을 후하게 주는 것의 문제점

해석 스톤 마운틴 주립대학의 교수은 주립대학 체제 내의 다른 대학 교수들보다 더 높은 점수를 준다. 물론 학생들은 높은 성적을 받기 때문에 기분이 좋을지도 모른다. 그러나 증거는 이런 경향이 부정적인 결과를 낳고 있다고 시사한다. 그들이 대학원이나 전문학교에 지원할 때, 그들은 불리한 입장에 처하게 되는데 입학처들이 S.M.S.C.(스톤 마운틴 주립내학)의 A가 다른 대익의 A와 같지 않다고 믿기 때문이다.

추론 흐름

빈칸 문장의 this trend는 높은 성적을 주는 경향을 뜻한다. 이런 경향이 '어떻다'고 시사하는지를 찾아야 한다. 빈칸 문장 이후의 내용에서 이 학생들이 대학원 등에 지원할 때 그곳 입학처에서 이들의 점수를 타교 학생들의 점수와 동일하게 보지 않아 불리한 입장에 처하게 된다고 했다. 따라서 스톤 마운틴 주립대학에서 높은 점수를 주는 경향은 '부정적인 결과를 낳고' 있다는 것을 알 수 있다.

선택지 해설

① 고등 교육의 질을 낮추고

② 학생들이 공부를 소홀히 하게 만들고 ➜ 학생들에게 높은 점수를 준다는 내용에서 연상할 수 있는 오답.

③ 더 많은 외국인 학생을 끌어들이고

⑤ 다른 주들로 퍼져나가고

어휘 **trend** 경향, 추세 **cf. trendy** 최신 유행의; 유행을 따르는 사람 / **apply to** ~에 적용되다; (학교 등에) 지원하다 **참고 apply A to B** A를 B에 적용하다; A를 B에 바르다 / **admission** 가입, 입학; 입장(료) 〈선택지 어휘〉 **neglect** 간과하다; 게을리하다, 소홀히 하다

2. ②

p.32

소재 개인이 지닌 고유의 에너지

해석 사람들은 당신이 말하거나 행동했던 것을 기억할 수도 혹은 기억하지 않을 수도 있지만, 그들은 항상 당신이 그들을 어떻게 느끼도록 했는지는 기억할 것이다. 사람들이 방에 들어올 때 그들이 일종의 에너지를 갖고 들어온다는 것을 느껴본 적이 있는가? 예를 들어, 사무실에서 누군가와 이야기하고 있는데, 그때 또 다른 사람이 당신에게 다가오고 당신은 "오 잘됐다, 그가 오고 있으니 참 기쁘군."하는 기분을 느낀다. 혹은 어쩌면 "오 이런, 그가 이리로 오고 있어. 그는 내가 싫어하는 말을 할 거니까 오기 전에 여기에서 빠져나가야지."라는 느낌일 수도 있다. 당신은 방에 들어갈 때 어떤 에너지를 갖고 들어가는가?

추론 흐름 빈칸 문장에 but이 포함되어 있다. 빈칸에는 사람들이 항상 '무엇'을 기억할 것인지가 들어가야 한다. 사람마다 에너지를 갖고 온다는 것을 느껴본 적이 있느냐는 의문문 뒤에 이어지는 예시에서, 어떤 사람이 다가올 때 그 사람이 풍기는 상반된 인상이 나오고, 마지막에 당신은 어떤 에너지를 갖고 있는지를 묻고 있으므로, 이를 종합하면 사람들은 항상 '당신이 그들을 어떻게 느끼도록 했는지'를 기억할 것임을 알 수 있다.

선택지 해설
① 당신이 누구와 잘 어울려 지냈는지 → 예시 문장을 친한 사람과 그렇지 않은 사람에 대한 반응으로 착각한 경우 고를 수 있는 오답.
③ 당신이 무엇에 종사했는지
④ 당신이 왜 그들에게 다가갔는지 → 본문 단어(approach)를 이용한 오답.
⑤ 당신이 무엇에 관해 논쟁하고 있었는지

어휘 〈선택지 어휘〉 **get along with** ~와 잘 지내다 / **be engaged in** ~에 종사[관여, 참여]하다

3. ⑤

p.33

소재 코끼리가 코를 흔드는 목적

해석 모리스는 몇 마리의 코끼리가 자신들의 건초를 신속하게 먹고, 더 느리게 먹는 동료들에게 접근하여, 이어서 그들의 코를 겉으로 보기에는 아무 목적 없이 좌우로 흔들기 시작하는 경향이 있다는 것을 알아챘다. 잘 모르는 사람들에게는, 이 코끼리들이 그저 인사를 하고 있는 것으로 보였다. 하지만 모리스의 반복된 관찰은 이 행동이 부정직한 의도를 가린다는 것을 시사한다. 일단 코를 흔드는 코끼리가 다른 코끼리에 충분히 가까워지면, 그들은 갑자기 먹지 않은 건초 일부를 잡아채 재빨리 그것을 먹어치우곤 했다. 코끼리는 심각한 근시라서, 느리게 먹던 코끼리는 보통 그 도난 사실을 전혀 알지 못했다.

추론 흐름 모리스의 관찰이 시사하는 바가 '무엇'인지 찾아야 한다. 빈칸 문장이 However로 시작하므로 그 이후의 전개 내용을 확인한다. 한 코끼리가 먹는 속도가 느린 다른 코끼리에게 다가가 코를 흔들어대다 재빨리 건초 일부를 먹어치우지만, 코끼리들은 심한 근시라 상대 코끼리가 이 도둑질을 알아채지 못한다는 내용으로, 코를 흔드는 '이 행동이 (건초를 훔치려는) 부정직한 의도를 가린다'는 것을 알 수 있다.

선택지 해설
① 이 행동이 종종 짝을 얻기 위한 사나운 싸움으로 바뀐다
② 그들의 다정한 본성이 이 행동 뒤에 숨겨져 있다 → 코끼리에 관한 일반적인 이미지로 연상할 수 있는 오답. 지문 내용과는 정반대.
③ 코를 흔드는 것이 그들의 지배적인 지위를 보장한다 → 본문 단어(trunk-swinging)를 이용한 오답. 먹이를 뺏어 먹는다는 내용에서 세력의 우위 등을 연상할 수 있으나 본문에 언급된 바 없음.
④ 그들의 코가 외부 위험을 경고하는 데 사용된다

어휘 **hay** 건초 / **trunk** (코끼리의) 코 / **seemingly** 겉으로 보기에는 / **uninformed** 모르는, 무식한 / **pass the time of day** 인사를 하다 / **nearsighted** 근시인 〈선택지 어휘〉 **fierce** 사나운 / **ensure** 보장하다 / **dominant** 지배적인 / **mask** 가면; 가리다

4. ②

p.33

소재 소셜 미디어의 경제적 예측 기능

해석 여러 개의 소셜네트워크 망의 사용자 수가 대부분 국가들의 인구를 능가했음에도 불구하고, 우리는 여전히 이 사이트들을 개인 사용자들에게 미치는 가치의 측면에서 보는 경향이 있다. 그러나 사회 과학자들은 소셜 미디어가 경제 전망의 역할을 할 수 있음을 깨닫기 시작하고 있다. 예를 들면, HP Labs의 연구원들은 24편의 영화에 관한 280만 건의 트위터 메시지에 표현된 긍정적 혹은 부정적 감상들을 분석함으로써 그 영화가 얼마나 흥행할지 예측할 수 있다는 것을 보여주었다. 또 다른 연구에서는, 인디애나 대학의 연구팀이 970만 건의 트위터 게시물들을 행복, 호의, 경계, 확신, 활기, 침착이라는 여섯 종류의 감정 중 하나로 분류함으로써 다우존스 산업 평균 지수의 변동을 예측할 수 있다고 보고했다.

추론 흐름 빈칸 문장으로 보아 사회 과학자들이 소셜 미디어가 '어떠할' 수 있음을 깨닫기 시작하고 있는지를 찾아야 한다. 이어지는 예시에서 소셜 미디어에 올라온 글들을 분석함으로써 영화의 흥행 여부를 예측하고 다우존스 산업 평균 지수의 변동을 예측할 수 있다고 했으므로, 이를 종합하면 소셜 미디어가 '경제 전망의 역할을 할' 수 있음을 알 수 있다.

선택지 해설
① 증권 시장을 증진시킬
③ 사용자들이 감정을 표현하게 둘 → 소셜 미디어에 관해 상식적으로 연상할 수 있는 내용.
④ 경제 성장을 위한 도구를 제공할
⑤ 대인 간 의사소통을 증진시킬 → 빈칸 문장의 However를 보고 단순히 앞 문장의 individual users와 반대되는 개념을 생각했을 때 고를 수 있는 오답.

어휘 **surpass** 능가하다 / **regard** 여기다, 보다 / **sentiment** 정서, 감정; 소감 / **classify** 분류하다 / **alertness** 경계; 빈틈없음 / **sureness** 확신 / **vitality** 활기, 생기 〈선택지 어휘〉 **boost** 밀어 올리다; 증진시키다 / **stock market** 증권 시장

Therefore, In short

기출 Focus **1.** ① p.35

소재 사람의 심리를 이용하는 다이아몬드 광고

해석 한 유명한 다이아몬드 회사는 분명히 사람들의 심리를 이용한다. (그들이 사용하는) 마케팅의 한 요소가 사람들의 잠재의식이 사랑에 대해 느끼는 '잘못된 기대'인 변하지 않는 사랑에 초점을 맞춰, 그 회사의 광고들은 다이아몬드를 사용해서 그들의 영원한 사랑을 표현하거나 혹은 함께 한 수년 후에도 그들의 헌신을 확인하는 커플들을 다룬다. 이와 반대로, 마케팅의 또 다른 요소는 잘못된 기대의 결과인 이별이나 이혼을 다루는데, 교묘한 방식으로 다이아몬드의 투자 및 재판매 가치를 강조함으로써 그렇게 한다. 요컨대, 두 캠페인(광고)은, 낭만적인 사랑의 영원성에 대한 우리의 사라지지 않는 믿음을 다루고 그 믿음이 버려질 때의 한 가지 유용한 이익을 제공하면서 우리의 심리를 강하게 이용한다.

추론 흐름

빈칸 문장이 지문의 내용을 요약하여 결론을 이끄는 연결어 In short로 시작하고 있다. 빈칸 문장으로 보아, 두 캠페인이 사랑의 영원성을 다루고 또 '어떠한' 때의 유용한 이익을 제공하면서 심리를 이용하고 있는지 찾아야 한다. 빈칸 문장 앞부분에서 다이아몬드를 광고하면서 영원한 사랑을 강조하기도 하고, 반대로 이별, 이혼의 상황에서도 다이아몬드가 투자 및 재판매 가치가 있음을 강조한다고 했으므로 사랑이 영원하다는 '그 믿음이 버려질' 때의 이익도 언급하며 우리의 심리를 이용하고 있음을 알 수 있다.

선택지 해설

② 커플이 다이아몬드를 살
③ 사랑이 끝까지 유지될
④ 회사가 마케팅에 투자할
⑤ 낭만적인 사랑이 결국 결혼에 이르게 될
③, ⑤ → 정답과 반대되는 의미의 오답.

어휘 **eternal** 영원한, 불변의; 끊임없는 (= undying, everlasting) *cf.* **eternity** 영원, 영구 / **confirm** 확인하다, 확증하다 *cf.* **confirmation** 확인, 확증 **참고** **conform** (관습 등에) 따르다; (~에) 일치하다 / **devotion** 헌신, 몰두, 전념 *cf.* **devote** 바치다, 쏟다; 헌신하다 *cf.* **devoted** 헌신적인 / **parting** 이별, 작별 / **divorce** 이혼 / **permanence** 영구성, 영속성 *cf.* **permanent** 영구적인 (↔ temporary 일시적인, 임시의)

Basic Training **1.** ③ **2.** ③ **3.** ① **4.** ⑤

1. ③ p.36

소재 주로 엄마의 소비자 행동 패턴을 배우는 자녀들

해석 아이는 엄마가 오렌지가 신선한지를 확인하기 위해 그것을 살짝 눌러보는 것을 보는데, 이러한 관찰을 통해 아이는 과일이 익었는지를 구별하는 방법을 배운다. 마찬가지로, 아이는 엄마가 어떻게 신문을 죽 읽고, 할인 쿠폰을 자르고, 쇼핑하는 동안 쿠폰들을 제시하는지를 관찰한다. 따라서 아마도 아이들이 처음에 배운 소비자 행동 패턴의 대부분은 그들의 부모, 특히 엄마의 소비자 행동 패턴의 복사본이다.

추론 흐름

아이가 습득한 소비자 행동 패턴이 엄마의 그것의 '무엇'인지 찾아야 한다. 빈칸 문장의 those는 the consumer behavior patterns를 가리킨다. 앞 내용에서 엄마가 행동하는 것을 아이가 관찰하며 배운다고 했으므로, 아이들이 처음에 배운 소비자 행동 패턴은 주로 엄마의 소비자 행동 패턴의 '복사본'임을 알 수 있다.

선택지 해설

① 의무
② 오류
④ 원인 → 논리적으로 반대되는 개념.
⑤ 필수품

어휘 **squeeze** (특히 손가락으로 꼭) 짜다; (무엇에서 액체를) 짜내다 / **ripe** (과일·곡물이) 익은 / **initially** 처음에 *cf.* **initial** 처음의, 초기의; 머리글자

2. ③ p.36

소재 의견 충돌 시 경청의 필요성

해석 대부분의 사람들은 다른 사람들을 설득하려고 할 때 그들 스스로가 너무 많은 말을 한다. 만약 당신이 어떤 사람과 의견이 다르면 도중에 끼어들고 싶은 유혹을 느낄 수 있다. 하지만 그렇게 해서는 안 된다. 그것은 위험하다. 그들은 자신이 표현하고 싶은 그들만의 많은 생각을 여전히 갖고 있는 동안에는 당신에게 집중하지 않을 것이다. 그러므로 끈기 있게 그리고 열린 마음으로 들으라 그들이 자기 생각을 충분히 표현하도록 북돋아 주라.

추론 흐름

끈기 있게 그리고 열린 마음으로 '어떻게 하라'는 것인지를 찾아야 한다. 빈칸 문장 앞 내용에서 어떤 사람과 의견이 다르면 끼어들고 싶겠지만 그렇게 해도 그들이 당신의 말에 귀를 기울이지 않을 것이므로 그러지 말라고 했다. 여기서 이끌어 낼 수 있는 결론, 즉 빈칸 문장의 내용은 그들의 생각을 '들으라'는 것이 되어야 한다.

선택지 해설

① 일하라
② 공부하라
④ 설명하라
⑤ 도전하라

어휘 **be tempted to-v** v하라고 유혹받다 / **patiently** 끈기 있게, 참을성 있게

3. ①

소재 같은 배역 다른 연기

해석 만약 우리 둘 다 셰익스피어의 희곡 중 하나의 같은 장면을 연기한다면 우리의 연기는 둘 다 셰익스피어의 대사를 한다는 점에서는 유사하겠지만, 햄릿이 그가 행하는 방식대로 행동하게 만든다고 당신이 생각하는 것은 내가 생각하는 것과 같지 않다. 그것이 우리의 연기가 유일무이한 이유이다. 연기의 재미는 당신 자신과 다른 인물을 연기한다는 것인데 그렇게 할 때 당신은 관객들에게 당신이 이 인물에 대해 이해하고 있는 것을 말하고 있기 때문이다.

추론 흐름
빈칸 문장이 That's why로 시작하므로 앞에서 원인을 찾아 빈칸에 알맞은 결과를 추론한다. 같은 셰익스피어의 대사를 하더라도 인물 행동에 대한 생각이 연기자마다 다 달라 연기가 동일하지 않다는 내용이므로, 이를 근거로 이끌어 낼 수 있는 결과로는 그로 인해 '우리의 연기가 유일무이하다'는 것이다.

선택지 해설
② 몇몇 대사가 인기 있는
③ 악역이 매력적인
④ 고전 연극이 훈련된 배우를 필요로 하는
②, ④ → 본문 단어(Shakespeare's plays, Hamlet)로 연상할 수 있는 오답.
⑤ 비극에 대한 우리의 반응이 유사한 → 첫 문장의 내용을 활용한 오답으로, 글의 요지와 정반대의 내용.

어휘 **line** 선, 줄: 《복수형》 (연극 등의) 대사 〈선택지 어휘〉 **unique** 유일무이한, 독특한, 특별한 / **evil** 사악한, 악마의 / **trained** 훈련받은, 숙달된

구문 **[1행~4행]** ~, our performances would be similar **in that** we both say Shakespeare's lines, but what (**you think**) makes Hamlet behave *(in) the way* [**he does**] **is** not **the same as** what I think.
A　　　　　　　　　　　　　　　　　B
● 〈in that ~〉: ~라는 점에서
● you think는 삽입절이다.
● he does는 the way를 수식하는 관계부사절이다.
● 〈A is the same as B〉: A는 B와 동일하다

4. ⑤

소재 맥락의 중요성

해석 우리가 어떤 이미지를 보는 맥락은 우리가 그 이미지에 어떻게 반응하는가에 상당한 차이를 만들어 낸다. 토론에 어떤 이미지를 제시할 때 우리는 그것을 원래 맥락에서 제거해 냈다는 것을 기억해야 한다. 그러므로 원래의 맥락은 당신의 배경 작업이나 연구에 기록되어야 하는 중요한 참고 틀이다.

추론 흐름
그러므로 원래의 맥락은 '무엇'인지를 찾아야 한다. 앞 내용에서 맥락의 유무 여부는 이미지에 대해 반응하는 모습에 커다란 차이를 만들어낸다고 했다. 따라서 맥락은 배경 작업이나 연구에 기록되어야 할 '중요한 참고 틀'이라는 결론을 내릴 수 있다.

선택지 해설
① 가능한 연구 대체물
② 걸작의 거짓 이미지
③ 실수의 원천
④ 이미지들의 유사한 제시 → 본문 단어(image, present)를 이용한 오답.

어휘 **context** 맥락; (글의) 문맥 / **significant** 중요한; 상당한 *cf.* **significance** 중요성 (= importance); 의의 *cf.* **significantly** 상당히 / **present** 제시하다 *cf.* **presentation** 제출, 제시; 발표 〈선택지 어휘〉 **substitute** 대체물; 대신하다 **어구** **substitute A for B** B를 A로 대체하다 (= replace B with A) *cf.* **substitution** 대체, 교체 / **masterpiece** 걸작, 대표작 / **reference** 말하기, 언급; 참고

구문 **[1행~2행]** *The context* [**in which** we see an image] makes a significant difference to **how** we respond to the image.
● in which ~ an image는 선행사 The context를 수식하는 〈전치사＋관계대명사〉절이다.
● how 이하는 전치사 to의 목적어인 간접의문문이다.

실전 적용문제2   1. ① 2. ③ 3. ② 4. ④ 5. ⑤ 6. ③

1. ①

p.38

소재 구매 후 물건의 가치 변화

해석 우리가 물건을 구매한 직후부터 대부분의 우리 물건에 웃기는 일이 벌어진다. 우리가 가게에서 돈을 지불하고 집으로 가져온 것은 특별한 것으로, 유행하는 옷이거나 최신 휴대전화였다. 그러나 일단 그것이 우리의 것이 되어 집안의 공간을 차지하게 되면, 그 물건은 가치를 잃기 시작한다. "우리들의 집은 쓰레기 처리 센터 같다."라고 한 코미디언이 말했다. 물건이 우리 집으로 들어오자마자, 그것은 변하기 시작한다. 우리가 무언가를 사면 그것은 우리 방의 중앙에서 시작하다가, 다음에는 선반 위로 옮겨지고, 그다음에는 벽장으로 치박혀지며, 그다음에는 차고에 있는 상자 속으로 던져져 그것이 쓰레기가 될 때까지 그곳에 보관된다. 나는 "garage(차고)"와 "garbage(쓰레기)"라는 말은 분명히 연관되어 있음이 틀림없다고 생각한다.

추론 흐름 빈칸 문장과 선택지로 보아 물건을 사오면 그것이 '어떻게 되기' 시작하는지 찾아야 한다. 빈칸 문장 앞에서 유행하는 최신의 물건을 구매한다고 했는데, 빈칸 문장 뒤에서는 집을 쓰레기 처리 센터로 비유했으므로, 두 문장의 내용이 상반된다. 따라서 최신의 물건이라 할지라도 일단 집으로 들여오면 점차 쓰레기처럼 되어간다는 것이므로 '가치를 잃기' 시작한다는 것을 추론할 수 있다.

선택지 해설
② 새롭게 보이기
③ 공유되기
④ 관심을 끌기
②, ④ → 정답과 반대되는 개념.
⑤ 무해하게 되기

어휘 **stuff** 물건, 물질, 성분; 채워 넣다, 쑤셔 넣다 / **take up** (시간·공간을) 차지하다

2. ③

p.38

소재 구별되는 개인으로서의 쌍둥이

해석 사람들은 일란성 쌍둥이들이 모든 면에서 정확히 똑같다고, 즉 그들이 똑같이 생겼고, 똑같은 옷을 입고, 동일한 호불호를 공유한다고 생각한다. 그러나 일란성 쌍둥이들의 부모들은 다르게 알고 있다. 사실, 일란성 쌍둥이들은 구별되는 개인이다. 예를 들면, 내 아이들은 체중에 있어서 항상 약 25퍼센트 정도의 차이를 보여 왔다. 또한 그들은 동일하게 행동하지도 않는다. 한 명은 춤추기를 좋아하고, 다른 한 명은 농구하는 것을 좋아한다. 확실히, 우리는 그들이 그들만의 흥미를 추구하도록 장려하지만, 그들은 무엇을 해야 하는지를 완전히 그들 스스로 결정한다.

추론 흐름 빈칸 문장으로 보아, 사실 일란성 쌍둥이는 '어떠한' 개인인지를 찾아야 한다. 이어지는 예시에서 필자의 쌍둥이 자녀들이 보이는 차이점들을 언급하고 있으므로, 쌍둥이는 완전히 같은 존재가 아닌 '구별되는' 개인임을 알 수 있다.

선택지 해설
① 적극적인
② 짝지어진
④ 재능 있는
①, ④ → 예로 제시한 아이들의 행동으로 연상할 수 있는 오답.
⑤ 사려 깊은

어휘 **identical** 동일한, 똑같은 *cf.* **identity** 동일함; 신원, 정체 *cf.* **identify** (신원 등을) 확인하다; 식별하다 〈선택지 어휘〉 **talented** 재능이 있는 / **thoughtful** 배려하는, 사려 깊은 (= considerate)

3. ②

p.39

소재 19세기 유럽과 미국의 철도 객차

해석 19세기 유럽 철도의 객차는 6~8명의 승객을 그들이 서로를 마주 보는 객실에 두었다. 이런 종류의 좌석 배치는 이전 시대의 말이 끄는 커다란 마차에서 비롯되었다. 그것이 처음 기차 좌석으로 등장했을 때, 이 배열은 '침묵하며 서로 마주 보는 사람들의 당혹'감을 초래했는데, 이제 말이 끄는 마차에서의 소음이라는 가림막이 없어졌기 때문이다. 한편 1840년대에 개발된 미국의 철도 객차는 조용히 혼자 있는 것이 가능하도록 승객들을 배치했다. 칸막이 객실 없이, 미국 철도 객차의 모든 승객들은 서로의 얼굴이라기보다는 등을 보며 앞쪽을 바라보았다. 그래서 사람들은 누구에게도 말 한마디 할 필요 없이 북미 대륙을 횡단할 수 있었다.

추론 흐름 사람들이 북미 대륙을 횡단할 때 '무엇' 없이 건널 수 있었는지를 찾아야 한다. 빈칸 문장이 연결어 So로 시작하므로 우선 앞에서 원인이나 이유를 찾아본다. 유럽 철도 객차의 마주 보는 배치는 서로 침묵 속에 마주 보는 사람들의 당혹감을 초래했는데, 미국 철도 객차는 서로의 얼굴이 아닌 등을 보게 배치했다고 했으므로, 그 결과 '누구에게도 말 한마디 할 필요' 없이 북미 대륙을 횡단할 수 있었을 것이다.

선택지 해설
① 교통 상황에 의해 지체되는 것
③ 지역의 명소를 즐기는 것
④ 불면증으로 고생하는 것 → 승객이 조용히 앉을 수 있다는 내용에서 연상할 수 있는 오답.
⑤ 무거운 짐을 들고 나서는 것
①, ⑤ → 철도 이용의 장점으로 떠올릴 수 있는 상식으로 만든 오답.

어휘 **carriage** 객차; 운반, 수송 / **be derived from** ~에서 비롯되다, 유래하다 / **arrangement** 배열 *cf.* **arrange** 정리하다; 마련하다 / **bring about** ~을 초래하다 (= cause) / **embarrassment** 당혹, 당황 *cf.* **embarrass** 당황하게 하다 / **silence** 침묵 / **continent** 대륙

[1행~2행] The nineteenth-century European railway carriage placed **its** six to eight passengers in *a compartment* [**where** they faced one another].

- its는 주어 The ~ carriage를 대신하는 대명사 it의 소유격이다.
- where 이하는 선행사 a compartment를 수식하는 관계부사절이다.

[4행~6행] When **it** first appeared as train seating, / this arrangement brought about a sense of "the embarrassment of *people* [**facing** each other in silence]," // [for] now the cover of noise in the horse-drawn carriages was gone.

- it은 주절 주어인 this arrangement를 대신하는 대명사이다.
- facing ~ silence는 people을 수식하는 현재분사구이다.
- for는 등위접속사로 '왜냐하면'의 의미이며 앞 내용의 근거가 되는 절을 이끈다.

[6행~8행] Then, the American railroad carriage, *(which was)* developed in the 1840s, put its passengers in *a position* [**which** made it possible to be left alone in silence].
가목적어 / 진목적어

---

4. ④
p.40

소재 의사 결정자의 지식과 경험

해석 의사 결정자의 지식과 경험은 필수적이며 좋은 결정에 기여할 수 있다. 의사 결정자는 과거에 어떤 일이 행해졌을 때 있었던 일을 바탕으로 하여 현재 어떤 일이 행해지면 무슨 일이 발생할 것인지를 예측한다. 즉 의사 결정자는 미래를 예측하는 데 과거를 이용한다. 지식과 경험을 갖춘 의사 결정자는 많은 정보를 그들의 머릿속에 수집하고 저장해 왔고 그리하여 판단을 하는 데 이 정보를 이용할 수 있다. 그러므로 의사 결정자가 더 많은 지식과 경험을 가질수록, 좋은 결정을 내릴 가능성은 더 크다.

추론 흐름 빈칸 문장과 선택지로 보아 의사 결정자가 '어떠하다'는 것인지 찾아야 한다. 빈칸 문장이 '즉, 다시 말해'의 의미인 환언의 연결어 That is로 시작하므로 앞부분의 내용을 살펴보면, 의사 결정자가 과거에 발생한 일을 토대로 현재의 일을 예측한다고 했다. 이 내용을 말 바꿈 하면 의사 결정자는 '미래를 예측하는 데 과거를 이용한다'가 적절하다.

선택지 해설
① 성숙해 가면서 향상된다
② 공정하게 결정을 내려야 한다
③ 다른 사람들보다 더 많은 지식을 갖고 있다 → 본문 단어(knowledgeable)를 이용한 오답.
⑤ 미래를 예측할 때 종종 실수를 범한다

어휘 **decision-maker** 의사 결정자 / **based on** ~에 근거하여 / **knowledgeable** 지식 있는, 아는 것이 많은

---

5. ⑤
p.40

소재 중요도와 기억력

해석 당신은 지난달 오늘에 저녁 식사로 무엇을 샀는지 기억할 수 있는가? 아마도 그렇지 않을 것이다. 그렇다면 이것은, 즉 동아프리카의 스와지 부족의 목자들이 1년 전에 사들인 각각의 암소나 황소에 대해 누가 그것을 팔았는지, 그것이 황소인지 암소인지 송아지인지, 그것의 나이와 생김새, 그것이 무엇과 교환되었는지를 포함하여 거의 모든 것을 기억할 수 있다는 것은 어떤가? 인상적이지 않은가? 소는 스와지 부족에게 커다란 사회적 및 경제적 중요성을 지닌다. 심리학자 발렛이 이 동일한 사람들을 다른 주제로 시험했을 때, 그들의 기억력은 일반 사람의 기억력보다 더 좋지 않았다. 결론적으로, 우리는 우리에게 가장 중요한 것을 기억하는 경향이 있다.

추론 흐름 빈칸 문장이 결론의 연결어 In conclusion으로 시작하므로 빈칸에는 지문의 내용을 종합한 결론이 들어가야 한다. 빈칸 문장으로 보아 우리에게 '어떤' 경향이 있는지를 찾아야 한다. 스와지 부족의 예를 통해 자신들에게 중요한 의미를 지니는 소에 대해서는 기억을 잘하지만 다른 것들에 대해서는 기억을 잘 못한다는 것을 알 수 있다. 결론적으로, 우리는 '우리에게 가장 중요한 것을 기억하는' 경향이 있다고 할 수 있다.

선택지 해설
① 다른 사람의 의견을 따르는
② 우리가 믿는 것을 고수하는
③ 우리의 미래를 긍정적으로 예상하는
④ 다른 사람들을 모방함으로써 더 잘 배우는

어휘 **recall** 회상하다, 기억해 내다 / **herdsman** 목동, 목자 / **tribe** 부족, 종족 / **bull** 황소 / **calf** 송아지 〈선택지 어휘〉 **stick to A** A를 고수하다, 계속하다

---

6. ③
p.41

소재 글이라는 것의 의의

해석 글을 그렇게 강력하게 만드는 것은 그것이 개인적 경험의 범주를 확장시킴으로써 삶을 풍부하게 한다는 것이다. 이야기와 책이 없다면, 우리는 오직 우리에게 혹은 우리가 만나 온 사람들에게 일어난 일만을 아는 것에 제한될 것이다. 그러나 더 중요한 것은 글은 우리로 하여금 우리 내면에 있는 것을 더 잘 이해하도록 해준다는 것이다. 실제의 혹은 상상의 사건들을 기록하면서, 글을 쓰는 사람은 연속된 경

추론 흐름 빈칸 문장의 문맥상 여기서 But은 역접이 아니라 앞 내용보다 더 중요한 사항을 이끌고 있으므로, 글이 우리에게 '무엇을 하게' 해주는 것인지를 이어지는 내용에서 찾는다. 추상적인 생각들과 느낌들이 글을 통해 구체적인 생각들과 감정들로 바뀌어 더욱 명확히 알 수 있게 된다고 했으므로 글은 '우리 내면에 있는 것(상상, 생각, 느낌 등)을 더 잘 이해하도록' 해준다는 것이 적절하다.

험의 양상들에 이름을 붙이고 그것들을 언어로 영속적이게 함으로써 그 연속된 경험을 포착한다. 추상적인 생각들과 느낌들이 글에 의해 구체적인 생각들과 감정들로 변형된다. 그리고 글의 구절이나 단락을 읽고 반복함으로써, 우리는 이미지들과 그것들의 의미를 음미할 수 있고 그리하여 우리가 어떻게 느끼고 우리가 어떻게 생각하는지를 보다 더 명확히 알 수 있게 된다. 이런 의미에서 시와 문학은 우리가 그렇지 않으면 접근할 수 없을 경험들의 생성을 허용한다.

① 우리의 상상력을 전개하도록 → 본문 단어(imaginary)로 연상할 수 있는 오답.
② 간접 경험으로부터 배우도록 → 첫 문장의 개인적 경험의 범주를 확장시킨다는 내용을 활용한 오답.
④ 고도로 발달된 언어 기술을 음미하도록
⑤ 마음의 평화와 긍정적 태도를 갖도록

어휘 **word** 《복수형》 말, 글, 가사 / **enrich** 풍부하게 하다 / **range** 범주, 범위 / **imaginary** 상상의 / **arrest** 포착하다; 체포하다 / **stream** 연속; 흐름; 시내 / **aspect** 측면, 양상 / **enduring** 영속적인, 오래 지속되는 / **abstract** 추상적인 (↔ concrete 구체적인) / **transform** 변형하다 / **verse** 구절; 운문, 시 / **passage** 단락, 문단 / **prose** 산문 / **appreciate** 높이 평가하다; 감상하다, 음미하다; 고마워하다 / **poetry** 《집합적》 시 *cf.* **poet** 시인 *cf.* **poem** (한 편의) 시 / **have access to A** A에 접근할 수 있다

구문 [2행~4행] **Without** stories and books, we **would** be limited to knowing only what has happened **to** us or

to *those* [**whom** we have met].

● 여기서 Without은 가정법 과거 문장의 if절을 대신하는 말로 If it were not for로 바꿔 쓸 수 있다.
● A와 B는 or로 연결되어 has happened에 공통으로 걸려 있다.

[4행~5행] But more important, the written word **allows** us **to understand** better what lies inside of us.
(= But it is more important that)
● 〈allow A to-v〉는 'A가 v하도록 허락하다'란 뜻으로 SVOC 문형을 만든다.

06 빈칸에 그럴듯해 보이는 오답 함정

예제 ②
p.44

해석 대다수의 사람들에게 아인슈타인의 이론은 <u>완전한 수수께끼</u>이다.

선택지 해설
① 유용한 발견 ➔ 아인슈타인의 이론이 '무엇'인지에 대해 빈칸에 넣었을 때 그럴듯한 내용의 오답. (22%가 선택)

기출 Focus 1. ②
p.45

소재 영화음악의 경제성
해석 일반적으로 말해서 <u>경제성</u>은 영화음악에서 연주 시간과 악기 선택 둘 다에 있어 커다란 미덕이다. 영화음악은 단지 그것의 적절한 기능을 명확하고 간결하게 수행하는 데 필요한 만큼만 수행해야 한다. 그러나 장면들을 음악으로 치장하고 싶은 어떤 저항할 수 없는 유혹 때문에, 그것을 필요로 하든 아니든 간에 보통의 영화들은 대체로 결국은 부족하기보다는 오히려 너무 많은 음악을 갖게 된다. 할리우드의 경향은 큰 오케스트라를 지향하고 있는 것 같은데, 더 작은 규모의 결합이 영화 전체적으로 효과가 더 강할 수 있음에도 그러하다. 음악의 적당한 양은 영화 자체의 본질과 어울려야만 한다.

추론 흐름
영화음악에서 커다란 미덕이 '무엇'인지를 찾아야 한다. 빈칸 다음 문장을 보면 영화음악은 적절한 기능을 필요한 만큼만 명확하고 간결하게 수행해야 한다고 했고, 마지막 문장에서도 음악의 적당한 양은 영화 자체의 본질과 어울려야만 한다고 했으므로, 이를 달리 표현하면 '경제성'이 빈칸에 적절하다. 영화음악이라는 핵심어로 amusement 등은 쉽게 연상이 되고 economy는 연상되지 않지만 지문에서의 단서를 종합해 보면 '경제성'이 답임을 알 수 있다.

선택지 해설
① 신선함 (19%가 선택)
③ 도덕성 ➔ 빈칸 문장의 단어(virtue)에서 연상되는 오답. (20%가 선택)
④ 즐거움 (24%가 선택)
①, ④ ➔ 빈칸 문장에 대입했을 때 영화음악의 미덕으로 그럴듯하지만 본문에 근거 없음.
⑤ 독립성 (14%가 선택)

어휘 **duration** 지속; 지속 기간 / **score** 득점; 점수; 악보; (영화 등의) 음악 / **irresistible** 저항할 수 없는 (↔ resistible 저항할 수 있는) *cf.* **resist** 저항하다 / **temptation** 유혹 *cf.* **tempt** 유혹하다; 유도하다 / **end up with** 결국 ~을 하게[갖게] 되다 / **tendency** 경향 〈선택지 어휘〉 **morality** 도덕성 *cf.* **moral** 도덕의; 도덕적인

구문 **[3행~6행]** However, because of *some irresistible temptation* [**to dress up** scenes with music / **whether** they need it **or not**], normal films usually **end up with** too much music rather than not enough.
* to dress up ~ or not은 some irresistible temptation을 수식하는 형용사적 역할의 to부정사구이다.
* 〈whether ~ or not〉: ~이든 아니든 간에
* too much music과 not enough는 rather than으로 연결된 병렬구조로 with에 공통으로 걸려 있다.

Basic Training 1. ② 2. ① 3. ⑤ 4. ④

1. ②
p.46

소재 상사가 직원들과 신뢰를 쌓는 방법
해석 기업 리더들이 신뢰를 쌓아가는 과정을 시작하기에 좋은 환경은 그들의 직원들에게 더 많이 <u>보이게</u> 됨으로써이다. 사무실에서 나와 직원들과 섞이는 것은 아주 흔한 신뢰 문제의 간단한 해결책이다. … [중략] 몇몇 직원들이 상사들이 어떻게 생겼는지조차도 모른다면, 직원들은 상사들과의 신뢰 의식을 발달시킬 수 없다.

추론 흐름
기업 리더들이 신뢰를 쌓기 위해서는 직원들에게 더 많이 '어떻게' 되어야 하는지 찾아야 한다. 표시된 부분에서 사무실에서 나와서 직원들과 섞이는 것이 간단한 해결책이라고 했고, 몇몇 직원들이 상사들이 어떻게 생겼는지조차도 모른다면 신뢰를 쌓기 어렵다고 했으므로, 직원들에게 더 많이 '보이게' 되어야 한다는 것이 빈칸에 적절하다.

선택지 해설
① 비슷하게 (19%가 선택)
③ 솔직하게 (14%가 선택)
④ 감사하게 (8%가 선택)
①, ③, ④ ➔ 모두 직원들에게 신뢰를 쌓는 방법으로 빈칸에 대입했을 때 그럴듯하나 본문에 근거 없음.

⑤ 주관적이게 (6%가 선택)

어휘 **perception** 지각; 통찰력; 인식 〈선택지 어휘〉 **grateful** 고마워하는 / **subjective** 주관적인 (↔ objective 객관적인)

2. ①
p.46

소재 글쓰기 첫 단계에서 할 일

해석 당신이 한 편의 글을 시작하기 위해 자리에 앉을 때, 당신의 첫 번째 목표는 어질러 놓는 것이어야 한다. 당신은 주제에 대해 머릿속에 떠오르는 모든 것을 그냥 적어라. 당신의 소재가 논리적으로 연결되는지에 대해서는 전혀 걱정할 필요가 없다. 그냥 당신의 주제를 갖고 놀면서 어떤 미세한 세부 작업도 하지 마라.

추론 흐름 빈칸 문장과 선택지로 보아, 글을 쓰기 시작하려고 앉았을 때의 첫 번째 목표는 '어떤' 것이 되어야 하는지를 찾아야 한다. 주제에 관해 떠오르는 것을 모두 적되, 논리적으로 연결되는지에 대해서는 걱정하지 말라고 했으므로 이를 비유적으로 표현한 '어질러 놓는' 것이 빈칸에 적절하다. 이 문제의 경우 실제 모의고사에서 정답률이 43%로 낮았는데, 이는 정답이 일반적인 상식과 거리가 멀었기 때문인 것으로 보인다.

선택지 해설
② 문체를 결정하는 (17%가 선택)
③ 당신의 책상을 치우는 (5%가 선택)
④ 주제를 고르는 (30%가 선택)
⑤ 당신의 독자를 분석하는 (3%가 선택)
②, ③, ④, ⑤ ➔ 글을 쓸 때 첫 번째로 하는 행동으로 상식상 그럴듯한 내용의 오답.

어휘 **make a note of** ~을 적다 / **logically** 논리적으로 *cf.* **logical** 논리적인 / **fine** 좋은; 멋진; 미세한 〈선택지 어휘〉 **style** 방식; 문체 / **analyze** 분석하다

3. ⑤
p.47

소재 자기 스스로 손상시킬 수 있는 자존감

해석 자존감은 우리가 자신을 어떻게 보는지에 의해 손상될 수 있다. 어떤 십 대들은 그들이 하는 모든 것의 흠을 잡는 것 같아 보이는 내면의 목소리인 '내면의 비판자'를 갖고 있다. 그리고 사람들은 때때로 무심코 비판적인 부모나 그 사람의 의견이 그들에게 중요한 그 밖의 누군가를 본떠서 그들의 내면의 목소리를 만든다. 시간이 흐르면서 부정적인 내면의 목소리를 듣는 것은 마치 그 비판이 다른 사람에게서 나오는 것처럼 그만큼 많이 사람의 자존감을 해칠 수 있다. 어떤 사람들은 그들의 내면의 비판가가 그곳에 있는 것에 너무 익숙해져서 그들이 그들 자신을 깎아내리고 있을 때를 알아채지도 못한다.

추론 흐름 자존감이 '어떠할' 수 있는지를 찾는 문제이다. 부정적인 내면의 목소리를 듣는 것이 다른 사람에게서 비판을 듣는 것만큼 자존감을 손상시킬 수 있다고 했으므로 자존감은 '우리가 자신을 어떻게 보는지에 의해 손상될' 수 있다는 내용이 빈칸에 적절하다.

선택지 해설
① 또래 압박에 의해 낮아질 (7%가 선택)
② 당신을 더 자신감 있게 느끼게 만들어줄 ➔ 소재가 self-esteem이어서 상식적으로 긍정적인 내용을 생각하면 고를 수 있는 오답이다. 정답과는 정반대의 내용으로, 추론은 반드시 지문의 단서에 근거해야 함을 보여준다. (13%가 선택)
③ 신체적 상태와 관련이 있을 (6%가 선택)
④ 부모 자녀 관계를 풍요롭게 할 (4%가 선택)

어휘 **self-esteem** 자존감 / **unintentionally** 무심코 (↔ intentionally 의도적으로) / **put down** ~을 깎아내리다 〈선택지 어휘〉 **peer pressure** 또래 압박 (동료 집단으로부터 받는 사회적 압력) / **nourish** 영양분을 주다; 풍요롭게 하다

구문 **[1행~2행]** Some teens have an "inner critic," *a voice inside* [that seems to find fault with *everything* [(that) they do]].

[2행~4행] And people sometimes unintentionally **model** their inner voice **after** a critical parent or *someone else* [whose opinion is important to them].
● 〈model A after B〉: B를 본떠서 A를 만들다

[6행~8행] Some people **get so used to *their inner critic* being there that** they don't even notice (the times) [when they're putting themselves down].
● 〈get used to A〉(A에 익숙해지다)는 '상태'를 나타내는 〈be used to A〉(A에 익숙하다)와 달리 '상태의 변화'를 나타내며 get은 become으로 바꿔 쓸 수 있다.
● their inner critic은 동명사구 being there의 의미상 주어이다.
● 〈so ~ that ...〉: 너무 ~해서 …하다

4. ④

p.47

소재 속상한 일을 계속 상기시키는 사람

해석 당신이 막 이웃과의 사소한 갈등을 떨쳐버렸는데 그 때 당신의 다른 이웃이 그 사람이 얼마나 짜증스러운지에 대해 계속 말을 꺼내서 당신에게 그 사람에 대한 짜증을 계속 유지하도록 조장한다고 가정해 보자. 똑같은 일이 직장에도 적용된다. 한 동료가 그 훌륭한 아이디어에 대해 정말로 인정을 받을 자격이 있는 사람은 게일이 아니라 당신이라는 것을 당신에게 계속 상기시킨다. 그 사람이 그것을 말할 때마다, 그것은 당신을 속상하게 하고 당신의 상처를 다시 연다.

추론 흐름
이웃과의 갈등을 막 떨쳐버렸는데 다른 이웃이 그 이웃 얘기를 계속 했을 때 이런 행동이 당신을 '어떠하도록' 조장하는지 찾아야 한다. 유사한 내용의 예시가 이어지는 뒷부분에서 단서를 찾을 수 있다. 한 동료가 지난 일을 계속 상기시켜 속상함과 그로 인한 상처를 유지하게 한다는 내용이므로, 빈칸에는 '그 사람에 대한 짜증을 계속 유지하도록' 조장한다는 내용이 적절하다.

선택지 해설
① 당신의 경쟁자들과 협력하도록 (7%가 선택)
② 당신 이웃의 미덕을 찾도록 (11%가 선택)
③ 당신의 내적인 마음의 평화를 잃지 않도록 (22%가 선택)
⑤ 당신 이웃의 일에 연루되지 않도록 (5%가 선택)
①, ②, ③, ⑤ → 다툼에 관한 상황이라는 것과 빈칸 문장의 encouraging을 보고 긍정적인 내용일 것이라 짐작해 고를 수 있는 오답. 특히 ③은 상식적으로 바람직한 내용이어서 선택 비율이 높았을 것으로 생각됨. 그러나 모두 짜증 난 상태를 계속 유지하도록 조장한다는 본문의 내용과 반대됨.

어휘 **let go of** (잡고 있던 것을) 놓다, 놔주다 / **bring up** (화제를) 꺼내다; ~을 불러일으키다 / **deserve** 마땅히 받을 만하다 / **credit** 신뢰, 신용; 공, 인정 / **wound** 상처 〈선택지 어휘〉 **competitor** 경쟁자 / **virtue** 선행, 미덕 (↔ vice 악덕 행위) / **irritation** 짜증, 화 / **involve** 포함하다; 연루시키다 ***cf.* be involved in** ~에 연루되다

구문 **[1행~3행]** Let's say // you've just let go of a minor conflict with your neighbor, / **when** your other neighbor continues to bring up how annoying this person is, / **encouraging** you to hold on to your irritation with the person.
- 여기서 when은 '그런데 그때'의 의미이다.
- encouraging 이하는 앞 내용의 결과를 나타내는 분사구문이다.

[3행~5행] A coworker keeps reminding you that **it was** you, not Gail (A), **who** really deserved the credit for that great idea.
- 〈It is A who ~〉의 강조 구문이 사용된 문장으로 '~인 것은 바로 A이다'의 의미이다.

POINT 07 본문 단어를 이용한 오답 함정

예제 ①

p.48

소재 식물 스스로의 토양 가꾸기

해석 태양과 유용한 관계를 형성하는 것 외에, 식물들은 자신의 토양을 가꾸는 것을 알아냈다. … [중략] 식물들은 그들 자신의 부패에 자신들의 형제자매가 자랄 토양에 이로운 미네랄을 만들어 줄 그러한 미생물과 지렁이만을 끌어들이는 방법을 알고 있다. 식물들이 특정 미생물을 그들의 토양으로 유인하는 한 가지 방법은 그들의 뿌리에 더 많은 당분을 집중시킴으로써이다. … [중략] 명백히 토양의 질은 식물들을 위한 물과 미네랄의 원천으로서뿐만이 아니라 그것들의 바로 그 생존을 위해서도 매우 중요하다.

추론 흐름
태양과 유용한 관계를 형성하는 것 외에, 식물들이 '무엇'을 알아냈는지를 찾아야 한다. 식물들이 뿌리에 당분을 집중시켜 토양에 이로운 미네랄을 만들어내는 미생물들을 끌어들인다는 것이므로, 빈칸에는 '자신의 토양을 가꾸는 것'이 적절하다.

선택지 해설
② 미생물을 소비하는 것 → 본문 단어(microorganisms)를 이용한 오답. (16%가 선택)

어휘 **rot** 썩다, 부패하다 / **microorganism** 미생물 / **beneficial** 이로운 / **mineral** 미네랄, 광물질 / **sibling** 형제자매 / **concentrate** 집중하다; 농축하다 / **apparently** 명백히 / **critically** 비평적으로; 매우

구문 **[2행~4행]** Plants know **how to attract to** their own rotting (B) *only those microorganisms and earthworms* [that will produce beneficial minerals for *the soil* [where the plants' siblings will grow]] (A).
- 〈how to-v〉: v하는 방법

● 〈attract A to B〉 (A를 B로 이끌다[유혹하다])의 A가 너무 길어 B 뒤로 도치시킨 문장이다.

[4행~6행] *One way [(**that[in which]**) plants attract particular microorganisms into their soil] is by concentrating more sugars in their roots.*
● plants ~ their soil은 선행사 One way를 수식하는 관계부사절로 앞에 that 또는 in which가 생략되어 있다. 이때 One way how 형태로는 쓰지 않음에 유의한다.

[6행~7행] Apparently, the quality of the soil is critically important, **not only** as a source of water ⏹and⏹ minerals for plants **but** for their very survival.
● 〈not only A but (also) B〉 (A뿐만 아니라 B도) 구문이 사용된 문장으로 A, B 자리에 전명구가 위치하였다.

기출 Focus 1. ②   **p.48**

소재 링크 사용 여부가 두 개념의 비교 이해에 미치는 영향
해석 한 실험에서 연구원들이 사람들을 컴퓨터에 앉아 상반되는 학습 이론을 설명하는 두 개의 온라인 기사를 검토하게 했다. 한 기사는 '지식은 객관적이다'라는 주장을 펼쳤고, 다른 것은 '지식은 상대적이다'라는 주장을 전개했다. 각 기사는 같은 방식, 비슷한 제목으로 작성되었고, 각각은 상대방 기사로 링크가 걸려 있었는데, 이는 독자가 이론들을 비교하기 위해 두 개 사이를 신속하게 왔다 갔다 할 수 있게 해주었다. 연구원들은 링크를 사용한 사람들이 페이지를 차례차례 읽어서 하나를 끝낸 후 다른 기사로 넘어가는 사람들이 그러는 것보다 두 가지 이론과 그것들의 차이를 더 잘 이해할 것이라는 가설을 세웠다. 그들은 틀렸다. 페이지를 순차적으로 읽은 피실험자들이 페이지 사이를 왔다 갔다 클릭했던 피실험자들보다 뒤이은 이해력 테스트에서 실제로 상당히 높게 득점했다. 링크를 사용하는 것이 학습을 방해했다고 연구원들은 결론지었다.

추론 흐름
빈칸 문장과 선택지로 보아, 연구원들이 '어떤' 결론을 냈는지 찾아야 함을 알 수 있다. 실험 결과를 통해 결론을 파악할 수 있는데, 실험 결과는 두 개의 반대되는 학습 이론을 읽을 때 페이지를 순차적으로 읽은 사람들이 링크를 이용한 사람들보다 상당히 더 잘 이해했다는 것이다. 그러므로 연구자들의 결론은 '링크를 사용하는 것이 학습을 방해했다'일 것이다.

선택지 해설
① 링크가 정보를 조직화하도록 도와주었다 ➔ 연구원들이 세웠던 가설 내용(The researchers hypothesized ~ going on to the other.)을 이용한 오답. 뒷부분에 They(=The researchers) were wrong.이 있으므로 가설은 실험 결과와 정반대였음을 알 수 있다. (21%가 선택)
③ 태도가 지식보다 더 중요하다 ➔ 본문 단어(knowledge)를 이용한 오답. 특히 따옴표로 강조된 어구에 포함되어 있어 선택 비율이 높았던 것으로 보임. (22%가 선택)
④ 링크가 많을수록 인기 수준이 더 높다 ➔ 본문 단어(links)를 이용한 오답. (9%가 선택)
⑤ 웹은 사람들에게 더 많은 기사를 읽도록 동기를 부여한다 ➔ 본문 단어(articles)를 이용한 오답. (7%가 선택)

어휘 **lay out** ~을 펼치다; ~을 제시하다 / **objective** 객관적인 / **make a case** 주장을 전개하다 / **hypothesize** 가설을 세우다 *cf.* **hypothesis** 가설 / **linearly** 순차적으로 *cf.* **linear** (직)선의; 일직선으로 늘어선 / **comprehension** 이해력 / **back and forth** 왔다 갔다, 앞뒤로[좌우로] 〈선택지 어휘〉 **get in the way of** ~을 방해하다

구문 [1행~2행] In one experiment researchers **had** people **sit** at computers ⏹and⏹ **review** *two online articles* [**describing** opposing theories of learning].
● 〈have + O + OC(동사원형)〉: ~이 …하게 하다
● describing 이하는 two online articles를 후치 수식하는 현재분사구이다.

[2행~4행] **One** article laid out an argument that "knowledge is objective"; **the other** made the case that "knowledge is relative."
● 〈one ~ the other …〉: (둘 중) 하나는 ~, 다른 하나는 …

[4행~6행] Each article was set up in the same way, with similar headings, and each had links to the other article, **which allowed** a reader **to jump** quickly between the two to compare the theories.
● which 이하는 앞 내용을 부연 설명하는 계속적 용법의 관계대명사절이다.
● 〈allow A to-v〉: A가 v하게 하다

[6행~9행] The researchers hypothesized // that *people* [who used the links] / would gain a **richer** understanding of the two theories and their differences / **than** would *people* [who read the pages one by one, **completing** one before going on to the other].
● 비교급 비교구문이 사용된 문장으로 A, B가 비교 대상이며, completing 이하는 앞의 read the pages one by one에 대한 부연 설명이다.

1. ③

p.50

`소재` 언어 연구의 가장 좋은 접근법

`해석` 언어를 연구하는 가장 좋은 이유 중 하나는 우리 자신에 대해, 즉 우리를 인간이게 하는 것에 대해 알아내는 것이다. 그리고 그러한 연구를 시작하기에 가장 좋은 곳은 우리 자신의 언어이다. 그렇다면 언어를 연구하는 좋은 방법은 무엇일까? 가장 좋은 접근법은 역사적인 접근법이다. 어떤 것의 본질을 이해하기 위해서는 어떻게 그런 식이 되었는지 아는 것이 종종 도움이 되고 때로는 필수적이다. 만약 우리가 어떤 사람의 행동을 이해하고자 하는 심리학자라면 우리는 그 사람의 태생과 시간에 따른 발달에 대한 것을 알아야만 할 것이다. 언어도 마찬가지이다.

`추론 흐름`
빈칸 문장의 The best approach는 언어를 연구하는 가장 좋은 접근법을 뜻한다. 가장 좋은 것이 '어떤' 접근법인지 찾아야 한다. 이어지는 내용에서 어떤 것의 본질을 이해하기 위해서는 어떻게 그런 식이 되었는지 아는 것이 필수적이라고 했고, 심리학자가 어떤 사람을 알려면 그 사람의 태생과 시간에 따른 발달에 대해 알아야만 하는 것처럼 언어도 마찬가지라고 했으므로, 이를 종합해 다르게 표현하면 '역사적인' 접근법이 빈칸에 적절하다.

`선택지 해설`
① 정치적인 (5%가 선택)
② 신체적인 (6%가 선택)
④ 경제적인 (2%가 선택)
⑤ 심리적인 → 본문 단어(psychologists)를 이용한 오답. '심리학자'는 언어 연구 방법을 빗대어 설명하기 위해 언급한 것이므로 빈칸에 적절하지 않다. (26%가 선택)

`어휘` **origin** 기원, 근원; 태생

2. ⑤

p.50

`소재` 눈에 자주 띄는 것과 그 사람에 대한 선호도

`해석` 한 대학에서 네 명의 여성이 한 수업의 학생으로 가장했다. 첫 번째 여성은 한 번 강의에 출석했고, 두 번째 여성은 열 번, 세 번째는 열다섯 번 출석했다. 네 번째는 어느 강의에도 출석하지 않았다. 과정이 끝날 때, 학생들에게 네 여성의 사진을 보여주었고 그들에 대한 느낌과 태도에 대해 질문했다. 학생들이 그들과 개인적 접촉이 전혀 없었다는 사실에도 불구하고, 그 여성들에 대한 선호도는 그들이 학생들에게 반복적으로 보인 것과 관련이 있었다. 어떤 강의에도 출석하지 않았던 여성이 선호를 가장 덜 받았고, 모든 강의에 출석한 여성은 선호도가 가장 높았다.

`추론 흐름`
빈칸 문장과 선택지로 보아, 여성들에 대한 학생들의 선호도가 '무엇'과 관련이 있었는지 찾아야 한다. 여기서 the women은 실험을 수행한 네 명의 여성을 뜻한다. 빈칸 뒤에 실험 결과가 이어지므로 이에 주목해야 한다. 어떤 강의에도 출석하지 않았던 여성을 가장 적게 좋아했고, 모든 강의에 출석한 여성을 가장 많이 좋아했다고 했으므로, 선호도는 '그들(학생으로 가장한 여성들)이 학생들에게 반복적으로 보인 것'과 관련이 있었다는 것이 빈칸에 적절하다.

`선택지 해설`
① 수업에서의 그들의 성적 (7%가 선택)
② 그들이 무슨 수업에 출석했는지 → 본문 단어(lecture)를 이용한 오답. attended one lecture, ten lectures 등의 내용을 출석 횟수가 아니라 강의 개수로 생각한 경우 선택할 수 있는 오답이다. (31%가 선택)
③ 언제 학생들이 그들을 봤는지 (14%가 선택)
④ 교수에 대한 그들의 태도 (10%가 선택)

`어휘` 〈선택지 어휘〉 **exposure** 노출 *cf.* **expose** 드러내다, 노출하다

3. ⑤

p.51

`소재` 어느 외래종 통제 방법의 폐해

`해석` '외래'종은 그것의 역사적 범위 밖에 있는 지역으로 인간에 의해 도입된 종이다. 때때로 우리는 이전에 도입된 외래종을 통제하려고 외래종을 도입함으로써 상황을 더 악화시킨다. 담홍 늑대달팽이는 원래 1950년대에 또 다른 외래 달팽이인 큰 아프리카 달팽이의 개체 수를 줄이기 위한 생물학적 통제자로서 하와이에 도입되었다. 담홍 늑대달팽이는 유감스럽게도 예상되었던 것보다 더 광범위한 포식자로, 그것은 큰 아프리카 달팽이보다 훨씬 더 많은 종을 먹는다. 지금까지 담홍 늑대달팽이에 의한 피해를 줄이는 유일한 수단은 소금 장벽으로 둘러쳐진 특수 울타리를 설치해서 그 달팽이가 토종 달팽이 종의 서식지에 접근하지 못하도록 하는 것이다.

`추론 흐름`
우리가 '어떻게' 하는 것이 상황을 악화시키는지 찾아야 한다. 이어지는 예시를 보면, 1950년대에 외래종인 큰 아프리카 달팽이 개체 수를 줄이기 위해 담홍 늑대달팽이가 도입되었는데, 담홍 늑대달팽이가 예상했던 것보다 더 광범위한 포식자여서 큰 아프리카 달팽이보다도 더 많은 종들을 먹는다는 내용이다. 그러므로 이 내용을 요약하면 '이전에 도입된 외래종을 통제하려고 외래종을 도입함'으로써 상황을 악화시켰다는 것이 빈칸에 알맞다.

`선택지 해설`
① 빠르게 번식하는 천적을 사용함 (10%가 선택)
② 생태계의 균형을 맞추기 위해 야생 동물을 보호함 (11%가 선택)
③ 제품들을 수송하면서 무심코 세균을 옮김 (8%가 선택)
④ 포식자들을 서식지에 접근하지 못하게 하기 위해 장벽을 만듦 → 본문 단어(barriers)를 이용한 오답. 빈칸 문장을 보면 '어떻게' 해서 상황이 악화됐는지, 즉 상황을 악화시킨 원인이 무엇인지를 찾는 것인데, 이 오답은 악화된 상황을 해결한 방법으로서 언급된 내용이므로 빈칸에 적절하지 않다. (26%가 선택)

어휘 **exotic** 외국의, 이국적인 / **biological** 생물학적인 / **agent** 행위자, 대리인 / **generalist** 다방면의 지식을 가진 사람; 전반적 수집가 / **predator** 포식자 / **habitat** 서식지 〈선택지 어휘〉 **reproduce** 번식하다 / **ecosystem** 생태계 / **unintentionally** 무심코 / **previously** 이전에

구문 **[2행~3행]** Sometimes we **make** matters worse by introducing exotics to control previously introduced exotics.

                             V   O   OC

    ● 〈make + O + OC(형용사)〉: ~을 …하게 하다

[3행~5행] The rosy wolfsnail was originally introduced to Hawaii in the 1950s as *a biological control agent* [to reduce populations of another exotic snail, the giant African snail].

                                                    =

[7행~9행] So far, the only means [of reducing damage by the rosy wolfsnail] has been the construction of *special fences*, [**lined** with salt barriers], [**to keep** the snail out of the habitat of the native snail species].

    ● lined ~ barriers와 to keep 이하는 각각 special fences를 수식하는 과거분사구와 to부정사구이다.

08 본문 단어에서 연상되는 오답 함정

예제 ①   **p.52**

소재 과체중을 만드는 귀의 염증

해석 새로운 연구에 따르면 귀에 심한 염증이 자주 생기는 아이들은 더 건강한 귀를 가진 아이들보다 나중에 삶에서 과체중이 될 가능성이 두 배 높다고 한다. 이 결과를 설명하기 위해, 수석 연구원 린다 바르토슈크는 반복되는 귀 염증이 고실끈신경이라고 불리는 신경을 영구적으로 손상시킬지도 모른다고 말한다. 이 신경은 혀의 앞부분에서 시작되는데, 그곳에서 맛의 감각들을 수집한다. 거기서부터 신경은 중이(中耳)를 통해 뇌로 연결되는데, 거기서 신경은 혀가 방금 맛본 것에 대한 메시지를 전달한다. 그녀가 말하기를, 그 신경이 손상되면 사람들은 버터와 같은 지방이 많은 음식의 느낌이나 질감에 특히 민감해지는데, 지방 맛에 대한 증가된 민감성은 사람들이 보통보다 훨씬 더 많이 그런 종류의 음식을 좋아하게 만든다고 한다.

추론 흐름 귀에 심한 염증이 자주 생기는 아이들은 더 건강한 귀의 아이들보다 두 배 더 '어떠할' 가능성이 높은지 찾아야 한다. 이어지는 연구 내용을 정리, 종합하면 답을 찾을 수 있다. 반복되는 귀의 염증이 맛의 감각을 뇌로 전달하는 신경을 손상시킬 수 있는데, 이 신경이 손상되면 지방이 많은 음식에 특히 민감해져서 훨씬 더 그런 음식을 좋아하게 된다고 했으므로 '과체중이 될' 가능성이 두 배 높다는 것이 빈칸에 적절하다.

선택지 해설

② 미각을 잃을 → 본문 단어(the tongue, taste sensations, messages about what the tongue just tasted)에서 연상되는 오답. 귀에 염증이 자주 생기면 맛의 감각을 수집하는 곳에서 시작되는 신경이 손상된다고는 했지만, 미각을 잃는 것이 아니라 지방이 많은 음식에 민감해진다고 했으므로 적절하지 않다. (37%가 선택)

어휘 **Infection** 감염; 염증 *cf.* **infect** 감염시키다 / **permanently** 영구적으로, 영원히 *cf.* **permanent** 영구적인 / **sensation** 느낌; 감각 *cf.* **sensitive** 세심한; 예민한, 민감한 *cf.* **sensitivity** 세심함; 예민함; 민감성 / **texture** 질감, 감촉 / **fatty** 지방이 많은; 지방으로 된

기출 Focus **1.** ⑤   **p.53**

소재 즐거운 삶을 사는 방법

해석 1년간 백만 달러를 벌지만 그전의 9년간 아무것도 못 버는 것은 그 총액이 같은 기간 동안 균등하게 분배되게 하는 것, 즉 10년간 연속으로 해마다 10만 달러(를 버는 것)와 같은 즐거움을 가져오지 않는다. 반대 순서, 즉 첫해에 거금을 벌고 나서 나머지 기간 동안 하나도 못 버는 것도 마찬가지다. 어떻게든 당신의 즐거움 시스템은 다소 빠르게 과부하가 될 것이다. 사실상 당신의 행복은 심리학자들이 '긍정적 정서'라고 부르는 긍정적 감정의 강렬함보다는 그 감정의 발생 횟수에 훨씬 너 많이 좌우시된다. 다시 말해, 좋은 소식은 좋은 소식이라는 것이 먼저고, 얼마나 좋은지는 다소 적게 중요하다. 따라서 즐거운 삶을 살기 위해서 당신은 이 작은 즐거운 일들을 시간에 따라 가능한 한 고르게 퍼지도록 하는 것을 해야 한다. 많은 적당히 좋은 소식들이 단 한 개의 아주 좋은 소식 덩어리보다 더 좋다.

추론 흐름 즐거운 삶을 살기 위해서는 '어떻게' 해야 하는지 찾아야 한다. 빈칸 문장이 So로 시작하므로 앞 내용을 살펴본다. 행복은 긍정적인 감정의 강렬함보다는 그것의 횟수에 훨씬 더 많이 좌우된다고 했으므로, 따라서 결론적으로 즐거운 삶을 살기 위해서는 '이 작은 즐거운 일들을 시간에 따라 가능한 한 고르게 퍼지도록 하는 것을' 해야 한다는 것이 빈칸에 자연스럽다. 빈칸 다음 문장의 많은 적당히 좋은 소식들이 단 한 개의 아주 좋은 소식 덩어리보다 더 좋다는 내용도 빈칸추론의 단서가 될 수 있다.

선택지 해설

① 한 번에 큰 재산을 만드는 방법을 찾는 것을 → 도입부에 큰 액수의 돈이 제시된 것에서 연상 가능한 오답. (13%가 선택)

② 당신 자신에게 긍정적인 피드백과 내적 보상을 주는 것을 → 본문 단어(positive affect)에서 연상되는 오답. 특히 따옴표로 강조되어 있어 핵심어인 것처럼 생각되었을 것으로 보임. (28%가 선택)

③ 당신의 모든 고통을 분산하기보다는 오히려 짧은 기간에 참는 것을 (6%가 선택)

④ 결과가 정기적으로 고쳐지는 환경에서 사는 것을 (8%가 선택)

어휘 **preceding** 앞서는 (= previous) / **evenly** 균등하게, 고르게 / **inverse** 정반대의 / **bundle** 꾸러미, 덩어리 / **overload** 너무 많이 싣다[주다] / **psychologist** 심리학자 / **intensity** 강도 *cf.* **intense** 강렬한 / **be preferable to A** A보다 더 좋다 〈선택지 어휘〉 **occasion** 때, 경우 *cf.* **occasionally** 때때로, 가끔 / **internal** 내부의 (↔ external 외부의)

구문 **[1행~3행]** <u>Making $1 million</u> in one year, [but] **nothing** in the preceding nine *(years)*, does not bring **the same**
S 　　　　　　　　　　　　　　　　　　　　　　　　　　　　　　　　　　　　　 단수동사
pleasure **as having** <u>the total</u> evenly <u>distributed</u> over the same period, ~.
　　　　　　　 V′　　 O′　　　　　 OC′

- Making ~ nine은 주어로 사용된 동명사구로 단수 취급하므로 단수동사 does를 사용했다.
- 〈the same A as B〉: B와 같은 A
- 〈have + O + OC(p.p.)〉: ~을 …되게 하다

Basic Training 　**1.** ①　**2.** ③　**3.** ⑤

1. ①
p.54

소재 사람의 장점에 주목하기

해석 우리 중 많은 이들은 우리의 삶 속에서 우리가 대하는 사람들의 단점을 찾으면서 시간을 보낸다. 만약 대신에 우리가 그들에 대해 우리가 좋아하는 것을 찾기 위해 그들의 성격을 살펴보려고 노력한다면, 우리는 그들을 더 좋아하게 될 것이고, 그 결과 그들은 우리를 더 많이 좋아하게 될 것이다. 내 친구는 상사와 몹시 어려운 관계를 형성하고 있었다. 더 심각한 것은 그녀가 정말 그를 인간으로서 싫어했다는 것이다. 하지만 어느 날 그녀는 <u>그의 장점을 인정하기로</u> 결심했다. 비록 그녀의 관리자가 사무실에서는 친절한 사람이 아니었을지라도, 그는 매우 헌신적인 가정적인 남자였다. 이 특성에 집중한 후에, 조금씩 그녀는 그를 점차 좋아하기 시작했다.

추론 흐름

그녀가 '어떠하기로' 결정했는지를 찾아야 한다. 빈칸 문장의 she는 앞부분에 언급된 My friend를 가리킨다. 또한 선택지의 his, him은 그녀의 상사를 가리킨다. 빈칸 문장 다음 내용을 보면 상사가 사무실에서는 친절한 사람이 아니었지만 가족에게는 헌신적이라고 했고, 이 특성에 집중하게 되자 그녀는 조금씩 그를 좋아하기 시작했다고 했으므로, '그의 장점을 인정하기로' 결심했다는 것이 빈칸에 적절하다. 빈칸 문장에 however가 있으므로 그 앞부분 내용인 그녀가 상사를 인간적으로 싫어했다는 것의 반대 개념을 생각해 단서로 활용하는 것도 가능하다.

선택지 해설
② 그가 더 열심히 일하도록 설득하기로 (8%가 선택)
③ 그의 잘못된 행동들을 지적하기로 → 본문 단어(finding faults)에서 연상되는 오답. (24%가 선택)
④ 그에게 상황들을 견디라고 강요하기로 (14%가 선택)
⑤ 자신의 회사에 대해 불평을 호소하기로 → 본문 내용(My friend had a very difficult relationship with her boss.)에서 연상되는 오답. (10%가 선택)

어휘 **worse still** 더 심각한 것은 / **devoted** 헌신적인 / **gradually** 점차로 〈선택지 어휘〉 **acknowledge** 인정하다 / **convince A to-v** A가 v하도록 설득하다 / **point out** ~을 지적하다 / **endure** 참다, 견디다

구문 **[1행~3행]** If, instead, we try to **search** their character **for** what we like about them, we'll like them more; and, as a result, they'll like us more.
- 〈search A for B〉: B를 찾기 위해 A를 살펴보다

2. ③
p.54

소재 파도에 의한 조약돌의 분류

해석 조약돌이 많은 해변을 왔다 갔다 해보면, 당신은 조약돌들이 분류되고, 배열되고, 선별된다는 것을 알게 될 것이다. 우리는 그러한 정리가 정말로 맹목적인 물리력, 이 경우에는 파도의 움직임에 의해 이루어졌다고 설명할지도 모른다. 파도는 아무런 목적도 의도도 없다. 파도는 그저 아무렇게나 조약돌을 이리저리 던지고, 큰 조약돌과 작은 조약돌은 이러한 취급에 서로 다르게 반응해서, 그것들은 결국 해변의 서로 다른 높이에 자리하게 된다. <u>작은 양의 질서가 무질서에서 나왔다.</u>

추론 흐름

빈칸 문장과 선택지로 보아 '무엇'이 무질서에서 나왔는지를 찾는 문제이다. 빈칸 앞 The waves 이하에서 단서를 찾을 수 있다. 파도는 목적이나 의도 없이 단지 조약돌들을 아무렇게나 던지지만, 큰 조약돌과 작은 조약돌은 이에 반응하는 바가 달라서 결국은 크기별로 다른 높이에 위치하게 된다는 내용이므로 '작은 양의 질서'가 무질서에서 나왔다는 것이 빈칸에 적절하다. 초반부의 sorted, arranged, and selected를 결국 한 단어로 표현하면 order라는 것에서도 단서를 찾을 수 있다.

선택지 해설
① 혼란의 상태 → 빈칸 문장의 단어(disorder)에서 연상되는 오답. 빈칸 앞 문장을 꼼꼼히 해석하지 않고 randomly throw라는 표현으로 단순히 연상했을 때에도 고를 수 있는 오답이다. (12%가 선택)
② 기후의 영향 (11%가 선택)
④ 환경의 위기 (10%가 선택)
⑤ 의도된 풍경 변화 → 본문 단어(beach)에서 연상되는 오답. (19%가 선택)

25

3. ⑤

p.55

소재 인간의 상대적 선택 본성을 이용한 광고

해석 인터넷 검색을 하던 중에 나는 〈이코노미스트〉라는 잡지의 광고에 주목했다. 광고는 인터넷 구독은 59달러이고, 출판물 구독은 125달러이며, 출판물과 인터넷 구독은 125달러라고 했다. 나는 누가 인터넷과 출판물 구독 둘 다 같은 가격으로 제공될 때 출판물 선택만을 구매하고 싶어 할지 궁금했다. 나는 〈이코노미스트〉의 마케팅 귀재가 사실 나를 속이고 있었을 것으로 의심했다. 그들은 인간 행동에 대해 중요한 어떤 것을 알고 있었는데, 인간은 좀처럼 절대적인 기준으로 물건을 선택하지 않는다는 것이다. 우리는 우리에게 사물이 얼마나 많은 가치가 있는지 말해 주는 내적인 가치 기준을 갖고 있지 않다. 오히려 우리는 하나가 다른 것에 대해 갖는 상대적인 이점에 초점을 맞추고, 그에 따라 가치를 추정한다.

추론 흐름

빈칸 문장의 They는 앞 문장의 The Economist's marketing wizards를 가리킨다. 그들이 알고 있는 인간 행동의 중요한 점이 인간이 '어떠하다'는 것인지를 찾아야 한다. 빈칸 뒤 문장의 주어가 일반인을 뜻하는 대명사 We이므로 이 부분에 주목한다. 인간은 내적인 가치 기준을 가지고 있기보다는 다른 것과 비교한 상대적 이점에 초점을 맞추고 그에 따라 가치를 추정한다고 했으므로 이를 다르게 표현해 '좀처럼 절대적인 기준으로 물건을 선택하지 않는다'는 것이 빈칸에 적절하다.

선택지 해설

① 모든 것을 동등하게 평가한다 → 본문 단어(estimate value)에서 연상되는 오답. (18%가 선택)

② 종종 물건을 충동적으로 구매한다 → '구매'와 관련된 초반부 일화에서 연상되는 오답. (28%가 선택)

③ 결정을 마지막 순간까지 미룬다 → 일화에서 필자가 여러 선택사항을 살펴본 것을 바탕으로 짐작했을 때 고를 수 있는 오답. (10%가 선택)

④ 자주 광고되는 제품을 선호한다 → 본문 단어(ad, marketing)에서 연상되는 오답. (13%가 선택)

실전 적용문제 3 1. ① 2. ② 3. ② 4. ③ 5. ① 6. ①

1. ①

p.56

소재 성찰적 지연

해석 배우들은 때때로 어떤 놀라운 소식에 대해 커다란 반응을 연기할 기회를 잡는다. 한 등장인물이 다른 인물에게 "당신이 막 백만 달러를 버셨습니다!"라고 말한다. 그러자 그 배우는 즉시 펄쩍펄쩍 뛰면서 백만 달러를 번 것에 대해 소리친다. 하지만 (배우가 아닌) 사람은 무엇을 할 것인가? 유명한 러시아의 극 연출가 스타니슬랍스키는 성찰적 지연에 대해 얘기했다. 사람이 정보를 처리하는 데는 그 정보가 아주 좋든 몹시 나쁘든 간에 종종 시간이 걸린다. 당신의 삶에서 어떤 놀라운 소식을 들었던 때를 회상해 보아라. 당신은 무엇을 했는가? 당신은 즉시 펄쩍펄쩍 뛰고, 즐거움 또는 고통으로 비명을 질렀는가? 아니면 당신은 아무 말도 하지 않고 그냥 잠시 앉아 있었는가? 반응을 하기 전에 당신이 그 상을 받았다는 것을 정말로 이해하는 데 얼마나 오래 걸렸는가? 실제 사람처럼 행동해라. 감정이나 명백한 반응을 그저 쫓지 마라.

추론 흐름

빈칸 문장과 선택지로 보아, 유명한 러시아의 극 연출가가 '무엇'에 대해 말했는지를 찾아야 한다. 빈칸 뒤의 내용에서 단서를 찾을 수 있다. 사람이 정보를 처리하는 데는 시간이 걸린다고 했고, 이어지는 내용도 놀라운 소식을 들으면 즉시 펄쩍펄쩍 뛰거나 소리 지르기보다는 말없이 한동안 그냥 있게 된다는 것이므로, 이 내용을 종합하면 '성찰적 지연'이 빈칸에 직절하다.

선택지 해설

② 사회적 상호작용 (8%가 선택)

③ 의도되지 않은 결과 → 본문 단어(big news)에서 연상되는 오답. (10%가 선택)

④ 선택적 관심 → 본문 내용(Did you immediately jump up and down, scream with joy or pain? Or did you just sit down for a moment, saying nothing?)에서 연상되는 오답. 어떻게 반응할지 선택하는 내용으로 생각할 수 있다. (12%가 선택)

⑤ 개인적 기여 (4%가 선택)

구문 [5행~6행] It often **takes time for** a person **to process** information — **whether** it's <u>very good</u> **or** <u>very bad</u>.
　　　　　　　　　　　　　　　　　　　　　　　　　　　　　　　　　　　　　　A　　　　　　 B

● 〈It takes 시간 for A to-v〉: A가 v하는 데 시간이 걸리다

● 〈whether A or B〉: A이든 B이든 간에

2. ②

소재 지도 제작의 역설

해석 지도로 거짓말하는 것은 쉬울 뿐만 아니라 필수적이기도 하다. 지도는 복잡하고 삼차원적인 세계를 평평한 종이 한 장에 그리기 위해서 현실을 왜곡해야 한다. 간단한 예를 들자면, 지도는 축척 모델이지만, 그것이 공원, 식당 및 기타 장소들을 위해 사용하는 기호들은 같은 축척으로 그려지지 않는데, 그것은 문자 그대로 받아들이면 그 대상들을 실제로는 훨씬 더 크거나 작게 만들 것이다. 게다가 지도는 모든 것을 보여줄 수 없거나, 혹은 중요한 정보를 세부사항의 안개 속에 숨길 것이다. 그러므로 지도는 현실에 대한 선택적이고 불완전한 시각을 제공해야만 한다. 지도 제작의 역설, 즉 유용하고 올바른 그림을 제시하기 위해 정확한 지도는 하얀(선의의) 거짓말을 해야만 하는 것을 피할 수는 없다.

추론 흐름 유용하고 올바른 그림을 제시하기 위해 정확한 지도는 '어떠해야만' 하는지를 찾아야 한다. 빈칸 문장이 '지도 제작의 역설'이라는 말과 콜론(:)으로 이어져 있으므로 빈칸에 들어갈 내용이 '유용하고 올바른 그림을 제시하는 것'과는 모순되는 내용이라는 것을 단서로 얻을 수 있다. 지도는 복잡한 세상을 나타내기 위해 현실을 왜곡해야 하며, 현실에 대한 선택적이고 불완전한 시각을 제공해야 한다고 했으므로, 이를 비유적으로 표현하여 정확한 지도는 '하얀(선의의) 거짓말을 해야만' 하는 것이 지도 제작의 역설이라는 내용이 빈칸에 적절하다.

선택지 해설
① 세부사항들을 보여주어야만 ➡ 정확한 지도가 해야 하는 것으로 빈칸에 넣었을 때 그럴듯한 오답. 빈칸 문장의 내용이 지도 제작의 역설에 해당해야 하므로 정답이 될 수 없다. (29%가 선택)
③ 더 많은 기호를 사용해야만 ➡ 본문 단어(symbols)를 이용한 오답. (11%가 선택)
④ 다차원적이어야만 ➡ 본문 단어(three-dimensional)에서 연상되는 오답. (11%가 선택)
⑤ 실제 크기로 그려져야만 ➡ 지도는 복잡한 세계를 종이 한 장에 표현하는 축척 모델이라고 했고, 축척을 적용하면 오히려 실제보다 훨씬 크거나 작게 그려지게 된다고 했으므로 맞지 않는 내용. (9%가 선택)

어휘 **distort** 왜곡하다 / **three-dimensional** 삼차원의 *cf.* **multi-dimensional** 다차원의 / **symbol** 상징; 기호, 부호 / **literally** 글자 그대로 / **paradox** 역설; 역설적인 것

구문 **[1행]** **Not only** is it easy to lie with maps, **but** it's essential.
● 〈not only A but (also) B〉 구문이 사용된 문장으로, 부정어구 not only가 문두에 오면서 주어와 동사가 도치되었다.

[3행~6행] To take a simple example, a map is a scale model, but *the symbols* [(which[that])] it uses ● for parks, (= a map) restaurants, and other places] are not drawn to the same scale, **which** — if taken literally — would make them much bigger or smaller in reality.
● which 이하는 선행사 the same scale을 부연 설명하는 주격 관계대명사절이다.

3. ②

소재 위험에 대한 인식에 영향을 주는 요소

해석 한 실험에서 학생들은 위험에 대해 보험을 들기 위해 무엇을 지불하겠는지를 질문받았다. 한 그룹에게, 그 위험은 "암으로 사망하는 것"으로 묘사되었다. 다른 그룹들은 그 죽음이 "암은 천천히 신체의 내부 장기들을 죽이기 때문에 아주 느리고 극도로 고통스러운" 것이라는 말을 들었다. 더 명확하고 세세한 그러한 언어의 변화는 학생들이 보험 비용으로 기꺼이 지불할 것에 커다란 영향을 미쳤다. 물론 사진 이미지는 훨씬 더 강력하며, 놀랄 것도 없이 끔찍하고 무서운 사진들은 우리의 주의를 끌 뿐만 아니라 우리의 기억 속에 박히기도 한다는 많은 증거가 있다. 그것이 여러 나라들이 글자만 있던 담뱃갑의 건강 경고를 병든 폐와 심장과 잇몸의 끔찍한 사진들로 대체해 온 이유이다. 그것들은 위험에 대한 인식을 증가시킨다.

추론 흐름 빈칸 문장의 They는 horrible images ~ and gums, 즉 담뱃갑에 실려 있는 병든 폐, 심장 및 잇몸의 끔찍한 사진들을 뜻한다. 이것들이 '무엇'을 증가시키는지를 본문에서 찾아야 한다. 끔찍하고 무서운 사진들이 주의를 끌 뿐만 아니라 기억에 박힌다고도 했으므로, '위험에 대한 인식'을 증가시킨다는 것이 빈칸에 알맞다.

선택지 해설
① 고통의 수준 ➡ 본문 단어(cancer, diseased lungs 등)에서 연상되는 오답.
③ 질병에 대한 무감각함 ➡ 담뱃갑의 글자 경고를 주의를 더 끄는 끔찍한 사진들로 대체한다는 본문 내용과 정반대임.
④ 기꺼이 구매하고 싶은 마음 ➡ 초반부의 보험 구매 내용, 본문 표현(what students were willing to pay for insurance)에서 연상되는 오답.
⑤ 정보 전달에 대한 필요성 ➡ 정보 전달 수단에 대한 내용이지만 끔찍한 사진들이 '정보 전달의 필요성'을 증가시킨다는 것은 본문에 근거 없음.

어휘 **insure** 보험에 들다 *cf.* **insurance** 보험 / **die of** ~으로 죽다 / **extremely** 극도로 / **internal** 내부의 (↔ external 외부의) / **organ** (몸의) 기관, 장기 / **be willing to-v** 기꺼이 v하다 *cf.* **willingness** 기꺼이 하는 마음 / **stick in** ~에 박히다 / **lung** 폐 / **gum** 잇몸 〈선택지 어휘〉 **perception** 인지 / **insensibility** 무의식; 무감각함

구문 **[4행~6행]** *That change in language*, **which** was more clear and detailed, had a major impact on what students were willing to pay for insurance.
● which ~ detailed는 선행사 That change in language를 부연 설명하는 주격 관계대명사절이다.

[소재] 다문화적 지능은 조직의 성공 비결

[해석] 만일 당신의 일터나, 당신의 동네나, 혹은 이 세상에 평등이 받아들여진다면 당신은 당신이 무슨 이득 혹은 무슨 손실에 직면할 것으로 기대하는가? 당신 자신에게 이득이 손실보다 더 큰지 물어보라. 관리자로서의 당신의 역할에서, 자신이 힘을 잃어가고 있다고 느끼거나 자신의 전통이 위기에 처해 있다고 생각하는 개인들을 경계해라. 그들은 위협적으로 보이는 단체의 발전에 해를 끼치기 위해 열심히 일할 것이다. 공유된 힘과 지위는 언제나 조직을 강화한다. 다양성을 수용해 개인의 독특한 지능 및 기술로부터 이익을 볼 수 있는 능력은 (그것이) 아무리 다양하더라도 그 어떤 조직에서든지 미래의 성공 비결이다. 고객 주도적이고 세계적인 시장에서, 다문화적인 지능은 한 회사의 미래 성공에 있어 핵심 요인이 될 것이다.

[추론 흐름] 빈칸 문장과 선택지를 통해 공유된 힘과 지위가 '어떠한' 결과를 가져오는지를 찾아야 함을 알 수 있다. 빈칸 다음 문장의 '다양성을 수용해 개인의 독특한 지능과 기술로 이익을 볼 수 있는 능력'은 곧 빈칸 문장의 '공유된 힘과 지위'를 다른 말로 표현한 것으로, 이렇게 조직의 구성원들이 각각의 다양한 능력을 수용하여 그것으로부터 이익을 볼 수 있는 능력은 어떤 조직에서든지 미래 성공의 비결이라고 했으므로, 공유된 힘과 지위가 '조직을 강화한다'는 것이 빈칸에 적절하다.

[선택지 해설]
① 내부 갈등을 초래한다
② 손실을 이익으로 상쇄한다 → 본문 단어(losses)를 이용한 오답.
④ 평등 정신을 훼손한다 → 본문 단어(equality)를 이용한 오답. 공유된 힘과 지위가 평등 정신을 훼손한다는 것은 논리적으로 적절하지 않다.
⑤ 팀원 간의 유대감을 쌓아 준다 → 빈칸 문장의 Shared power and status를 보고 상식적으로 짐작했을 때 고를 수 있는 오답.

[어휘] **equality** 평등 / **acceptable** 받아들여지는 *cf.* **accept** 받아들이다 *cf.* **acceptance** 수용 / **outweigh** ~보다 더 크다 / **alert** 경계하는 / **endangered** 위기[위험]에 처한 / **undermine** 약화시키다, 손상시키다 / **advancement** 진보, 발전 / **threatening** 위협적인 / **status** 지위 / **diversity** 다양성 *cf.* **diverse** 다양한 / **customer-driven** 고객 주도적인 〈선택지 어휘〉 **balance A with B** A를 B로 상쇄하다 / **bond** 유대(감)

[구문] **[1행~2행]** *What* gains or losses **do you expect** [you will face] / if equality becomes acceptable in your workplace, your neighborhood, or the world?
● you will face와 수식을 받는 선행사 What gains or losses 사이에 do you expect가 삽입되었다.

[3행~5행] In your role as manager, be alert for *individuals* [who **feel** (that) they are losing power or **think** (that) their traditions are endangered].

[7행~9행] *The acceptance* [of diversity] and *the ability* [to profit from the unique intelligence and skills of individuals], / **no matter how** diverse *(they are)*, / **are** *keys* [to the future success of any organization].
● 〈no matter how + 형용사(+ 주어 +동사)〉는 '아무리 (주어가) ~하더라도'의 의미인 삽입절로 여기서 주어인 they는 the intelligence and skills를 가리킨다.

[소재] 자존감과 건강 검진을 원하는 경향의 관계

[해석] 왜 어떤 사람들은 자신의 건강에 대한 진실을 아는 쪽을 선택하고, 다른 사람들은 거부할까? 자신을 가치 있는 사람이라고 생각하는 사람들은 자신의 건강에 대해 아는 것에 동의할 가능성이 더 높다. 이러한 생각을 검증하기 위해서, 연구자들은 연례 정기 검진을 흉내 내는 각본을 설정했다. 이 검진에서, 그들은 참가자들에게 심각하지만 가상인 한 질병에 대해 말해주고, 그런 다음 참가자들이 그 질병에 대해 검진을 받고 싶은지 물어보았다. 검진 전에, 일부 참가자들은 자신에 대해 좋게 느끼도록 만들어진 반면에 다른 참가자들은 그렇지 않았다. 자존감이 높아진 실험 대상자들은 그것에 대해 검진받기를 원하는 경향이 많았다. 의사들은 많은 질병에 있어서 초기 치료가 중요하기 때문에 사람들이 긍정적인 자존감을 가지고 잠재적으로 무서운 정보에 직면하도록 돕는 것이 그들의 생존 가능성을 높인다고 말한다.

[추론 흐름] '어떤' 사람들이 자신들의 건강에 대해 아는 것에 동의할 가능성이 더 높은지 찾아야 한다. 이 내용은 실험의 가설에 해당하므로, 가설의 검증 내용을 빈칸 문장 뒤에서 살펴보아야 한다. 검진 전에 자신에 대해서 좋은 느낌을 가진 참가자들은 다른 참가자들에 비해 설명을 들은 심각한 질병에 대해 검진받기를 원할 가능성이 더 많다고 했으므로, 빈칸에는 '자신을 가치 있는 사람이라고 생각하는'이 적절하다.

[선택지 해설]
② 심각한 건강 문제를 갖고 있었던 → 건강에 문제가 있는 사람이라면 그것에 대해 알고 싶어 할 것 같다는 짐작으로 고를 수 있는 오답. 그러나 실험 내용과는 무관하므로 답이 될 수 없다. (20%가 선택)
③ 감정을 차분하게 유지하는 (12%가 선택) → 본문 표현(feel good)을 이용한 오답.
④ 건강이나 의료에 대해 교육받은 (11%가 선택) → 실험 대상자들이 특정 질병에 대해 설명을 들었다는 실험 세부 내용을 이용한 오답.
⑤ 심각한 질병에 대한 영화를 보는 (5%가 선택) → 본문 단어(scenario)를 활용한 오답.

[어휘] **scenario** 시나리오, 각본 / **mimic** 흉내 내다 / **annual** 매년의, 연례의 / **checkup** 검사: (건강) 검진 / **participant** 참가자 / **fictional** 허구적인: 소설의 *cf.* **fiction** 소설: 허구 / **physician** 의사: 내과 의사 〈선택지 어휘〉 **stable** 안정된, 안정적인: 차분한

6. ①

지역 경제 발전과 지역 화폐

해석 만약 당신이 정말로 지역 경제를 번성하게 만들고 싶다면, 가장 중요한 조치는 지역 화폐를 만드는 것일지도 모른다. 내가 버몬트 주의 벌링턴에 사는데, 지갑 속 미국 화폐 옆에 그 대도시 지역에서만 쓰일 수 있는 대체 화폐인 '벌링턴 브레드' 더미를 갖고 있었다고 해보자. 농산물 직매장에서 지역 식품을 사는 것이나 대형 슈퍼마켓에서 캘리포니아에서 들여온 식품을 사는 것의 선택에 직면하면, 나는 브레드로 지불할 수 있는 지역 식품을 구매하여 내 미국 달러를 예를 들면 새 자동차와 같이 멀리서 와야 하는 어떤 것을 위해 남겨 두는 경향이 더 많을 것이다. 그러면 지역 농부는 자신의 지갑에 벌링턴 브레드를 갖게 될 것인데, 이는 그녀의 다음 구매가 그 지역의 것일 가능성을 높일 것이며, 그렇게 계속될 것이다.

추론 흐름

지역 경제를 번성하게 만들기 위해 가장 중요한 조치가 '무엇'인지 찾아야 한다. 이어지는 예시에서 특정 도시 지역에서만 쓰일 수 있는 화폐를 가지고 있다면, 되도록 그 지역 화폐로 지불 가능한 지역 식품을 구매하는 경향이 클 것이라고 했고, 그 화폐를 지불받은 사람 역시 지역 제품을 구매하고 또 그렇게 계속될 것이라고 했으므로 '지역 화폐를 만드는 것'으로 지역 경제를 번성시킬 수 있을 것이다.

선택지 해설

② 지역 제품에 대한 재정 지원을 줄이는 것 → 본문 단어(local product)를 이용한 오답.
③ 그것의 특산물에 초점을 맞추는 것 → 본문 단어(local product)에서 연상되는 오답.
④ 제품의 출처를 명확히 나타내는 것 → 본문 내용(food imported from California)에서 연상되는 오답.
⑤ 교통 기반 시설을 강화하는 것 → 지역을 발전시키는 방안으로 빈칸에 넣었을 때 그럴듯한 내용이지만 본문에 근거 없음.

어휘 **prosper** 번영하다, 번성하다 / **currency** 화폐, 통화 / **stack** 더미 / **alternative** 대체의 / **metropolitan** 대도시의 / **farmers' market** 농산물 직매장 / **import** 수입하다 (↔ export 수출하다) / **be inclined to-v** v하는 경향이 있다 / **likelihood** 가능성 〈선택지 어휘〉 **specialty** 특산품, 명물 / **indicate** 나타내다 / **enhance** 높이다, 강화하다 / **infrastructure** 사회 기반 시설

구문 **[2행~5행]** Say // (that) I lived in Burlington, Vermont, / and I had in my wallet, next to my U.S. currency, a stack of "Burlington Bread," an alternative currency [that could only be spent in the metropolitan area].

● an alternative currency 이하는 "Burlington Bread"의 동격어구이고, that 이하는 선행사 an alternative currency를 수식하는 주격 관계대명사절이다.

[5행~9행] (Being) **Faced** with the choice of buying local food [at the farmers' market] or food [imported from California] [at a big supermarket], I'd **be more inclined to buy** the local product, **which** I could pay for in Bread, and (to) save my U.S. dollars for something [that had to come from a distance] — a new car, for example.

● Faced ~ a big supermarket은 조건을 나타내는 분사구문으로 앞에 Being이 생략되어 있다.
● 〈be more inclined to-v〉는 'v하는 경향이 더 있다'의 의미이며, to buy와 (to) save가 and로 연결되어 병렬구조를 이룬다.
● which ~ in Bread는 선행사 the local product에 대한 부연 설명의 주격 관계대명사절이다.

[9행~11행] And then the local farmer would have Burlington Bread in her wallet, **which** would increase the likelihood that her next purchase would be local, and so on.

● which 이하는 앞 문장 내용 전체를 선행사로 하여 그것을 부연 설명하는 계속적 용법의 관계대명사절이다.

09 연결어 추론

기출 Focus **1.** ① p.63

소재 건강에 대한 관심 증가로 진화중인 식품들

해석 건강에 대한 우리의 늘어나는 관심이 우리가 먹는 방법에 영향을 미쳐 왔다. 지난 몇 년간 대중매체는 우리에게 소금과 지방이 많고 섬유소가 적은 우리의 전통 식단의 위험에 대해 경고해 왔다. 대중매체는 또한 화학 첨가물이 가득한 가공식품의 위험에 대해 우리를 교육하기 시작했다. (A) 그 결과 소비자들은 몸에 더 좋은 식품들을 요구하기 시작했고, 제조업자들은 그들 제품의 일부를 바꾸기 시작했다. 런천 미트(인스턴트 가공육), 통조림 채소 및 수프 같은 많은 식품이 저지방, 저염분 형태로 이용 가능하도록 만들어졌다. 통곡물 시리얼과 고섬유질 빵 또한 식료품점 선반에 등장하기 시작했다. (B) 게다가 식품 산업은 감자칩에서부터 아이스크림에 이르는 모든 것을 첨가물과 방부제가 없는 순 천연 식품으로 생산하기 시작했다. 당연히 외식 산업도 몸에 더 좋은 음식으로의 이러한 변화에 반응하여 샐러드 바, 생선구이 및 찐 채소로 소비자들을 끌어들였다.

추론 흐름
(A)의 앞은 대중매체가 화학 첨가물이 가득한 가공식품의 위험에 대해 사람들을 교육하기 시작했다는 내용이고, 이를 원인으로 해서 소비자들이 몸에 더 좋은 음식을 요구한다는 (A) 뒤의 현상이 일어났다고 볼 수 있다. 따라서 결과를 이끄는 연결어 As a result가 적합. (B)의 뒤는 몸에 좋은 저지방, 저염분의 식품들이 등장했다는 앞 내용에서 더 나아가 순 천연 제품으로 식품을 생산하기 시작했다는 것으로, 첨가를 나타내는 연결어 Moreover가 적절하다.

선택지 해설
②, ④ → (A)의 앞뒤는 인과관계이며 서로 대조되는 내용이 아니다.
⑤ → (B)의 앞뒤 모두 몸에 좋은 식품을 만든다는 내용으로서 같은 흐름이므로 역접 연결어는 적절치 않음.

어휘 **fiber** 섬유소 / **process** 과정, 절차; 가공 처리하다 / **additive** 첨가물 / **manufacturer** 제조업자 / **canned** 통조림으로 된 / **grain** 곡물; 낟알 / **preservative** 방부제 *cf.* **preserve** 지키다, 보존하다

Basic Training **1.** ② **2.** ① **3.** ② **4.** ③ **5.** ① **6.** ② **7.** ③

1. ② p.64

소재 교실에서 협상이 되는 것과 안 되는 것

해석 강의 첫째 날에, 교수는 과제를 나눠주고 있을 때 문자 메시지를 확인하는 것은 괜찮지만, 강의나 교실 토론 중에는 안 된다는 것을 내비치면서 학생들과 협상을 할지도 모른다. 하지만 교수들은 학생들이 원하는 학점을 받으려고 돈을 지불하는 사회 질서를 '협상'할 수는 없다는 것을 알고 있다.

추론 흐름
빈칸 앞은 교수가 학생과 협상할 수 있는 것에 대해 나오고 뒤에는 협상할 수 없는 것이 나오므로 상반된 내용을 연결하는 However가 적절하다.

어휘 **negotiate** 협상하다 *cf.* **negotiation** 협상, 절충 / **indicate** 나타내다, 내비치다 *cf.* **indication** 암시, 조짐 / **pass out** ~을 돌리다, 나눠주다 / **assignment** 과제

구문 **[1행~3행]** On the first day of class, a professor may negotiate with students, **indicating** *(that)* **it** is okay
                                                                                                         가주어
to check text messages when the professor is passing out assignments but *(it is)* not *(okay to check*
           진주어
text messages) during lecture or class discussion.
● indicating 이하는 부대상황을 나타내는 분사구문으로 '~하면서'의 의미이다.

2. ① p.64

소재 패러다임은 세상을 보는 방식

해석 패러다임(사고의 틀)은 안경과 같다. 당신이 당신 스스로나 일반적인 삶에 대해 불완전한 패러다임을 갖고 있을 때, 그것은 잘못 처방된 안경을 쓰고 있는 것과 같다. 그 렌즈는 당신이 다른 모든 것을 어떻게 보는지에 영향을 미친다. 다시 말해, 당신이 보는 것이 당신이 얻는 것이다. 만약 당신이 자신이 바보 같다고 믿는다면, 바로 그 믿음이 당신을 바보 같게 만들 것이다. 만약 당신의 여동생이 바보 같다고 믿으면, 당신은 당신의 믿음을 뒷받침할 근거를 찾아 나서서 그것을 찾을 것이고, 그러면 여동생은 당신의 눈에 바보 같은 상태로 남아있을 것이다.

추론 흐름
빈칸 문장 앞에서 패러다임은 안경과 같아서 모든 것을 보는 방식에 영향을 끼친다고 했다. 빈칸 문장 뒤의 보는 것이 바로 얻는 것이라는 내용과 이어지는 구체적인 예를 통해 같은 내용이 다른 말로 표현되고 있음을 알 수 있다. 따라서 환언의 연결어가 적절하다.

paradigm 패러다임, 사고의 틀 / **prescription** 처방(전) *cf.* **prescribe** (약·치료법 등을) 처방하다; 규정하다 / **dumb** 벙어리의; 바보 같은

3. ②
p.64

소재 일의 성패 기준은 능력과 동기부여

해석 한 개인이 자신에게 닥친 어떤 과제에 실패하거나 성공하는 이유를 이해하기 위해서, 우리는 두 가지를 알아야만 하는데, 그 사람이 문제의 그 과제에 대해 얼마나 많은 능력을 가지고 있는가와 그 사람이 얼마나 강하게 동기부여가 되어 있는가이다. 실패는 능력의 부족이나 동기부여의 부족 때문일지도 모른다. 반면에 성공은 높은 수준의 능력과 함께 작용하는 높은 수준의 동기부여를 필요로 한다.

추론 흐름 빈칸 문장 앞은 실패의 원인으로 생각되는 것을 말하고 있고, 빈칸 문장은 성공의 원인으로 실패의 원인과 반대되는 개념들을 말하고 있으므로, 대조되는 내용을 연결하는 on the other hand가 빈칸에 적절하다.

어휘 **confront** 직면하다; (문제가) ~에게 닥치다 *cf.* **confrontation** 대치, 대립 / **degree** 정도; 등급; 학위

4. ③
p.65

소재 나이 들면서 줄어드는 것과 증가하는 것

해석 우리는 나이가 들면서 감소하는 경향이 있는 유용한 속성은 야망, 경쟁하고자 하는 욕망, 신체적인 힘과 인내, 그리고 일관된 정신적 집중 능력을 포함한다고 말할 수 있다. 반대로 나이가 들면서 증가하는 경향이 있는 유용한 속성은 자기 분야의 경험, 사람들과 관계에 대한 이해, 자신의 자아가 방해하지 않고 다른 사람들을 돕는 능력을 포함한다.

추론 흐름 빈칸 앞에서는 나이가 들면서 감소하는 것들에 대한 내용이 나오고 뒤에서는 증가하는 것들이 나오므로 서로 대조되는 내용을 연결하는 역접의 연결어가 적절하다.

선택지 해설
① → 같은 흐름의 내용이 추가되는 것이 아니므로 첨가의 연결어는 적절치 않다.

어휘 **attribute** 속성, 특성 / **endurance** 인내 / **capacity** 능력, 수용력 / **sustained** 지속된, 일관된 / **ego** 자아 / **get in the way** 방해하다

구문 [3행~5행] Conversely, *useful attributes* [**tending** to increase with age] include experience of one's field, (A) understanding of people and relationships, and *ability* [**to help** other people **without** one's own ego (B) **getting** in the way]. (C)
* ⟨without + (대)명사의 목적격 + 분사⟩는 '~가 …하지 않는 채로, ~가 …하지 않으며'의 의미로 부대상황을 나타낸다. 분사 앞의 (대)명사가 분사의 의미상 주어이며, 여기에서는 명사와 분사의 관계가 능동이므로 v-ing로 표현했다.

5. ①
p.65

소재 대중의 견해와 전문가의 견해

해석 대중은 전문가들이 그러한 것보다 위험에 대해 더 풍부한 개념을 갖고 있을지도 모른다. 따라서 전문가의 견해가 다른 시민들의 견해와 상충할 때 전문가의 견해가 의심 없이 받아들여져야 한다는 관점은 유지될 수 없다. 전문가와 대중이 그들의 우선 사항에 대해 의견이 일치하지 않을 때, 각 측은 상대방의 통찰력과 지혜를 존중해야만 한다.

추론 흐름 빈칸 문장 앞에서 대중은 전문가들보다 위험에 대해 더 풍부한 개념을 가질 수도 있다고 했으므로 전문가의 견해는 상대적으로 폭이 좁을 수 있음을 의미한 것으로 볼 수 있다. 그리고 빈칸 문장 뒤에서는 전문가의 의견이 의심 없이 받아들여져야 한다는 관점은 유지될 수 없다는 것이므로, 즉 전문가의 의견을 의심해 봐야 한다는 것이므로, 앞뒤 문장의 관계는 인과관계이다. 따라서 결과를 이끄는 연결어가 적절하다.

선택지 해설
② → 대조가 되려면 전문가들이 대중보다 낫다는 점이 언급돼야 하지만 그런 언급이 없음.

어휘 **conception** 개념 / **conflict with** ~와 상충되다 / **priority** 우선 사항 / **insight** 통찰(력) / **intelligence** 지능, 이해력; 지혜 *cf.* **intelligent** 총명한, 머리가 좋은

구문 [2행~4행] Consequently, **the view** cannot be maintained / **that** experts' opinions should be accepted without question / when they conflict with the opinions of other citizens.
* that절은 주어 the view의 동격절로 너무 길어져서 동사 뒤로 간 것이다.

6. ②
p.65

소재 수적 열세에 명분도 없던 스웨덴의 러시아 공격

해석 러시아 황제는 스웨덴의 왕보다 약 10배 많은 군대를 그의 휘하에 갖고 있었다. 대부분의 역사가들은 스웨덴의 공격이 거의 확실하게 실패할 것이었기 때문에 비이성적이었다는 것에 동의한다. 게다가 스웨덴 사람들은 공격할 아무런 전

추론 흐름 빈칸 문장 앞은 스웨덴의 공격이 비이성적이었음을 설명하였다. 뒤에서는 스웨덴이 승리를 통해 얻을 수 있을 만한 게 없어 공격을 해야 하는 명분도 없었다는 내용이므로 첨가의 연결어가 적절하다.

락적 이유도 없었는데, 그들은 승리로 인해 그다지 많은 것을 얻을 것으로 기대할 수 없었기 때문이다.

① → 빈칸 앞뒤는 상반된 내용이 아니다.
③ → 빈칸 뒤의 내용을 앞 내용의 결과로 볼 수 없다.

어휘 **troop** 군대, 부대 / **irrational** 비이성적인 (↔ rational 이성적인) / **strategic** 전략적인 cf. **strategy** 계획, 전략

구문 **[1행~2행]** The tsar had about **ten times as** many troops under his command **as** the king of Sweden.
　　　　A　　　　　　　　　　　　　　　　　　　　　　　　　　　　　　　　　　　　　　B
- 〈A 배수사(twice, three times, four times 등)+as+원급+as B〉 구문이 사용된 문장으로 'A는 B의 ~배만큼 …한/하게'의 의미이다.

7. ③　　　　　　　　　　　　　　　　　　　　　　　　　　　　　　　　　　　　　　　p.65

소재 보온과 안전 목적의 동물들의 집단 형성
해석 새로 태어난 새들과 동물들의 무리는 같이 모여 그들 자신을 따뜻하게 유지하기 위해 노출되는 표면을 최소화해 주는 공 모양을 만든다. 마찬가지로 포식자의 기회를 최소화하고자 하는 소 떼나 물고기 떼의 구성원들은 서로 모여서 포식자가 공격할 수 있는 표면을 최소화하기 위해 원 모양의 집단을 만들 것이다.

추론 흐름
빈칸 앞에서 어린 새들과 동물들이 몸이 노출되는 표면을 최소화하도록 공 모양이 되게 서로 모여 몸을 따뜻하게 유지한다는 내용이 나오고, 뒤에서는 소 떼나 물고기 떼가 포식자로부터 공격받는 표면을 최소화하기 위해 둥글게 모여 위험으로부터 자신들을 보호한다는 유사한 내용이 이어지고 있으므로 Likewise가 적절하다.

선택지 해설
① → 어린 새들과 동물들이 둥글게 모이는 방법 외에 다른 것을 하는 것이 아니라 유사한 내용의 다른 동물의 예시가 나오므로 역접을 나타내는 Instead는 적절하지 않다.
② → 빈칸 앞은 보온을 위해 모인다는 내용이고 뒤는 안전을 위해 모인다는 내용이므로 환언으로 볼 수 없다.

어휘 **so as to-v** v하기 위해 / **herd** 떼, 무리 / **cattle** 《집합적》 소 / **school** 《물고기의》 떼 / **predator** 포식자 / **circular** 원 모양의

구문 **[1행~2행]** Groups of newborn birds and animals **gather** together **into** a ball, [**minimizing** exposed surface **so as to keep** themselves warm].
- 〈gather into〉: 모여서 ~ 모양을 만들다 (= gather oneself into)
- 〈so as to-v〉 (v하기 위해)는 '목적'을 나타내며 분사 minimizing을 수식하는 부사구이다.

[2행~5행] Likewise, the members of a herd of cattle or a school of fish [**seeking to** minimize the opportunities for predators] / will gather themselves into a circular group / to minimize the surface [**that** a predator can attack ●].
- a herd of cattle과 a school of fish는 or로 연결된 병렬구조로 앞의 전치사 of에 공통으로 걸려 있다.

POINT 10 두 개 빈칸추론

기출 Focus **1. ④**　　　　　　　　　　　　　　　　　　　　　　　　　　　　　p.67

소재 서로 다름을 이해하고 존중하는 것
해석 다른 사람들을, 심지어 우리가 가장 많이 사랑하는 사람들조차도, 비판하는 습관에 빠지기는 쉽다. 우리는 누군가가 먹는 방법이나 그들이 말하는 방식을 비판한다. 우리는 세부사항들에 집중하고 우리의 것과 다른 작은 습관들의 흠을 잡는다. 하지만 우리가 집중하는 것은 (A) 커지는 경향이 있다. 만약 우리가 작은 차이에 계속 집중하면, 그것은 우리의 마음속에서 계속 커져서 마침내 우리는 그것을 큰 문제로 인식하게 될 것이다. 당신은 정말로 모든 사람이 정확히 당신처럼 보이고, 행동하고, 생각하는 세상에서 살고 싶은가? 그곳은 아주 지루한 장소가 될 것이다. 더 행복하고 더 평화로운 삶을 살기 위해서는 우리 사회의 풍요로움이 그것의 (B) 다양성에서 나온다는 것을 알려고 노력하라. 당신 주변에 있는 사람들에게서 비판할 것들을 찾기보다는 그들의 차이점을 존중하는 게 어떻겠는가?

추론 흐름
빈칸 (A)에는 우리가 집중하는 것이 '어떠한' 경향이 있는지가 들어가야 한다. 문장이 But으로 시작하므로 그 이후 내용을 살펴보면, 작은 차이에 계속 집중하면 마음속에서 계속 커질 것이라고 했다. 따라서 (A)에 들어갈 말은 '커지는' 것임을 알 수 있다. 빈칸 (B)는 사회의 풍요로움이 '무엇'에서 나온다는 것인지를 찾아야 하는데, 앞부분에서 모든 사람이 똑같이 행동하면 지루한 장소가 될 것이라고 했고 뒷부분에서는 차이점을 존중하라고 했으므로 (B)에 들어갈 적절한 말은 '다양성'이다.

선택지 해설
(A)
①, ② 사라지는 → 계속 커진다고 했으므로 정답과 반대되는 개념.
③ 남아있는 → 커지는 것이지 그대로인 것이 아니다.

(B)
① 보안 → 본문 단어(peaceful)에서 연상할 수 있는 오답.
③, ⑤ 단순함 → 정답과 반대되는 개념.

어휘 **find fault with** ~의 흠을 잡다 / **perceive** 인지하다 *cf.* **perception** 지각, 인식 〈선택지 어휘〉 **security** 보안; 안전 *cf.* **secure** 안전한; 확보하다; 지키다 (= protect) *cf.* **securely** 안전하게; 단단히, 꽉 (= tightly) / **diversity** 다양성 *cf.* **diverse** 다양한 (= varied); 다른 (= different) / **simplicity** 단순함 (→ complexity 복잡함)

구문 **[1행]** **It** is easy **to fall** into the habit of criticizing others, **even** *those* [(whom) we love ● most].
　　　　　　가주어　　　　　진주어

● even 이하는 others에 대한 부연 설명의 어구이며, 선행사 those를 수식하는 관계사절로 목적격 관계대명사 whom이 생략되어 있다.

[6행~7행] Do you really want to live in *a world* [**where** everyone looks, acts, and thinks exactly **as** you **do**]?

● where 이하는 a world를 수식하는 관계부사절이다.
● 여기서 as는 '~처럼'의 의미이다.
● do는 look, act, and think를 대신한다.

Basic Training **1.** ⑤ **2.** ③ **3.** ⑤ **4.** ②

1. ⑤
p.68

소재 변화 없이 계속 안정된 상태의 문제점

해석 정말로, 사람들을 약간 혼란스럽게 하는 것은 이로운데, 그것은 당신에게도 좋고 그들에게도 좋다. 예를 들어 15년간 매일 정확히 6시에 귀가하는, 굉장히 시간을 잘 지키는 누군가를 상상해 보라. 당신은 그의 도착을 이용하여 당신의 시계를 맞출 수 있다. 그 사람은 만약 그가 겨우 몇 분만이라도 늦으면 가족에게 걱정을 끼칠 것이다. 약간 더 예측할 수 없는 일정, 이를테면 30분의 변수를 가진 누군가는 그렇지(걱정을 끼치지) 않을 것이다.

추론 흐름

빈칸 문장 앞 내용에서 시간을 매우 정확하게 지키는 사람이 조금이라도 늦게 되면 가족에게 걱정을 끼친다고 했고, 빈칸 문장에서는 좀 더 '어떠한' 일정을 가진 사람은 그렇지 않다고 했으므로, 정확한 일정의 반대 의미가 되는 '예측할 수 없는' 일정이 가장 적절하다.

선택지 해설

① 제한된
② 긴급한
③ 일관된
④ 안정된
③, ④ → 빈칸 정답과는 반대되는 개념.

어휘 **beneficial** 유익한, 이로운 (= profitable) / **punctual** 시간을 엄수하는 *cf.* **punctuality** 시간 엄수; 정확함 / **barely** 겨우; 거의 ~ 아니다 (= scarcely, rarely, seldom) / **say** (예를 들거나 가능성을 제시할 때) 이를테면 / **variation** 변수 *cf.* **vary** 다양하다, 다르다; 달리 하다 〈선택지 어휘〉 **urgent** 긴급한 *cf.* **urgency** 긴급(한 일) / **settled** 안정된

구문 **[2행~3행]** For example, imagine *someone* [extremely punctual] [**who** comes home at exactly six o'clock every

day for fifteen years].
● 2개의 [ ]는 각각 someone을 수식하는 형용사구와 주격 관계대명사절이다.

[4행~5행] The fellow will **cause** his family anxiety / if he is **barely** a few minutes late.
　　　　　　　　　　　 V　　　A(IO)　 B(DO)
● 〈cause A B〉: A에게 B를 초래하다
● barely는 부정부사(거의 ~ 아니다)로 쓰이기도 하지만 여기서는 '겨우'의 의미로 사용되었다.

[5행~6행] *Someone* **with** a slightly more unpredictable schedule, with, say, a half-hour variation, won't **do so**.
　　　　　　　　　　　　　　　　　　 A　　　　　　　　　　　　　　　　　　　　　 B
● with ~ variation은 Someone을 수식하는 전명구이다.
● B는 A를 부연 설명한 어구.
● do so는 앞문장의 cause his family anxiety를 대신한다.

2. ③

소재 변화 없이 계속 안정된 상태의 문제점

해석 안정성은 경제에 좋지 않은데, 회사들은 실패 없이 오랜 기간 꾸준히 성공하는 동안에 아주 쇠약해지고, 숨은 취약성이 표면 아래에서 조용히 축적되므로, 위기를 지연시키는 것은 그다지 좋은 생각이 아니다. 마찬가지로 시장에서의 '성쇠'의 부재는 숨은 위험들이 소리 없이 축적되게 한다. 회사가 시장의 충격적 경험 없이 지내는 게 오래될수록, 진짜 위기가 발생할 때 피해는 더 심해진다.

추론 흐름 시장에서의 '성쇠'의 '무엇'이 숨은 위험을 소리 없이 축적시키는지 찾아야 한다. 빈칸 문장에 Likewise가 있으므로 유사한 내용이 서술되어 있을 빈칸 문장 앞을 살펴보면, 회사가 오랜 기간 성공하면 약해지게 되고 숨겨진 취약점들이 축적된다고 했으므로, 계속 성공만 하는 건 좋지 않다는 것을 알 수 있다. 따라서 성쇠의 '부재'가 숨은 위험들을 축적되게 함을 추론할 수 있다.

선택지 해설
① 빈도
② 기대
④ 지속
⑤ 경험
④, ⑤ → '성쇠'의 지속과 '성쇠'의 경험은 성쇠가 있다는 것이므로 정답과 반대되는 내용.

어휘 **stability** 안정성 *cf.* **stable** 안정된, 차분한 (↔ unstable 불안정한) / **accumulate** 축적되다 *cf.* **accumulation** 축적(물) / **trauma** 트라우마, 충격적 경험 *cf.* **traumatic** 대단히 충격적인 〈선택지 어휘〉 **absence** 결석, 결근, 부재 / **duration** 지속 (기간)

구문 **[1행~3행]** Stability is not good for the economy: firms become very weak during long periods of steady success <u>A</u>

without failure, [and] hidden vulnerabilities accumulate silently under the surface — so **delaying**
<u>B</u>

crises is not a very good idea.
- 콜론(:) 이하에 있는 병렬구조의 A and B는 앞 내용에 대한 부연 설명.
- delaying crises는 주어로 사용된 동명사구이다.

3. ⑤

소재 아시아 공산품 수입이 미국에 미치는 영향

해석 미국은 막대한 양의 아시아 공산품을 소비하는데, 이것은 소비자들에게 저렴한 제품을 제공함으로써 미국을 전반적으로 이롭게 한다. 동시에 이러한 무역 양상은 (미국) 국내 산업을 약화시킴으로써 미국의 특정한 경제 부문과 지역을 황폐화시킨다. 소비자들을 이롭게 하는 것이 동시에 실업률을 증가시키고 임금을 감소시킬 수 있어서 미국 내에 복잡한 정치 문제를 만들어 낸다.

추론 흐름 빈칸 문장의 this trade pattern은 아시아의 값싼 공산품을 들여와 미국 내 소비자들을 이롭게 하는 것을 말한다. 그러나 빈칸 뒤의 내용은 이것이 미국의 국내 산업을 약화시켜 특정 경제 부문과 지역을 '어떠하게' 한다는 것으로, 소비자를 이롭게 하는 것이 실업률을 증가시키고 임금의 감소를 불러온다는 빈칸 문장 뒤의 내용 또한 종합하면, 문맥상 '황폐화시킨다'가 가장 적절함을 알 수 있다.

선택지 해설
① 풍성하게 한다
② 후원한다
③ 변형시킨다
④ 강화한다
①, ②, ④ → 빈칸에 들어갈 정답과 반대되는 개념.

어휘 **massive** 거대한 / **undermine** 약화시키다 / **domestic** 국내의; 가정의 / **simultaneously** 동시에 〈선택지 어휘〉 **nourish** 영양분을 공급하다; 풍성하게 하다 *cf.* **nourishment** 영양분 / **devastate** 황폐화시키다 *cf.* **devastation** 황폐하게 함, 파괴

구문 **[4행~6행]** **What benefits consumers** can simultaneously increase unemployment and decrease wages, **creating** complex political issues within the United States.
- What benefits consumers는 선행사를 포함하는 관계사절로 이 문장의 주어이다.
- creating 이하는 주절 내용의 결과를 나타내는 분사구문이다.

4. ②

소재 아시아 공산품 수입이 미국에 미치는 영향

해석 미국의 특징 중 하나는 자국 내 정치적 문제에 지나치게 민감한 경향이 있다는 것이다. 그러므로 아시아와의 무역의 전반적인 이익에 관계없이, 미국은 결국 자국 내 정치적 문제가 아시아 수입품을 향한 미국의 정책을 어쩔 수 없이 바꾸게 하는 상황에 처할 수도 있을 것이다. 그러한 가능성은 아시아의 이익에

추론 흐름 빈칸에는 미국 내의 정치적 문제가 아시아 수입품에 대한 정책을 어쩔 수 없이 '어떻게' 되게 하여 아시아의 이익에 심각한 위협이 되게 하는지가 들어가야 한다. 국내 정치에 지나치게 민감한 것이 미국의 특징이라고 했으므로 아시아 수입품에 대한 정책을 '바꾸게' 하여 아시아의 이익에 위협을 줄 가능성을 추론할 수 있다.

대한 심각한 위협을 나타낸다.

① 유지하게
③ 왜곡하게
④ 강화하게
⑤ 개발하게
①, ④, ⑤ ➜ 빈칸 정답과 반대되는 개념.

어휘 **oversensitive** 지나치게 민감한 / **end up in** 결국 ~에 처하게 되다 〈선택지 어휘〉 **distort** 비틀다; 왜곡하다 / **enhance** 높이다, 강화하다 *cf.* **enhancement** 향상

구문 **[1행~2행]** **One** [**of** the characteristics of the United States] **is** that it tends to be oversensitive to domestic
S   V   (= the United States)   C
political concerns.
● 〈one of + 복수명사〉는 '~ 중의 하나'의 뜻으로 이것이 주어로 사용될 때는 단수 취급한다는 사실에 유의해야 한다.

[2행~5행] Therefore, regardless of the overall benefits of trade with Asia, the United States could end up in *a*
situation [where domestic political considerations **force** it **to change** its policy toward Asian imports].
● 〈force A to-v〉: A에게 v하도록 강요하다, A가 어쩔 수 없이 v하게 하다

실전 적용문제 4   1. ③ 2. ① 3. ④ 4. ① 5. ②

1. ③

p.70

소재 국제 킬로그램 표준기의 한계

해석 과학자들이 국제 킬로그램 표준기라고 불리는 질량 덩어리를 만들어 약 40개의 이 킬로그램 표준기를 다른 국가들에게 분배했을 때, 그들은 먼지가 킬로그램 표준기의 표면에 들러붙을 수 있다는 것을 깨달았다. 이 영향을 만회해 보려고, 그들은 덩어리들을 원기둥 형태로 만들었는데, 그것들은 먼지가 달라붙는 표면적을 더 적게 가진다. (A) 그럼에도 불구하고, 기본적인 질량 단위는 표면 오염으로부터 수십 마이크로그램의 질량을 얻었다. 숙련된 기술자가 알코올로 그 원기둥을 문질러 닦겠지만, 모든 나라가 그들의 킬로그램을 다르게, 그리고 다른 때에 닦기 때문에, 세계의 각 킬로그램은 미지의 양에 의해 약간씩 다르다. (B) 그 결과 이 질량 표준기 중 하나를 가지고 있는 각 나라는 약간씩 서로 다른 킬로그램 정의를 갖고 있는데, 이것은 아주 정확한 무게 측정을 필요로 하는 과학 실험이나 무게에 의해 매우 제한되는 물품들의 국제 무역에 문제를 초래할 수 있다.

추론 흐름 (A)의 앞은 표준기 표면이 먼지로 덮이지 않게 하기 위해 원기둥 형태로 만들었다는 내용이고, (A) 뒤는 표면이 오염되어 수십 마이크로그램의 질량이 늘었다는 내용으로, 형태를 바꾸었음에도 불구하고 오염을 완전히 막을 수 없었다는 사실을 알 수 있다. 따라서 (A)에는 Nevertheless가 적절하다. (B)의 앞은 나라마다 표준기를 닦아내는 방법과 시기가 다르다는 말이 나오고 (B) 뒤는 나라마다 킬로그램에 대해 서로 약간 다른 정의를 가지게 된다고 했으므로 이는 앞 내용과 인과관계를 이루고 있음을 알 수 있다. 따라서 적절한 연결어는 As a result이다.

①, ② ➜ (A)의 앞뒤는 같은 맥락의 첨가관계가 아니므로 적절치 않음.
④ ➜ (B) Likewise는 인과관계가 아닌 앞 내용과의 비교를 이끈다.

어휘 **piece** 한 부분, 조각; 한 덩어리, 일정량 / **mass** 질량; 덩어리 / **prototype** 원형, 표준 / **stick to** ~에 들러붙다; ~을 고수하다 / **acquire** 얻다 / **dust and dirt** 먼지 / **skilled** 숙련된 / **technician** 기술자 / **precise** 정확한 *cf.* **precisely** 정확히; 꼼꼼하게 / **restrict** 제한하다

구문 **[10행~13행]** As a result, *each country* [that has one of these standard masses] has a slightly different definition
S   V   O
of the kilogram, which could cause problems for *science experiments* [that require very precise
weight measurements] or *international trade* [in *items* [that are highly restricted by weight]].

2. ①

소재 선행 사건에 따라 다르게 인지되는 대조 원리

해석 인간의 인지에는 차례대로 제시되는 두 가지 사이의 차이를 분간하는 방법에 영향을 미치는 (A) 대조 원리가 있다. 예를 들어 정신물리학 실험실의 각각의 학생은 하나는 차갑고 하나는 실온이고 하나는 뜨거운 세 개의 물 양동이 앞에 교대로 앉는다. 한 손은 찬물에 한 손은 뜨거운 물에 넣은 후에, 학생은 양손을 미지근한 물에 동시에 넣으라는 말을 듣는다. 그때 놀라운 어떤 일이 벌어진다. 비록 양손이 동일한 양동이에 있을지라도, 찬물에 있었던 손은 마치 그것이 지금 뜨거운 물에 있는 것처럼 느끼는 반면, 뜨거운 물에 있던 것은 마치 그것이 찬물에 있는 것처럼 느낀다. 핵심은, 동일한 것이 그것에 (B) 선행하는 사건의 성질에 따라 아주 달라 보이게 만들어질 수 있다는 것이다.

추론 흐름

(A)가 속한 문장에서 '어떤' 원리가 차례로 제시되는 두 가지 사이의 차이를 분간하는 방식에 영향을 미친다고 하였는데, 이어지는 예시에서 각기 다른 온도의 물에 손 한쪽씩을 넣었다가 상온의 물에 동시에 넣는 실험을 통해 동일 환경에 있는 양쪽 손이 이전에 있던 환경에 따라 서로 다르게 인식된다는 결과를 비교하고 있으므로 빈칸에 들어갈 말은 '대조'임을 알 수 있다. (B)는 앞의 실험에서 처음에 각각의 손을 어떤 온도의 물에 넣었느냐에 따라 동일 온도에 양손을 넣을 경우 각각의 손이 느끼는 온도에 차이가 난다는 것으로 보아 '선행하는' 사건의 성질에 따라 동일한 사건도 매우 달라 보일 수 있다는 것을 알 수 있다.

선택지 해설

(A)

③, ④ 유사성 ➔ 빈칸 정답과 반대되는 개념.

⑤ 일관성 ➔ 글의 흐름상 무관.

(B)

②, ④ 뒤따르는 ➔ 뒤이은 사건이 아니라 선행하는 사건에 따라 달라 보이는 것.

⑤ 유발하는 ➔ 글의 흐름상 무관.

어휘 **perception** 인지 *cf.* **perceive** 인지하다 / **psychophysics** 정신물리학 *cf.* **psychology** 심리학 *cf.* **physics** 물리학 / **bucket** 양동이 / **room temperature** 실온 〈선택지 어휘〉 **precede** 선행하다, 앞서 있다 / **consistency** 일관성 *cf.* **consistent** 일관된; 변함없는 (↔ inconsistent 일관성 없는)

구문 [1행~3행] There is *a contrast principle* in human perception [**that** affects *the way* [(*that*[*in which*]) we see the difference between *two things* [**that** are presented one after another]]].

3. ④

p.72

소재 일을 미루는 사람들의 두 가지 유형

해석 두 가지 유형의 미루는 사람이 인식되어 왔는데, 낙관적인 미루는 사람과 비관적인 미루는 사람이다. 낙관적인 미루는 사람은 그들이 작정한 일을 미루지만 그렇게 하는 것에 대해 걱정하지 않는다. 그들은 작정한 행동에의 참여를 지금 하든 나중에 하든 관계없이 그들이 결국 성공할 것임을 확신한다. (A) 게다가 그들은 그들의 진보와 성공 가능성을 과대평가하고 그들의 목표를 달성하는 데 필요로 되는 노력을 과소평가한다. 대조적으로, 비관적인 미루는 사람은 그들의 꾸물거림에 대해 정말로 걱정한다. 그들은 자신들이 일정에 뒤처져 있다는 사실을 알고 있다. 그럼에도 불구하고, 그들은 그 일을 처리하는 방법에 확신이 없기 때문에 여전히 미룬다. 그들은 무능력하게 느끼고 그 일에의 관여가 그들의 무능력함을 증명할까 봐 두려워한다. (B) 그러므로 그들은 불쾌한 경험을 피하기 위해 미룬다.

추론 흐름

(A)의 앞과 뒤는 모두 낙관적인 미루는 사람들의 특징이므로 첨가의 연결어 Moreover가 가장 적절하다. (B)의 앞은 비관적인 미루는 사람들이 일을 미루는 '이유'에 해당하고 뒤는 그로 인해 불쾌한 경험을 미룬다는 '결과'에 해당하므로 (B)에는 결과를 이끄는 Therefore가 적절하다.

선택지 해설

① ➔ (A)의 앞뒤는 상반되는 내용이 아님.

② ➔ (B)의 앞뒤는 화제 전환이 되는 것이 아님.

③ ➔ (B)의 앞뒤는 서로 유사한 다른 예를 보여주는 것이 아님.

⑤ ➔ (B)의 앞뒤는 상반되는 내용이 아님.

어휘 **engagement** 참여; 약혼; 고용 *cf.* **engage** 약속하다; 약혼시키다; (~에) 참여[관여]하다 / **procrastination** 꾸물거림 *cf.* **procrastinate** 미루다, 꾸물거리다 / **incompetent** 무능력한 *cf.* **incompetence** 무능력(함) / **involvement** 관여 *cf.* **involve** 수반하다; 관련시키다

구문 [5행~7행] Moreover, they **overestimate** their progress and *their chances* [to succeed] and **underestimate** *the effort* [needed to accomplish their goal].

● overestimate ~ succeed와 underestimate 이하가 and로 연결되어 주어 they에 공통으로 걸려 있는 병렬구조이다.

4. ①

p.72

소재 인류가 환경에 미치는 영향력

해석 인류가 환경에 초래하는 위험은 두 가지 요인의 결과로, 즉 사람들의 (A) 수와 각 사람의 환경적 영향이다. 지구상에 사람이 거의 없고 제한된 기술이 있었을 때, 인간의 영향은 주로 지엽적이었다. 그렇긴 해도, 사람들은 놀랍도록 오랜 시간 동안 환경에 영향을 미쳐 왔다. 그것은 땅을 개간하기 위한 불의 사용으로 시작되었고, 새로운 연구에 따르면 그것은 초기 문명에 의한 환경에의 커다란 영향으로 계속되었다고 한다. 예

추론 흐름

(A)에는 사람들의 '무엇'이 환경에 미치는 위험 요인인지가 들어가야 한다. 이어지는 내용에서 사람들이 거의 없던 때에는 영향이 지엽적이었다고 했으므로 사람의 '수'에 관련된 얘기임을 알 수 있다. (B)에는 많은 사람들과 강력한 기술이 환경에 미치는 우리의 영향을 '어떻게' 만들었는지가 들어가야 한다. 이어지는 마지막 문장에서 사람이 많을수록 환경이 악화되고, 환경이 악화될수록 사람이 적어질 수 있다고 했으므로, 우리가 지금 환경에 미치는 영향력이 '포괄적이라는' 것을 추론할 수 있다.

36 정답 및 해설

를 들어, 북미의 많은 지역이 미국 인디언들에 의해 변경되었는데, 그들은 다양한 이유로 불을 사용했고 미국 동부의 산림을 변형시켰다. 오늘날의 문제는 사람은 너무 많고 우리의 기술은 너무 강력하여 환경에 미치는 우리의 영향이 훨씬 더 (B) 포괄적이라는 것이다. 이것은 부정적인 순환을 초래하여, 사람들이 많을수록 환경은 악화되고, 환경이 악화될수록 사람들은 적어지게 할 수 있다.

선택지 해설

(A)

③ 지식 → 본문 단어(technology, use of fire 등)에서 연상되는 오답.

④, ⑤ 움직임 → 빈칸 문장에 넣었을 때 그럴듯해 보이나 본문에 근거 없음.

(B)

② 제한되어 있다는 → 빈칸 정답과 반대되는 개념.

③ 긍정적이라는 → 오히려 부정적이라고 보는 게 더 적절하다.

④ 우연적이라는 → 오히려 인간이 환경에 영향을 미친 과정을 체계적으로 설명하고 있음.

⑤ 과장되어 있다는

어휘　**pose** (문제 등을) 제기하다; 자세 / **primarily** 최초로; 주로 (= chiefly, mainly, mostly) / **local** 지역[국소]적인; 지방의 / **even so** 그렇긴 해도 / **civilization** 문명 / **modify** 변경하다 〈선택지 어휘〉 **global** 세계적인, 지구상의; 포괄적인, 전체적인 / **accidental** 우연한, 돌발적인 / **exaggerate** 과장하다 (= magnify, overstate) *cf.* **exaggeration** 과장

구문　**[9행~11행]**　The problem now is that there are **so** many people and our technologies are **so** powerful **that** our
　　　　　　　　　　　　　　　　　　　A　　　　　　　　　　　　　　　B
effects on the environment are **even** more global.

● 〈so ~ that ...〉 (너무 ~해서 …하다) 구문이 사용됨.

● even은 비교급을 강조 수식하는 말로 '훨씬'의 의미이다.

[11행~13행]　This could cause **a negative cycle** — the more people, the worse the environment; the worse the
　　　　　　　　　　　　　　　　　　　　　　　　　　　　　　　　　A
environment, the fewer people.
　　　　　　　　　　　B

● 대시(—) 이하의 A와 B는 a negative cycle의 구체적인 내용.

5. ②

p.73

소재　아리스토텔레스가 생각하는 진정한 행복

해석　"한 마리의 제비가 여름을 만들지는 않는다." 당신은 이 어구가 윌리엄 셰익스피어나 또 다른 위대한 시인에게서 생겨났다고 생각할지도 모른다. 그것은 마치 그럴 것처럼 보인다. (A) 사실 그것은 아리스토텔레스의 책인 〈니코마코스 윤리학〉에서 나왔다. 그가 하려던 주장은 여름이 왔음을 증명하는 데는 한 마리 제비의 등장 이상의 것이 필요한 것처럼 몇몇 순간의 즐거움이 진정한 행복이 되는 것은 아니라는 것이었다. 아리스토텔레스에게 있어서의 행복은 단기적인 즐거움의 문제가 아니었다. 놀랍게도 그는 아이들은 행복할 수 없다고 믿었다. 이것은 터무니없게 들린다. 하지만 그것은 그의 행복관이 우리의 것과 얼마나 달랐는지를 보여준다. 아이들은 그저 그들의 삶을 시작하고 있을 뿐이라서 어느 모로 보나 완전한 삶을 살아오지 않았다. (B) 간단히 말해, 그의 관점에서 진정한 행복은 더 오랜 삶을 필요로 했다.

추론 흐름

"한 마리의 제비가 여름을 만들지는 않는다."는 어구의 출처에 대해서 (A)의 앞은 '통념', 뒤는 '사실'을 말하고 있으므로 (A)에는 앞 내용과 상반되는 내용을 강조하는 '사실은'이라는 뜻의 In fact가 적절하다. (B)가 포함된 문장의 in his view는 아리스토텔레스의 행복에 대한 관점을 지칭하는데, (B)의 앞에서 아리스토텔레스는 아이들은 이제 막 삶을 시작한 것이므로 행복할 수 없다고 하였고, (B)의 뒤에서는 이러한 아리스토텔레스의 관점을 다른 말로 결론지어 표현하고 있으므로 요약, 결론의 In short가 적절하다.

선택지 해설

① → (B) 이하는 앞 내용에 대한 결론이므로 역접의 의미인 Instead는 부적절.

③, ④ → (A)의 앞뒤는 상반되므로 For example은 부적절.

⑤ → (A)의 앞뒤는 인과관계가 아니므로 오답.

어휘　**swallow** 삼키다; 제비 / **appearance** 등장; 외모 / **add up to A** 결국 A가 되다 / **absurd** 터무니없는 (= ridiculous) [참고] **absorb** 흡수하다; (사람을) 열중하게 하다

구문　**[3행~6행]**　*The point* [(which[that])] he was making ●] was that **just as it takes** more than the appearance of
one swallow **to prove** that summer has arrived, **so** a few moments of pleasure don't add up to true
happiness.

● 〈just as ~, so ...〉: 꼭 ~인 것처럼, 그렇게 …하다

● 〈It takes A to-v〉: v하는 데 A가 걸리다. A를 필요로 하다

실전 모의고사 1회   1. ② 2. ④ 3. ③ 4. ① 5. ④ 6. ⑤

1. ②
p.78

소재 우선순위 지키기

해석 당신의 우선순위를 보호하라. 일단 무엇이 당신에게 개인적으로 중요한지를 알고 있다면, 경계선을 그음으로써 그것을 보호하라. 예를 들어, 만일 마음의 평화가 우선순위라면, 오후 9시 후나 오전 9시 전에는 더는 전화를 받지 않는다는 규칙을 정해라. 이것은 자동으로 평화로운 가정환경을 만들도록 도와줄 것이다. 만일 당신의 직업적인 삶과 개인적 삶 간의 균형을 유지하는 것이 중요하다면, 주말에 더는 그 어떤 업무도 하지 않겠다고 결정하라. 내 의뢰인 조디는, 신체적 건강이 최우선순위여서, 더는 그 어떤 것도 그녀가 매일 하는 운동을 방해하도록 두지 않는다. 그녀는 하루 중 그녀에게 가장 적합한 시간을 찾았고 업무를 그 외의 시간으로 계획함으로써 이 시간을 보호해 왔다. 이것이 반드시 쉽지는 않을 것임을 알지만, 만일 어떤 것이 진정으로 우선순위라면, 당신은 그것을 그런 만큼 대해야만 한다.

추론 흐름
빈칸 문장으로 보아 개인적으로 중요한 우선순위를 '어떻게' 보호해야 하는지를 찾아야 한다. 빈칸 문장 뒤에 연결어 For example이 나오므로 예시의 내용에서 빈칸 단서를 얻을 수 있다. 예시에서 언급된 마음의 평화, 개인적인 삶과 운동을 위한 시간은 '우선순위'에 해당하며, 이를 보호하기 위해 '일정한 시간을 정해 놓고' 그 어떤 것도 그것을 방해하지 않도록 하라는 것은 '경계선을 그음'으로써 우선순위를 보호하라는 것을 의미한다.

선택지 해설
① 당신의 계획을 숨김
③ 예외를 허용함 → 우선순위 이외의 것은 절대 허용하지 말라는 본문의 내용과 정반대되는 내용.
④ 협력을 구함 → 중요한 것을 보호하는 방법으로 그럴듯하나, 본문에 언급된 바 없음.
⑤ 정해진 일과를 만들어냄 → 본문에 등장한 어구(set up a rule, scheduling work 등)로 연상할 수 있으나 빈칸과는 무관함.

어휘 **priority** 우선순위(의 것), 우선권 / **whereby** (그것에 의하여) ~하는 / **conduct** 행하다; 지휘하다; (열·전기를) 전도하다 *cf.* **conductor** 안내원; 지휘자 / **get in the way of** ~을 방해하다 / **as such** 그런 만큼 〈선택지 어휘〉 **boundary** 경계(선) / **exception** 예외 *cf.* **exceptional** 예외적인; 출중한 / **cooperation** 협력 / **routine** (판에 박힌) 일상, 일과

구문 **[4행]** This will automatically **help create** a peaceful home environment.
● 동사 help는 바로 뒤에 동사원형이나 to부정사를 취해 '~하도록 도와주다'의 의미를 나타낸다.

[6행~7행] My client Jody, / **whose** physical health is a top priority, / no longer **lets** anything **get** in the way of
S ... V O OC
her daily exercise.
● 소유격 관계대명사 whose가 이끄는 관계사절은 삽입절로 주어를 부연 설명하고 있다.
● 사역동사 let이 목적격보어로 동사원형(get)을 취하고 있다.

2. ④
p.78

소재 정보를 접할 수 있는 다양한 매체

해석 이 세상에서, 우리나라에서, 우리 지역에서, 혹은 심지어 우리 동네에서 일어난 일에 대한 정보는 우리에게 수많은 방식으로 다가온다. 글을 읽을 수 있는 사람들은 그들의 소식을 신문으로부터 얻을지도 모른다. 하지만 세상의 많은 사람들이 문맹이기 때문에, 어떤 사람들은 연장자나 이웃에게 의존한다. 세상의 신문들은 많은 면에서 유사하다. 대부분이 정부의 혹은 신문 출판업자들의 견해를 세싱하는 사실들을 포함하고 있다. 잡지는 일부 사람들이 소식을 얻는 또 하나의 방법이다. 잡지는 더 길고 일반적으로 주마다 나온다. 라디오와 텔레비전은 뉴스를 신문과 잡지보다 더 빠르게 만들어 내는 2개의 다른 소식통이고, 그것들은 읽을 필요가 없다. 라디오와 텔레비전 방송국은 뉴스를 하루에 여러 번 방송한다.

추론 흐름
빈칸 문장과 선택지를 통해 빈칸은 정보가 '어떠하다'라는 서술에 해당함을 알 수 있다. 빈칸 문장 이후 내용에서 신문, 사람, 잡지, 라디오, 텔레비전과 같이 정보를 접할 수 있는 다양한 매체가 나오고 있으므로 정보는 '우리에게 수많은 방식으로 다가온다'는 것을 추론할 수 있다.

선택지 해설
① 네트워크로 퍼져나간다
② 우리의 관심을 요구한다
①, ② → 정보의 속성으로 그럴듯하나 본문에 근거 없음.
③ 다양한 방식으로 기능한다
⑤ 우리의 생각에 각기 다르게 영향을 미친다
③, ⑤ → 본문에 다양한 것이 나열되어서 various나 differently가 연상되기는 하지만 정보의 기능이나 영향에 대해서는 언급된 바 없음.

어휘　**illiterate** 문맹의 (↔ literate 글을 읽고 쓸 줄 아는) / **rely on** ~에 의존하다 (= depend on, count on) / **editorial** 사설 / **typically** 일반적으로 / **get out** ~을 만들어 내다; 나가다; 도망치다 / **station** 역; 방송국 / **broadcast** 방송하다; 널리 알리다 *cf.* **broadcasting** 방송

구문　**[1행~2행]**　*Information* [**about what** has happened in the world, in our country, in our area, or even in our town]
　　　S
comes to us in many ways.
　V
　　　● 전치사 about의 목적어로 what절이 사용되었다.

[5행~6행]　Most include *editorials* [that give *the opinions* [of the government or of the newspaper's publishers]].
　　　　S　V　　　O

[6행~7행]　Magazines are *another way* [**that** some people get the news].
　　　　S　V　　C
　　　● that은 관계부사로 in the way를 대신하는 in which로 바꿔 쓸 수 있다.

3. ③ p.79

소재　사회 집단의 감정 강화

해석　심리학자들은 사회 집단이 감정을 강화시키는 힘을 오랫동안 알고 있었지만, 그들은 이것을 경의보다는 오히려 의혹을 품고 바라보는 경향을 보여 왔다. 19세기 말에 글을 쓰면서, 프랑스 심리학자 구스타브 르봉은 사람들이 어떻게 군중의 열정에 휩쓸릴 수 있는지에 대해 말했다. 보다 최근에는 심리학자들이 히틀러와 무솔리니 같은 악명 높은 인물들은 부분적으로 '군중 심리'를 이용함으로써 통제권을 이뤘고 유지했다고 제시해 왔는데, 그 속에서는 집단의 감성이 개인의 이성적인 목소리를 압도한다. 집단 감성은 강력한 힘이 될 수 있지만, 대부분 지식인들은 이 힘을 유용한 것이라기보다는 오히려 위험한 것으로 간주해 왔다.

추론 흐름　빈칸 문장으로 보아 심리학자들이 사회 집단의 '어떤' 힘을 알고 있었는지를 찾아야 한다. 빈칸 문장에 이어서 심리학자들의 말이 구체적으로 제시되고 있는데, 그들은 사람들이 군중의 열정에 휩쓸리고 집단의 감성이 개인의 이성을 압도한다고 하였다. 그러므로 사회 집단의 힘은 '감정을 강화시키는' 것임을 알 수 있다.

선택지 해설
① 기발한 생각들을 이끌어내는
② 정보를 퍼뜨리는
④ 수행을 향상시키는
⑤ 민주주의를 발전시키는
①, ②, ④, ⑤ → 사회 집단의 힘으로 그럴듯하나 본문에 근거 없음.

어휘　**psychologist** 심리학자 / **suspicion** 의심, 불신 / **admiration** 감탄, 존경 / **sweep away** ~을 휩쓸어버리다 / **propose** (설명 등을) 제시하다; 제안하다 / **notorious** 악명 높은 / **figure** 인물; 숫자 / **group mind** 군중 심리 / **collective** 집단의, 단체의 / **overwhelm** 압도하다 〈선택지 어휘〉 **further** 발전시키다

구문　**[5행~8행]**　More recently, psychologists **have proposed** // that notorious figures such as Hitler and Mussolini / **achieved** and **maintained** control in part / by taking advantage of *a "group mind,"* / **in which** collective emotion overwhelms the individual voice of reason.
　　● propose가 '제안하다'로 쓰여 '당위'를 뜻하는 that절을 목적어로 취할 때는 that절에 〈(should)+동사원형〉을 쓰지만, 여기서는 '제시하다'의 의미이고 that절이 '당위'가 아니라 사실을 있는 그대로 말하는 것이므로 achieved, maintained처럼 시제에 맞는 동사 형태가 온다.
　　● in which 이하는 선행사 a "group mind"를 부연 설명하는 〈전치사+관계대명사〉절로 in which는 관계부사 where로 바꿔 쓸 수 있다.

4. ① p.80

소재　눈 깜박임의 의미

해석　눈을 깜박이는 것은 눈의 적절한 기능과 보호를 위해 필요한 행동이며 정말로 당연한 것으로 여겨진다. 신체적 환경과 조명 및 기타 요인들에 따라, 우리는 일반적으로 평균 5~6초마다 약 1번씩 눈을 깜빡인다. 그런데 흥미로운 것은 눈 깜박임이 또한 우리가 경험하고 있는 정신적 스트레스의 양과 관련이 있다고 발견됐다는 것과, 스트레스 상황에서의 눈 깜박임 속도는 뇌가 정보를 얼마나 빨리 처리하고 있는지와 일치하는 것으로 보인다는 것이다. 눈 깜박임 속도의 증가는 그 사람이 빠르게 생각하고 있다는 것을 암시한다. 그 사람은 그 어떤 이유에서인지 스스로를 준비시키면서 자신의 생각을 빠르게 만들어내고 평가하고 있으며, 이것은 그가 정신적 스트레스 수준에서 변화를 겪고 있을지도 모른다는 좋은 신호이다.

추론 흐름　눈 깜박임 속도의 증가가 '무엇'을 암시하는지 찾아야 한다. 눈 깜박임 속도가 뇌가 정보를 얼마나 빨리 처리하는지와 일치한다고 했고, 눈을 빠르게 깜박일 때 그 사람은 스스로를 준비시키면서 자신의 생각을 빠르게 만들어내고 평가한다고 했으므로 빈칸에는 '빠르게 생각하고 있다'가 적절하다.

선택지 해설
② 이야기를 지어내고 있다
③ 특정 비타민이 부족하다
②, ③ → 눈 깜박임 속도 증가가 의미하는 바로 상식적으로 생각할 수 있으나 본문에 근거 없음.
④ 낮은 스트레스 레벨을 지니고 있다 → 본문 단어(stress)를 이용한 오답.
⑤ 창의성이 결여되어 있다 → 본문 단어(creating)를 이용한 오답.

5. ④

p.80

소재 환경 문제에 대한 세계적 통제의 어려움

해석 전 세계의 문제이기 때문에, 에너지 소비와 기후 변화를 다루는 일은 세계적 규모의 통치를 필요로 한다. 그것은 모든 사람을 위한 정책을 좌우할 능력과 그것을 집행할 힘을 가진 단일의 정부 단체를 의미하는 것이 아니다. 그것은 바로 지역 결정권자들이 세계적인 견해를 전개시키기 위해 노력해야만 한다는 것을 의미한다. 문제는 효과적인 지역 정책조차도 한계가 있을 수 있으며, 국제적인 협력에 심각한 장애물이 있을지도 모른다는 것이다. 태양 복사를 줄이기 위해 화학물질을 사용하는 것은 이론상으로 한 나라만이나 혹은 오직 몇 몇 나라들에 의해서 행해질 수 있다. 하지만 만일 이것이 이 프로젝트에 가담하지 않는 나라들의 농작물을 위한 햇빛을 차단한다면, 다른 정부들은 이것을 적대적인 행위로 여길지도 모른다. 그런 점에서, 그러한 구상은 아마도 탄소 거래와 배기가스 허용 기준만큼 정치적으로 복잡하다는 것이 드러날 것이다.

추론 흐름
빈칸 문장이 The problem is that으로 시작하므로 빈칸에 들어갈 문제점이 '무엇'인지 찾아야 한다. 뒤에 이어지는 내용에서 태양 복사를 줄이기 위해 화학물질을 사용할 경우 나라 간에 생길 수 있는 문제점이 제시되고 있으므로 이를 근거로 에너지 소비 및 기후 변화를 다루는 일에 관한 '국제적인 협력에 심각한 장애물'이 있을지도 모른다는 것을 추론할 수 있다.

선택지 해설
① 세계적인 문제점들에 요구되는 추가적인 노력 → 본문 단어(global problem)에서 연상 가능한 오답.
② 지역 에너지 문제를 해결할 방법의 부재 → 본문 단어(local, energy)를 이용한 오답.
③ 지역의 조치를 통제하는 조직 → 본문 단어(governance, local)를 이용한 오답.
⑤ 정치적 효율성에 있어서의 놀라운 진보 → 본문 단어(policy, politically)를 이용한 오답.

어휘 **consumption** 소비 *cf.* **consume** 소비하다 (= expend); 먹다; 마시다 / **governance** 통치, 관리 / **capacity** 수용력; 능력 / **dictate** 받아쓰게 하다; 좌우하다 / **enforce** 집행하다; 강요하다 / **only go so far** 한계가 있다 / **radiation** 방사(능); 복사열 《열이나 전자기파가 사방으로 방출됨. 또는 그 열이나 전자기파》 / **in principle** 이론상으로 / **be involved in** ~에 가담하다 있다 / **regard A as B** A를 B로 여기다 / **hostile** 적대적인 (↔ hospitable 환대하는, 친절한) / **in that respect** 그런 점에서 / **emissions limit** 배기가스 허용 기준 〈선택지 어휘〉 **cooperation** 협력 / **advance** 진보; 나아가다 (= progress) 어구 **in advance** 앞서, 미리, 사전에

구문 **[2행~4행]** That doesn't mean (*that*) *a single body of government* [with *the capacity* [**to dictate** policy for everyone] and *the power* [**to enforce** it]].
(= policy for everyone)
● to dictate ~ everyone과 to enforce it은 형용사적 역할의 to부정사구이다.

[4행] It **does mean** that local decision makers have to try to develop a global view.
S   V   O
● does는 동사 mean을 강조한 표현으로 '정말로, 바로'의 의미이다.

6. ⑤

p.81

소재 차가운 물을 마시는 것의 장점

해석 연구들에 따르면 당신이 하루 동안 20~30분 간격으로 적은 양의 찬물을 마시면 당신의 전반적인 건강과 병에 대한 저항력을 향상시킨다고 한다. (A) 게다가, 당신은 에너지 수준을 높게 유지해 주는 강력하고 분명하며 계속적인 신호를 당신의 신체에 제공한다. 콜로라도 스프링스 시에 있는 노틸러스 스포츠 의학 회사의 연구 감독인 다든 박사는 "아주 차가운 물 1갤런을 심부 체온인 섭씨 37도까지 데우기 위해서는 200칼로리 이상의 열에너지가 필요합니다."라고 말한다. (B) 그러므로, 당신의 신체는 아주 차가운 물을 따뜻하게 하기 위해 많은 에너지를 소비하며, 이것은 당신을 기민하고 활동적인 상태에 있도록 유지시켜 준다. 아직 하나의 과학적인 사실인 것은 아니지만, 이것은 당신이 실온 상태의 물보다는 아주 차가운 물을 마심으로써 훨씬 더 에너지 충만한 상태에 있게 됨을 시사한다.

추론 흐름
(A) 앞에서 찬물을 마시는 것에 대한 장점이 나오고 (A) 뒤에도 앞 내용과 연결되어 이것이 에너지 수준을 높게 유지해 주는 신호를 제공한다는 또 다른 긍정적인 면이 언급되고 있으므로 첨가를 나타내는 In addition이 적절하다. (B)의 앞에서 차가운 물을 따뜻하게 하기 위해 필요한 열에너지가 어느 정도인지 구체적인 수치가 언급되고, (B) 뒤에서는 신체가 차가운 물을 데우기 위해 많은 에너지를 소비하게 된다는 것과 그러한 것은 당신을 기민하고 활동적인 상태로 유지시킨다는 '결과'가 언급되므로 Therefore가 적절하다.

선택지 해설
①, ② → (A)의 앞뒤 내용의 흐름이 반전되지 않으므로 However는 부적절.
④ → (B)의 앞뒤가 유사한 서로 다른 경우를 보여주는 것이 아니라 인과관계이므로 Similarly는 부적절.

어휘 **demonstrate** 입증하다, 보여주다; 시위에 참여하다 *cf.* **demonstration** (시범을 통한) 설명; 시위 / **chilled** 냉장한; 아주 차가운 / **throughout** ~ 동안 내내 / **resistance** 저항력 / **continual** 계속적인 / **elevated** 높은 / **core** 중심; 핵심 / **alert** 기민한, 재빠른 / **state** 상태; 주(州); 나라; 언급하다 / **energized** 에너지가 충만한 / **room temperature** 실온

구문 **[7행~8행]** Therefore, / your body expends a lot of energy / **to warm** ice-cold water, // and this **keeps** you
V   O
in an alert and active state.
OC

○ to warm ~ water는 부사적 역할의 to부정사구로 목적을 나타낸다.

○ ⟨keep + O + OC(전명구)⟩: ~을 …의 상태에 있게 유지하다

[8행~10행] **While** it is not yet a scientific fact, // this suggests / that you get **even** more energized by drinking ice-cold water than water at room temperature.

○ 이때의 While은 '~이지만'의 의미로 주절 내용과 대조되는 내용에 사용됨.

○ even은 비교급을 강조 수식하는 말로 '훨씬'의 의미이며 much, far, still, a lot 등으로 바꿔 쓸 수 있다.

실전 모의고사 2회   1. ② 2. ④ 3. ④ 4. ② 5. ② 6. ⑤

1. ②
p.84

소재 감각을 자극하는 것의 이점

해석 당신은 영화관 하면 무슨 향기가 가장 많이 연상되는가? 그것은 팝콘이다. 시카고의 한 영화관 소유주가 영화 시작 예정시간 30분 전에 자신의 영화관 안쪽에서부터 인도 쪽으로 팝콘 냄새를 풍기기로 결정했다. 나중에 그가 나에게 말하기를 그 멋진 냄새가 그로 하여금 대략 몇 분 만에 좌석을 채우도록 도왔다고 한다. 솔직히 말하자면, 팝콘의 독특한 향기나 바삭거리는 콘플레이크의 질감과 소리는 그 실제 제품이나 그것의 질과 거의 관계가 없다. 그렇지만 이러한 요소들이 이러한 제품들과의 우리의 관계에서 중심적인 역할을 하게 되었다. <u>우리의 감각에 영향을 미치는 것은 우리가 하나의 제품을 다음 제품과 구별하도록 도와줄 뿐만 아니라, 우리가 결정을 내리는 과정들의 일부분이 되기도 하여, 우리의 장기적인 기억의 일부가 된다.</u>

추론 흐름 '무엇'이 한 제품을 다른 제품과 구별하는 것을 도와주고 의사 결정에 영향을 주는지 찾아야 한다. 앞 예시에서 팝콘 향기가 영화관 좌석을 채우는 데 도움이 되었다고 했고, 이런 팝콘 향기나 콘플레이크의 질감, 소리와 같은 요소들이 제품과의 우리의 관계에서 중심적인 역할을 하게 되었다고 했으므로 향기, 질감, 소리를 포괄적으로 표현하면 '우리의 감각에 영향을 미치는 것'이 된다.

선택지 해설
① 구매 결정 → 결정 과정에의 영향에 관한 내용이므로 어색함.
③ 상품을 홍보하는 것
④ 반복적 노출 → 장기 기억의 일부가 되는 것과 연관되지만 본문에 근거 없음.
⑤ 고객의 마음을 읽는 것 → 빈칸 뒤 나머지 내용과 잘 연결되긴 하지만 본문에 근거 없음.

어휘 **aroma** 향기 / **associate A with B** A를 B와 연관 짓다 / **distinctive** 독특한 *cf.* **distinction** 차이: 특징 / **fragrance** 향기 **참고** aroma, perfume 향기 / **scent** 일반적인 냄새 / **odor, stink** 악취 / **texture** 질감 / **crunch** 바삭거리다. 오도독거리다 / **have little to do with** ~와 거의 관계가 없다 / **component** 요소, 부품 / **play a core role in** ~에서 중심적인 역할을 하다 / **differentiate** 구별하다 (= distinguish)

구문 **[5행~6행]** To be honest, // the distinctive fragrance of popcorn ⟨or⟩ the texture and sound of crunching
<u>cornflakes</u> **has** little to do with the actual product or its quality.
V

○ 주어인 the distinctive ~ popcorn과 the texture ~ cornflakes가 or로 연결되어 병렬구조를 이루고 있으며 동사는 has이다.

[8행~10행] Something affecting our senses **not only** helps us differentiate one product from the next, **but also**
A
becomes part of our decision-making processes, / **becoming** part of our long-term memories.
B

○ ⟨not only A but also B⟩는 'A뿐만 아니라 B도'의 의미로 A, B 자리에 동사구가 위치한 경우이다.

○ becoming 이하는 주절의 결과를 부연 설명하는 분사구문이다.

2. ④
p.84

소재 운동선수의 마음가짐과 근육 상태

해석 대회 중에, 효과적인 선수들은 그들의 근육 작용과 신체적 기술에 대해 잊어야만 하고 잊을 것이다. 그들은 자신의 운동 기억을 믿는다. 운동 기억은 만일 부정적인 생각으로부터의 간섭이 없다면 운동선수의 근육을 다스린다. 만일 부정적인 생각들이 정말로 마음속으로 들어온다면, 근육들은 긴장하여 자연적인 유동성을 잃게 될 것이다. 운동선수들은 <u>근육들을 가만히 놔두는</u> 것을 배워야만 한다! 근육들은 그것들이 해야 하는 것을 하는 방법을 배워 왔고, 운동선수의 마음이 방해하지 않을 때 최고의

추론 흐름 빈칸을 추론하기 위해서는 운동선수들이 '어떠한' 것을 배워야 하는지를 찾아야 한다. 이어지는 내용에서 근육은 마음이 방해하지 않을 때 최고의 상태에 있게 된다고 했고, 앞 내용에서도 부정적인 생각들이 마음에 들어오면 근육이 긴장하게 된다고 했으므로 (부정적인 생각이나 마음의 방해 없이) '근육들을 가만히 놔두는' 것을 배워야 한다는 것이 빈칸에 적절하다.

선택지 해설
① 신체적 기술에 중점을 두는
② 성공하기 위해 고통을 참는
③ 부정적인 생각이 떠나가게 두는 → 본문 단어(negative thoughts)를 활용한 오답. 빈칸 뒤에서 역학과 기술을 생각하는 것도 경기력에 방해가 된다고 했으므로 부정적인 생각이 떠나가게

상태에 있게 된다. 그러나 운동선수들은 싸움할 때 역학과 기술을 생각하는 경향이 있다. 이것은 근본적으로 불에 기름을 붓는 것이다. 그들의 여유 있고 집중된 경기력이 불에 타 없어진다.

둔다는 것만으로는 전체 내용을 포괄하기 어려움.
⑤ 그들의 약점을 감수하는
②, ⑤ → 운동선수들이 배워야 할 요소들일 수 있으나 본문에 근거 없음.

어휘 **govern** 통치하다: 지배[통제]하다; 운영하다 / **interference** 간섭, 방해 *cf.* **interfere** 방해[간섭]하다 / **tighten up** 긴장하다; 조이다 / **fluidity** 유동성 / **be supposed to-v** v하기로 되어 있다. v해야 한다 / **at A's best** A의 최고 상태에 있는 / **dwell on** ~을 곰곰이 생각하다 / **mechanics** 역학 / **flame** 불길, 화염; 활활 타다 〈선택지 어휘〉 **endure** 참다 / **live with** ~을 받아들이다, 감수하다, 참고 견디다

구문 **[4행~5행]** If negative thoughts **do enter** the mind, the muscles will tighten up, **losing** their natural fluidity.
- do는 동사 enter를 강조한 것으로 '정말로'의 의미.
- losing 이하는 주절의 결과를 나타내는 부연 설명의 분사구문이다.

[5행~6행] Athletes must **be taught to** leave their muscles alone!
- 〈A is taught to-v〉는 'A가 v하는 법을 배우다'의 의미로 'A에게 v하는 법을 가르치다'의 의미인 〈teach A to-v〉를 수동태로 바꿔 쓴 것이다.

[6행~7행] The muscles have learned **how to do *what*** they're supposed to do, and they are at their best when the athlete's mind doesn't interfere.
- 〈how to-v〉: v하는 방법
- 선행사를 포함하는 관계대명사 what절은 do의 목적어이다.

3. ④

소재 우주여행의 비용이 많이 드는 이유
해석 날기 위해서 공기를 미는 비행기와 달리, 로켓은 폭발하는 연료를 뒤로 밀음으로써 동력을 얻는다. 그런데 화학 연료는 그램당 가장 많은 에너지를 내더라도 초당 1마일이 안 되게, 즉 낮은 지구 궤도를 유지하는 데 필요로 되는 초당 5마일보다 훨씬 더 적게 뒤로 발사된다. 그래서 가속이 느리다. 우주 왕복선은 궤도로 가는 위성 무게의 파운드당 30파운드의 연료를 사용해야 한다. 우주에 도달하는 것을 더 효율적으로 하기 위해, 미항공우주국(NASA)은 충분히 빠르게 갈 수 있는 비행기를 개발하려고 노력하고 있지만, 그러한 극초음속의 속도는 수년 후에나 있을 것 같다. 어떤 사람들은 거대한 엘리베이터가 더 효율적일지도 모른다고 생각하지만, 그러한 엘리베이터가 궤도 내에서 유지되기 위해서는 여전히 로켓이 필요할 것이다. 다시 말해, 우주여행의 비용이 많이 드는 것은 <u>로켓의 비효율성</u> 때문이다.

추론 흐름 우주여행의 비용이 많이 드는 것은 '무엇' 때문인지 찾아야 한다. 빈칸 문장에 환언의 연결어(In other words)가 있으므로, 앞에서 많은 비용을 초래하는 요인에 대해 언급한 부분을 찾아 단서로 활용할 수 있다. 로켓은 에너지 효율이 떨어져 가속이 낮고, 더 효율적인 것들은 아직 개발되지 않은 상태이므로, 이를 종합하면 우주여행의 비용이 많이 드는 것은 '로켓의 비효율성' 때문이라고 할 수 있다.

선택지 해설
① 연구의 어려움 → 미항공우주국(NASA)이 빠른 비행기를 개발하려고 노력하고 있다는 내용을 이용한 오답.
② 자원의 부족 → 본문 단어(fuel, energy)로 연상할 수 있는 오답.
③ 상대적으로 낮은 수요
⑤ 높은 전문화 정도
③, ⑤ → 우주여행의 높은 비용의 원인과 연관 지어 연상할 수 있는 오답.

어휘 **orbit** 궤도 / **acceleration** 가속: 가속도 *cf.* **accelerate** 속도를 높이다 / **space shuttle** 우주 왕복선 / **likely** 있을 것 같은 **어구** **be likely to-v** v할 것 같다 〈선택지 어휘〉 **scarcity** 부족, 결핍 / **relatively** 상대적으로 *cf.* **relative** 비교상의, 상대적인; (~와) 관련된; 친척 / **specialization** 전문화 *cf.* **specialize** 전문화하다; 전공하다

구문 **[2행~4행]** And chemical fuel at its highest energy per gram / shoots backward at less than one mile per second (A), much less than *the 5 miles per second* [**needed** to maintain a low Earth orbit] (B).
- B는 A에 대해 부연 설명하는 어구.
- needed 이하는 the 5 miles per second를 수식하는 과거분사구이다.

[6행~7행] To **make** reaching space more efficient, NASA is trying to develop *an airplane* [**that** could go fast enough], **but** such hypersonic speeds are likely many years away.
(V' make, O' reaching, OC' more efficient, A an airplane, B such hypersonic...)
- A, B의 절이 but으로 연결된 구조.
- 〈make + O + OC(형용사)〉는 '~을 …하게 하다[만들다]'의 의미.
- that ~ enough는 선행사 an airplane을 수식하는 주격 관계대명사절.

4. ② p.86

소재 현명한 갈등 해결 방법

해석 교제 중인 파트너들은 어떻게 갈등을 풀어야 하는가? '정정당당히 싸우는 것'이 유용할 수 있는 한 가지 생각이다. 무엇이 수반되는가? 대부분의 전문가들은 가능하면 커플들은 갈등을 해결하기 위해 <u>최상의 상태를 선택해야 한다</u>고 제안한다. 옛 격언인 "다툼이 있는 상태로 해가 지게 두지 말라"는 "화가 난 상태로 잠자리에 들지 말라"라는 의미인데, 현명한 조언이 아니다. 너무나 자주, 개인들은 피곤하거나 극심한 스트레스 하에 있을 때 싸움을 한다. 이런 상태에 처해 있을 때, 커플들은 부가된 문제들을 만들어 낼 수 있고, 혹은 흔히 일어나듯이 한 사람이 약간의 휴식을 취하기 위해 '포기'한다. '포기'와 '항복'의 개념은 싸움을 레슬링 경기의 수준에 둔다. 보통, 포기하는 사람은 분한 마음을 계속 지닌다. 정정당당히 싸우는 사람들은 타임아웃, 즉 그들 논쟁의 일시 중지를 선언하고 보다 더 긍정적인 상태에서 다시 시작할 수 있다.

추론 흐름

전문가들이 커플들에게 갈등을 해결하기 위해 '무엇'을 하라고 제안하는지를 찾아야 한다. 빈칸 문장 바로 뒤에 이어지는 옛 격언은 현명한 조언이 아니라고 했으므로 그 뒤의 내용에 주목한다. 피곤하거나 극심한 스트레스 하에서 논쟁을 이어갈 때는 부가적 문제들이 발생한다고 했고, 마지막 문장에서 정정당당히 싸우는 사람들은 논쟁을 일시 중지하고 보다 더 긍정적인 상태에서 다시 시작한다고 했으므로, 이를 달리 표현하면 갈등 해결을 위해 '최상의 상태를 선택해야 한다'는 제안이 되어야 한다.

선택지 해설

① 감정적으로 반응하는 것을 피해야 한다 ➡ 본문 단어(angry)에서 연상되는 오답.

③ 허심탄회한 대화를 나누도록 노력해야 한다

④ 진짜 문제가 무엇인지를 생각해 보아야 한다

③, ④ ➡ 빈칸에 넣었을 때 그럴듯하고 '갈등 해결'이라는 지문의 핵심 소재와 밀접해 보이지만 본문에 근거 없음.

⑤ 그 자리에서 논쟁을 결론지어야 한다 ➡ "다툼이 있는 상태로 해가 지게 두지 말라"는 격언과 유사한 내용으로, 본문에서 이 격언은 현명한 조언이 아니라고 했으므로 오답.

어휘 **give in** 항복[굴복]하다 / **be left with** ~이 남겨지다, ~을 계속 지니다 / **resentment** 분함, 분개 / **halt** 중지, 중단; 멈추다, 서다 / **resume** 다시 시작하다
〈선택지 어휘〉 **heart-to-heart** 허심탄회한, 솔직한; 마음을 터놓고 하는 대화

구문 **[2행~4행]** Most experts **suggest** that, if possible, couples *(should)* choose *the best conditions* [to resolve conflict].
- suggest와 같이 제안, 명령, 요구, 주장, 필요 등을 나타내는 동사에 이어지는 that절이 당위성을 나타낼 때에는 동사를 〈should+동사원형〉의 형태로 쓰는데 이때의 should는 생략 가능.

[4행~5행] The old saying "Don't let the sun set on a quarrel," **which** means "Don't go to bed angry," is not wise advice.
<u>S</u> <u>V</u>
- which는 선행사인 주어를 대신하며 which ~ bed angry는 주어를 부연 설명하고 있다.

[6행~7행] When *(they are)* in these conditions, // couples can create added problems, / or, as often happens, one person "gives up" in order to get some rest.
A
B
- 부사절의 주어가 주절의 주어와 동일할 경우 '주어 + be동사'는 종종 생략된다.
- 주절 A와 B가 접속사 or에 의해 연결되어 있다.

5. ② p.86

소재 영어로 된 연구 논문 비율이 부풀려진 것일 수도 있다는 가설

해석 현재 세계 연구 논문의 다수는 영어로 출판된다고 널리 여겨지고 있다. 하지만 그렇게 높은 영어의 비율이 출판을 위해 전 세계 연구원들에 의해 선택되는 언어에 대한 정확한 그림을 제공하는지는 명백하지 않다. 그 주된 어려움은 이 높은 비율들이 일반적으로 도출되는 데이터베이스들의 편향이다. 그 데이터베이스들은 주로 미국에 위치하고 있는 대형 서비스업체들에 의해 만들어진 것들이다. 그 결과, 이 서비스업체들은 영어로 쓰여 있는 논문들을 먼저 선택하는 경향을 보여 왔다. 정말로 그 어떤 아랍어 과학 저널도 1980년대 중반의 과학기술 논문 인용 색인(논문 찾는 사이트)에 일관되게 포함되어 있지 않았다. 우리는 이 논의로부터 연구 분야에서의 영어의 역할이 <u>상당히 부풀려져 있을지도 모른다</u>는 가설을 세울 수 있다.

추론 흐름

빈칸 문장의 내용은 지금까지 논한 것을 통해 연구 분야에 있어서의 영어의 역할이 '어떠하다'는 가설을 세울 수 있다는 것이다. 본문 첫 문장에서는 세계 연구 논문의 다수가 영어로 출판된다고 여겨진다는 통념이 소개되고 있다. 이러한 통념은 영어의 역할이 매우 중요하다는 것과 연결된다. 그러나 두 번째 문장에 역접의 연결어인 however가 쓰여 실제로는 그렇지 않음을 알 수 있다. 즉 그러한 통념이 나오게 된 근거가 되는 데이터베이스가 편향되었음을 설명하고 있다. 그러므로 빈칸에 들어갈 적절한 어구는 영어의 역할에 대한 통념을 부정하는 내용, 즉 그것이 '상당히 부풀려져 있을지도 모른다'는 것이다.

선택지 해설

① 금방 바뀔지도 모른다

③ 훨씬 더 중요해질 것이다

④ 과소평가되었음이 드러날 것이다

③, ④ ➡ 전 세계 연구 논문에 영어가 주로 쓰인다는 통념을 반박하는 글이므로 정답과 반대되는 내용.

⑤ 결과에 상당한 영향을 미친다

bias 편향, 편견 (= prejudice, preconception) / **derive** 끌어내다, 얻다 **be derived from** ~에서 비롯되다, 유래하다 / **be located in** ~에 위치해 있다 / **tend to-v** v하는 경향이 있다 / **preselect** 미리 선택하다 / **consistently** 끊임없이, 일관되게 *cf.* **consistent** 일관된 (↔ **inconsistent** 일관성 없는) / **hypothesize** 가설을 세우다 〈선택지 어휘〉 **considerably** 상당히 *cf.* **considerable** 상당한, 많은 / **inflate** 부풀리다 (↔ **deflate** 공기를 빼다; 수축시키다) / **underestimate** 과소평가하다 (↔ **overestimate** 과대평가하다) / **have an effect on** ~에 영향을 미치다 / **significant** 상당한 *cf.* **significantly** 상당히

[2행~4행] It is not obvious, however, **whether** such high percentages for English provide an accurate picture of

가주어   진주어

languages [selected for publication by researchers around the world].

● 접속사 whether는 '~인지 (아닌지)'의 의미.

[4행~5행] The main difficulty is *bias* [in *the databases* [**from which** these high percentages are typically derived ●]].

● ●는 의미상 from which가 들어가야 힐 자리를 표시한 것이다.

6. ⑤   **p.**87

몰두와 통증의 관계

한 흥미로운 연구 결과는 사람들이 주말과 그들이 공부나 일을 하고 있지 않을 때에 두통 및 요통 같은 신체적 증상들을 상당히 더 많이 하소연한다는 것이다. 암에 걸린 여성들의 통증조차도 그들이 친구들과 함께 있거나 어떤 일에 몰두하고 있을 때는 (A) 참을 수 있는데, 그들이 아무 할 일도 없이 혼자 있을 때는 악화된다. 분명히 정신적인 에너지가 어떤 명확한 업무에 소비되지 않으면 우리의 신체에서 무엇이 잘못돼 가고 있는지를 알아채기가 더 쉽다. 막상막하의 토너먼트 경기를 하고 있을 때 체스 선수들은 배고픔이나 두통을 알아채지 못하는 채로 몇 시간씩 있을 수 있고, 경기에 참가한 운동선수들은 경기가 끝날 때까지 통증과 피곤함을 무시할 수 있다. (B) 주의력이 집중될 때, 사소한 아픔과 통증은 의식 속에 새겨질 기회를 갖지 못한다.

(A) 앞의 연구 결과에서 사람들이 공부나 일을 하고 있지 않을 때 신체적인 불편함을 많이 호소한다고 했고, (A)가 속한 문장에서 암에 걸린 여성들이 할 일 없이 혼자 있을 때 통증이 악화된다고 했으므로 친구들과 있거나 어떤 일에 몰두 중일 때에는 통증을 '참을 수 있을' 것이다. (B) 앞의 체스 선수와 운동선수들이 배고픔 등을 무시할 수 있는 상황은 막상막하의 토너먼트나 경기 중이었으므로 '주의력'이 집중되는 때이다.

(A)

①, ② **치료되는데 →** 본문 단어(cancer)에서 연상되는 오답.

③ **심한데 →** 지문의 내용과 정반대인 오답.

(B)

① **통증 →** 주절의 내용과 연결해 보았을 때 말이 안 됨.

④ **치료 →** 빈칸 문장만 읽었을 때에는 그럴듯해 보이지만 본문에 언급 없음.

finding 연구[조사] 결과 / **be engaged in** ~에 몰두하다; ~에 종사하다 / **apparently** 듣재[보아] 하니; 분명히 *cf.* **apparent** 분명한 (= obvious); ~인 것처럼 보이는 / **psychic** 정신적인 / **be committed to A** A에 전념되다 / **definite** 명확한 (↔ **indefinite** 애매한) / **fatigue** 피곤함, 피로 / **register** 기록하다; 등록하다 *cf.* **registration** 등록; (출생·혼인 등의) 신고 / **consciousness** 의식, 자각 〈선택지 어휘〉 **bearable** 참을 수 있는 (= endurable) (↔ **unbearable** 견딜 수 없는)

[1행~3행] An interesting finding is // that people report significantly more physical symptoms, such as headaches and backaches, on weekends and at *times* [**when** they are not studying or working].

● when 이하는 times를 수식하는 관계부사절이다.

[3행~5행] Even **the pain of women with cancer** is bearable / when they **are** with friends ⎡or⎤ engaged in an

                                                      A   B

activity; // it gets worse when they are alone with nothing to do.

(= the pain)   (= women with cancer)

실전 모의고사 3회 1. ② 2. ③ 3. ② 4. ② 5. ⑤ 6. ④

1. ②
p.90

소재 열정을 따르는 삶

해석 당신의 열정을 따르려는 용기를 지니고, 만일 그것이 무엇인지 알지 못한다면 지구상에서의 당신의 존재에 대한 한 가지 이유가 그것을 찾는 것임을 깨달아라. 그것은 어떤 특별한 발표를 통해서나 신의 음성을 통해 당신에게 찾아오지는 않을 것이다. 당신 평생의 일은, 당신 평생의 일을 찾은 다음 그것을 추구하는 데 필요한 훈련과 헌신을 하는 것이다. 당신은 자신이 올바른 행로를 가고 있는지 혹은 올바른 일을 하고 있는지 어떻게 아는가? 그렇지 않을 때를 당신이 아는 것과 같은 방식인데, 즉 당신이 그것을 느끼는 것이다. 우리 각자는 저마다 탁월한 천직이 있고, 천직은 당신의 지문만큼 당신에게 독특하기 때문에, 어느 누구도 당신에게 그것이 무엇인지 말해 줄 수 없다. 당신을 살아 있고, 연결되어 있고, 자극되게 느끼도록 만들어 주는 것, 즉 당신에게 에너지를 주는 것에 주의를 기울여라. 그러면 당신은 성공 그 이상을 할 것이다. 당신은 승리를 거둘 것이다.

추론 흐름 빈칸 문장과 선택지를 통해 '어떤' 용기를 지녀야 하는지를 추론해야 한다는 것과 그것을 찾는 것이 우리가 지구상에 존재하는 이유, 즉 매우 중요한 것임을 알 수 있다. 이어지는 내용에서 평생의 일을 찾고 그것을 추구하는 데 필요한 훈련과 헌신을 하고, 자신에게 에너지를 주는 것에 주의를 기울이라고 했으므로, '당신의 열정을 따르려는' 용기를 지니라는 것임을 알 수 있다.

선택지 해설
① 미래를 직시하는
③ 당신의 최대 잠재력에 도달하려는
④ 당신의 내적 두려움과 싸우려는
①, ③, ④ → 모두 '용기'와 관련되어 빈칸에 적절하게 어울리지만 본문 내용과 관련 없음.
⑤ 당신의 현재 행로를 떠나려는 → 본문 단어(path)를 이용한 오답.

어휘 **existence** 존재 *cf.* **existing** 기존의; 현재 사용되는 / **announcement** 발표 [어구] **make an announcement** 알리다, 발표하다 / **discipline** 훈련; 자제; 학문 분야; 훈련하다; 징계하다 / **commitment** 약속; 헌신; 전념 / **call** 통화; 사명, 천직 / **greatness** 탁월함, 뛰어남 / **fingerprint** 지문 / **triumph** 승리, 정복; 승리를 거두다 〈선택지 어휘〉 **potential** 가능성이 있는, 잠재적인; 가능성, 잠재력 / **current** 현재의; 흐름 *cf.* **currency** 통화, 화폐; 유행

구문 [4행~5행] Your life's work **is** to find your life's work — and then to exercise *the discipline and commitment*
　　　　　　　　　　　　　　　　　A　　　　　　　　　　　　　　　　　　　　　　　　B
[*(which[that])* **it takes** ● **to pursue** it].
- A와 B는 is의 보어로 사용된 명사적 역할의 to부정사구이다.
- ●는 관계사절의 목적어 자리를 표시한 것이다.
- 〈it takes A to-v〉: v하는 데 A를 필요로 하다

[6행~8행] Each of us has a personal call to greatness — and because yours is **as** unique to you **as** your
fingerprint, no one can tell you what it is.
　　　　　　　　　S　　　V　 IO 　DO
- 〈as ~ as A〉는 'A만큼 ~한'의 의미인 비교구문이다.

2. ③
p.90

소재 운동을 시작할 때 흔히 하게 되는 실수

해석 운동하는 것에 관한 한, 가장 큰 실수 중 하나는 너무 빨리 너무 많은 것을 하려고 애쓰는 것이다. 만일 당신이 살을 빼서 건강해지기를 열망한다면, 당신은 아마도 즉시 시작하여 헬스클럽 회원권을 끊고, 킥복싱 반에 가기 시작하고, 근육을 강화해 주는 모든 기계를 사용하기 시작하고 싶을 것이다. 안타깝게도, 이러한 공격적인 태도는 부상, 쑤심, 포기와 같이 이로움보다 해를 더 많이 끼칠 수 있다. 너무 야심에 차는 것과 관련된 문제점들은 장점들보다 더 크다. 만일 당신이 그렇게 힘든 페이스를 유지하는 데 필요한 변화들에 대해 생각한다면, 당신은 자신을 실패를 위해 준비시키고 있는 것이다. 그렇다면 어떻게 이것을 피하는가? 보다 더 적게 해라. 적을수록 많다는 격언이 운동에 대해서도 적용된다. 그냥 천천히 시작해라, 그러면 당신은 조만간 단지 그것이 기분을 좋게 해서 더 많이 하고 있는 자신을 발견하게 될 것이다.

추론 흐름 빈칸 문장으로 보아 운동에 관한 '어떤' 실수를 말하는 것인지 찾아야 한다. 급하게 욕심내어 많은 운동을 하면 오히려 해를 끼칠 수 있다고 했고 마지막 문장에서는 천천히 시작하라고 조언하고 있으므로 운동을 할 때 저지를 수 있는 실수 중 하나는 '너무 빨리 너무 많은 것을 하려고 애쓰는 것'임을 알 수 있다.

선택지 해설
① 충분한 휴식을 취하지 않는 것
② 자신의 운동을 바꾸지 않는 것
④ 질보다 양에 집중하는 것
⑤ 다른 사람의 성공적인 프로그램을 따르는 것
①, ②, ④, ⑤ → 모두 운동에 관한 실수로 연상 가능한 행동들이지만 본문에 언급된 바 없음.

어휘 **when it comes to A** A에 관한 한 / **be eager to-v** 몹시 v하고 싶어 하다 / **fit** 맞다; 적합한; 건강한 / **strengthen** 강화하다 (↔ **weaken** 약화시키다) / **soreness** 쑤심, 아픔 / **ambitious** 야심에 찬, 의욕적인 / **outweigh** ~보다 더 크다 / **less-is-more** 적을수록 많다 / **hold true** 진실이다; 적용되다; (규칙·말이) 유효하다 〈선택지 어휘〉 **workout** (근력) 운동

구문 [2행~4행] If you are eager to lose weight and get fit, you probably want **to start** immediately, **get a gym**
　　　　　　　　　　　　　　　　　　　　　　　　　　　　　　　　　　　　A　　　　　　　　　B

membership, **start** going to a kickboxing class, | and | **begin** using all of the muscle-strengthening
_C   _D

machines.
- A ~ D는 접속사 and에 의해 to에 공통으로 연결된 병렬구조이다.

[9행~10행]   Just **start** slowly, **and** you will soon find yourself doing more just because it feels good.
- 〈명령문＋and〉는 '~해라, 그러면'의 의미이다.

3. ②
p.91

소재 패스트푸드점들의 현혹시키는 전략

해석 우리는 패스트푸드 식당에서 버거와 다양한 채소들이 마치 빵이 안에 있는 그 '엄청난' 양의 음식을 담을 수 없는 것처럼 빵 밖으로 삐져나와 있는 크기로 되어 있는 것을 종종 발견한다. 유사하게, 봉지들과 상자들은 윗부분에서 뻗어 나와서 감자튀김으로 넘쳐나고 있는 것 같아 보인다. 맥도날드의 큰 감자튀김 상자 내부는 구부러져 있고, 이것은 몇 페니 가치의 감자를 제거한다. 정말로, 감자튀김에는 엄청난 이윤 폭이 있다. 버거킹에서는 감자튀김이 원가의 400%에 팔리고 있다고 보도되고 있다! 유사하게, 버거킹의 음료는 원가의 600%에 팔린다. 이것은 부분적으로 사람들이 실제로 그런 것보다 더 많은 음료를 얻는다는 인상을 만들어 내기 위해 사용되는 그 모든 얼음 때문이다. 따라서 사실상 소비자의 생각은 틀린 것이며, <u>적은 비용으로 많은 음식을 얻는 것은 종종 실제라기보다는 오히려 착각이다.</u>

추론 흐름

빈칸 문장이 Thus로 시작되는 결과·결론에 해당하므로 우선적으로 앞에서 언급되었을 '원인·이유'를 통해 결과 또는 결론을 추론해 본다. 감자튀김의 경우와 유사하게, 음료도 원가보다 훨씬 비싼 값에 팔고 있고 얼음을 많이 넣어 실제보다 더 많은 양의 음료를 산다는 인상을 준다는 것이 '원인'에 해당한다. 그 결과, 소비자의 생각은 틀린 것이 되며, 적은 비용으로 많은 음식을 얻는 것은 '종종 실제라기보다는 오히려 착각'이 된다.

선택지 해설

① 그들의 돈을 낭비하는 것이다 → 원가보다 훨씬 비싸게 판다는 점에서 연상할 수 있으나 앞 내용(적은 비용으로 많은 음식을 얻는 것)과 연결해 보면 어색함.

③ 그들의 건강을 심각하게 손상시킬 수 있다 → 패스트푸드가 건강에 안 좋다는 상식으로 만든 오답.

④ 가게에 빠른 수익을 가져다줄 수 있다

⑤ 당신이 더 많이 소비하게 하려는 회사의 속임수이다

④, ⑤ → 빈칸은 소비자의 입장에서 나올 수 있는 결론이어야 하는데, 판매자의 입장과 관련된 내용이므로 오답.

어휘   **size** 크기, 치수; 어떤 크기로 만들다 / **stick out of** ~ 밖으로 삐져나오다 / **tremendous** 엄청난 (= huge, enormous) / **profit margin** 이윤 폭; 이익률 / **be due to A** A 때문이다 / **in part** 부분적으로 〈선택지 어휘〉 **illusion** 오해, 착각; 환상 / **return** 돌아오다; 반환(하다); 수익

구문 **[8행~9행]** This is due, in part, to *all the ice* [(*which is*) **used to** create **the impression that** people get more of

a drink than they actually do].
- 〈be used to-v〉: v하는 데 사용되다
- 참고로 〈be used to + (동)명사〉는 '~에 익숙하다'의 의미.

4. ②
p.92

소재 관계를 손상시키는 가치 강요

해석 많은 사람들이 실제로는 상대방의 공간을 침해하고 있음에도 그들이 더 나은 관계를 형성하기 위해 노력하고 있다고 생각한다. 건설적인 비평과 자신의 가치를 상대방에게 강요하려는 시도 사이에는 미세한 선이 있다. 다른 사람의 가치에 영향을 미치려고 노력하는 것은 이따금 적절하지만, 자신의 가치를 다른 사람에게, 심지어 자신의 자녀들에게조차도, 강요하려고 노력하는 것은 결코 적절하지 않다고 생각한다. 그것은 그들의 공간에 침입하는 것이고 내 눈에는 그들의 정신에 대한 공격이다. 그러므로 나는 우리 아이들의 학교 성적이나, 아이들의 친구, 아이들이 교회에 가는지 아닌지 등과 같은 문제들에 관해 직접적인 메시지를 사용하지 않는다. 어떤 사람이 자신의 가치를 다른 사람에게 강요하려고 노력할 때, 그것은 관계를 손상시키는 경향이 있다.

추론 흐름

빈칸 문장을 통해 사람들이 더 나은 관계를 형성하고 있다고 생각하지만 실제로는 그 반대가 되는 '어떤' 행동을 하고 있는 것인지를 찾아야 한다. 이어지는 내용에서 타인에게 자신의 가치를 강요하는 것은 그들의 공간을 침입하는 것이라고 했고 마지막 문장에서도 그러한 강요는 관계를 손상시키는 경향이 있다고 했으므로 빈칸에 들어갈 말은 '상대방의 공간을 침해하고'이다.

선택지 해설

① 다른 사람들에 대해 험담하고

③ 다른 사람들에게 간접적인 메시지를 사용하고 → 본문 어구(use direct messages)를 이용한 오답.

④ 서로를 비판하지 않으려고 노력하고 → 본문 단어(criticism)를 이용한 오답.

⑤ 상대방과 시간을 보내지 않고

①, ⑤ → 부정적 의미가 들어가는 것은 맞으나 본문 내용과 관련 없음.

어휘   **fine** 좋은; 우수한; 미세한; 벌금 / **constructive** 건설적인 *cf.* **construct** 건설하다; (이론 등을) 구성하다 / **criticism** 비평 *cf.* **critic** 비평가 *cf.* **critical** 비평(가)의; 비판적인; (병이) 위독한; 결정적인, 중요한 / **impose** 강요하다; 부과하다 / **at times** 이따금 / **invade** 침입하다 / **regarding** ~에 관하여 (= in[with] regard to, considering, about) / **companion** 친구, 벗 / **tend to-v** v하는 경향이 있다

구문 **[4행~6행]** While **it** is appropriate at times **to try** to influence another person's values, // I believe *(that)* **it** is
                  _{가주어}   _{진주어}   _{가주어}

never appropriate **to try** to impose one's values on another person — even one's children.
                    _{진주어}

[6행] That **is invading** their space and **is**, in my eyes, an attack on their spirit.
V₁ C₁ V₂ C₂

● 여기서 invading은 동명사로 '~을 침입하는 것'의 의미.

5. ⑤

소재 같이 일하는 사람들의 중요성

해석 일은 사실 상당히 지루하지만 당신은 여전히 일하러 가는 것을 좋아하는 직업을 가져본 적이 있는가? 만약 당신이 그런 종류의 직업을 가져본 적이 있다면, 당신의 즐거움은 개인적 차원에서 발견되었다는 것이 거의 확실한 사실이다. 당신이 언젠가 갖게 될 거의 모든 직업은 이런저런 정도로 당신을 사람들로 둘러쌀 것이다. 좋은 직업도 만약 당신이 어려운 사람들이나 같이 있기 그저 불편한 사람들에게 둘러싸이면 황폐해질 수 있고, 평범하고 그다지 흥미롭지 않은 직업도 만약 당신이 즐기는 사람들과 함께 일한다면 재미있을 수 있다. 꿈의 직업을 찾는 것은 당신이 아주 하고 싶어 하는 것을 발견하는 것 이상을 수반하는데, 그것은 또한 당신이 어떤 종류의 사람들과 같이 일하는 것을 즐기는지를 찾는 것을 의미한다.

추론 흐름

빈칸 문장의 it은 '꿈의 직업을 찾는 것'을 의미한다. 즉 꿈의 직업을 찾는 것이 당신이 아주 하고 싶어 하는 것을 발견하는 것 외에 또한 '무엇'을 의미하는지 찾아야 한다. 앞에서 좋은 직업이나 흥미롭지 않은 직업이나 주변 사람들에 따라 다르게 느껴질 수 있다고 했으므로, 꿈의 직업을 찾는 것에는 '당신이 어떤 종류의 사람들과 같이 일하는 것을 즐기는지를 찾는 것'도 포함되어 있을 것이다.

선택지 해설

① 인내심을 더 갖는 것을 배우는 것
② 당신이 다른 사람들을 위해 할 수 있는 것을 깨닫는 것
③ 당신 인생의 종착지가 무엇이 될지를 알아내는 것 ➔ 꿈의 직업이 의미하는 바를 찾는 빈칸 내용으로 그럴듯하나 본문에 근거 없음.
④ 다른 사람들을 개별적인 인간으로 이해하는 것
②, ④ ➔ 본문 전체에서 반복되는 단어(people)를 이용한 오답.

어휘 **surround A with B** A를 B로 둘러싸다 / **to one degree or another** 이런저런 정도로 / **ruin** 망치다, 황폐화시키다; 붕괴; 《주로 복수형》 폐허, 유적 〈선택지 어휘〉 **destination** 종착지, 목적지

구문 **[1행~2행]** Have you ever had *a job* [**where** your work was actually quite boring but you still liked going to work]?
A B

● where 이하는 추상적인 공간을 나타내는 a job을 선행사로 하는 관계부사절이다.

[4행~7행] A good job can be ruined / if you're surrounded by difficult people or *people* [*(whom)* you just aren't comfortable with ●], // and an ordinary, not-so-interesting job can be fun / if you work with *people* [*(whom)* you enjoy ●].

[7행~8행] **Finding a dream job** involves more than discovering what you love to do; **it** also means finding what
S V O S' V
kinds of people you enjoy working with.
O'

● it은 주절의 주어 Finding a dream job을 대신하는 대명사이다.

6. ④
p.93

소재 분명한 메시지 전달의 중요성

해석 버나드 오거스틴 디 보토(미국의 소설가 겸 비평가)가 언젠가 "마음은 그것만의 논리를 갖고 있지만 종종 다른 사람들에게 그 논리에 관한 정보를 주지 않는다."라고 말했다. (A) 안타깝게도 이것은 많은 화자들에게 적용된다. 그러므로 청자들이 종종 완전한 혼란에 빠져 앉아 있는 채로 남겨져 있는 것은 그리 놀랄 일이 아니다. 모든 메시지는 시작, 중간, 결말을 필요로 한다. 그리고 그 구조를 청자에게 전달하는 것은 발표자로서의 당신의 일이다. 당신의 자료를 체계화하는 데 가장 좋은 방법을 찾는 일에 대해 걱정하지 마라. 가장 좋은 방법이라는 것은 없기 때문에 그것은 시간 낭비이다. (B) 대신에 당신은 많은 좋은 방법들을 발견하게 될 것이다. 그저 당신의 화법 스타일과 자료에 맞는 것이라면 무엇이든지 선택해라. 하지만 당신이 무슨 구성 방식을 사용하더라도, 그것은 반드시 청중에게 분명해야 한다.

추론 흐름

(A)의 앞은 마음이 그것만의 논리를 가지고 있으나 종종 다른 사람들에게 그것에 관한 정보를 주지 않는다는 비판적인 내용이고 (A) 뒤는 이것이 많은 화자들에게 적용되어 청자들이 혼란에 빠지게 된다고 했으므로 흐름상 부정적 내용을 이끄는 Unfortunately가 알맞다. (B)의 앞에서는 자료를 체계화하는 가장 좋은 방법(best way)은 없다고 했는데 (B) 뒤에는 많은 좋은 방법들(lots of good ways)을 발견할 것이라고 했으므로 Instead가 적절하다.

선택지 해설

②, ③ ➔ (A) 앞뒤, 즉 마음은 다른 사람들에게 그것만의 논리에 관한 정보를 주지 않기 때문에 많은 화자들에게 적용된다는 것은 인과관계로 보기는 어려우므로 Accordingly는 부적절.
⑤ ➔ (B) 앞뒤, 즉 가장 좋은 방법을 찾을 수 없어서, 그 결과 많은 좋은 방법들을 발견한다는 것은 인과관계가 성립할 수 없으므로 As a result는 부적절.

어휘 **logic** 논리; 논리학 / **let A in on B** A에게 B에 관한 정보를 주다 / **be true of** ~에게 적용되다 / **wonder** 놀라다; 궁금해하다; 놀랄 일 참고 **wander** 돌아다니다, 헤매다 / **absolute** 절대적인, 완전한 (↔ relative 상대적인) / **confusion** 혼란, 혼동 / **presenter** 발표자 / **convey** 전하다, 전달하다 / **format** 구성 방식, 포맷; 포맷[서식]을 만들다 〈선택지 어휘〉 **conversely** 반대로, 역으로 (= on the contrary) / **in short** 간단히 말해서 (= to sum up) / **accordingly** 따라서

[1행~2행] Bernard Augustine de Voto once said, "The mind has **its own logic** but does not often let **others** in on **it**."

- others는 다른 사람들을 의미하고, it은 its own logic을 대신하고 있다.

[8행] But **no matter what** format you use, / make sure (that) it's clear to the audience.

- no matter what은 《(양보) 무엇이[을] ~하더라도》의 의미로, 여기서 what은 형용사적 용법으로 format을 꾸며 '무슨 구성 방식을 사용하더라도'로 해석된다. no matter what은 부사절을 이끄는 whatever로 바꿔 쓸 수 있다.

실전 모의고사 4회   1. ③ 2. ① 3. ② 4. ④ 5. ④ 6. ⑤

1. ③ p.96

소재 사람마다 다른 신체적 적정 거리

해석 당신이 사람들을 처음 만날 때 신체적 거리를 관찰하는 것은 중요하다. 그것은 그들이 당신에 대해 어떻게 생각하는지를 드러내 준다. 개인적으로, 내가 누군가를 처음 만날 때, 나는 일반적으로 앞으로 숙이고, 그 사람에게 진심 어린 악수를 청하고 나서 한 걸음 물러난다. 세 가지 반응 중 하나가 가능한데, (a)는 그 사람이 그 자리에 그대로 있는 경우로, 이것은 그 사람이 그만큼의 거리에서 편안하다는 것을 내게 알려주는 것이고, (b)는 그 사람이 한 걸음 물러나는 경우로, 이것은 그 사람이 더 넓은 공간을 원하거나 다른 곳에 있고 싶다는 것을 내게 알려주는 것이며, (c)는 그 사람이 실제로 내게 한 걸음 더 가까이 오는 경우로, 이것은 그들이 나에게 편안함을 느낀다는 의미이다. 이것은 그 어떤 사교 환경에서도 유용한 정보이지만 또한 공간에 관한 한 무엇이 '당신'을 편안하게 하는지도 깊이 생각해 보라.

추론 흐름 사람들을 처음 만날 때 '무엇'을 관찰하는 것이 중요하다는 것인지를 찾아야 한다. 빈칸 문장 뒤에 이어지는 예시에서 필자와 악수한 상대방이 유지하는 '거리'에 따라 편안함을 느끼는 정도에 대한 다른 해석이 나온다. 그러므로 사람들을 만날 때 '신체적 거리'를 관찰하는 것이 중요한 것이다.

선택지 해설
① 눈 마주침
② 몸짓 언어
④ 효과적인 듣기
⑤ 첫 모습
①, ②, ④, ⑤ → 모두 상식적으로 그럴듯해 보이나, 본문의 예시 내용과 관련 없음.

어휘 **typically** 일반적으로; 전형적으로 / **lean in** 앞으로 숙이다 / **hearty** 진심 어린 / **in place** 제자리에 (있는) / **elsewhere** 어딘가 다른 곳에 / **setting** 환경 / **when it comes to A** A에 관한 한 〈선택지 어휘〉 **initial** 처음의, 초기의 (↔ final 마지막의)

구문 **[4행~8행]** One of **three responses** is likely: (a) <u>the person will remain in place</u>, **which** lets me know *(that)* he
A
or she is comfortable at that distance; (b) <u>the individual will take a step back</u>, **which** lets me know
B
(that) he or she wants more space or wants to be elsewhere; [or] (c) <u>the person will actually take a</u>
<u>step closer to me</u>, **which** means *(that)* they feel comfortable with me.
C

- three responses의 구체적인 내용은 콜론(:) 이하의 A ~ C.
- 각각의 which 이하는 앞 문장의 내용을 부연 설명하는 주격 관계대명사절이다.

[8행~9행] This is useful information in any social setting, // but also **consider** / **what** makes *you* comfortable /
V　　　　　　　　　O
when it comes to space.

- consider 이하는 명령문이며, what 이하는 간접의문문으로 consider의 목적어이다.

2. ① p.96

소재 호랑이의 공격을 피하기 위한 인도 부족의 전략

해석 인간은 대개 호랑이의 식사 메뉴에 올라가 있지 않지만, 그렇다고 사람이 이따금 잡아먹히는 일이 일어나지 않는 것은 아니다. 굶주린 호랑이는 언제나 더 재빠른 동물보다는 오히려 인간을 뒤쫓아서 잡아먹을 것이다. 그것이 인도의 어느 부족이 자신들을 호랑이가 많은 지역에서 보호하는 손쉬운 한 가지 방법을 내놓은 이유다. 호랑이는 먹잇감을 뒤에서 사냥하고 공격하기 때문에, 그 부족 사람들은 만약 그들이 머리 뒤에 가면을 쓰면, 뒤가 없는 것처럼 보일 거라고 추론했다. 많은 부족민들은 아직도 이 속임수가 효과가 있다고

추론 흐름 빈칸 문장의 these people은 호랑이로부터 자신을 보호하는 방법을 내놓은 인도의 부족민들을 말한다. 이들의 방법이 뒤에서 공격하는 호랑이의 습성을 이용해 머리 뒤에 가면을 써서 호랑이가 보기에 뒤가 없는 것처럼 하는 것이라고 했으므로, 결론적으로 이들에게 요구되는 것은 '두 얼굴인 것'이다. '두 얼굴을 하다'라는 말은 원래 '한 사람이 좋고 나쁜 양면을 가졌다'는 뜻으로 쓰이지만, 여기서는 가면을 써서 얼굴이 두 개라는 의미이다.

믿는다. 그들은 호랑이가 처음에는 그들을 따라올지 몰라도, 이내 가면에 혼란스러워지고 심지어는 그것을 무서워하게 되어 결국 도망쳐 버린다고 얘기한다. 분명히, 이 사람들에게는 **두 얼굴인 것이** 허용될 뿐만 아니라 실제로 요구된다!

② 정글에 사는 것
③ 야생 동물을 사냥하는 것
②, ③ → 본문 단어(tiger, hunt)로 연상할 수 있는 오답.
④ 호랑이가 가면을 쓰는 것 → 본문 단어(mask)를 이용한 오답. 호랑이를 피하기 위해 가면을 쓰긴 하지만, 호랑이가 가면이라는 언급은 없음.
⑤ 느릿느릿한 삶을 사는 것 → 본문 내용과 무관한 오답.

어휘 **ordinarily** 대개는, 보통 때는 / **from time to time** 이따금, 가끔 / **tribe** 부족, 종족 *cf.* **tribal** 부족의 / **come up with** (해답 등을) 내놓다, 찾아내다 / **prey** 먹이, 사냥감 / **reason** 이유; 이성; 추론[판단]하다 / **permissible** 허용되는 〈선택지 어휘〉 **slow-paced** 느린 속도의 *cf.* **pace** 속도; (~의) 속도를 유지하다

구문 **[8행~9행]** Clearly, / for these people, / being two-faced is **not only** permissible, / **but** (*also*) actually required!
⊙ 〈not only A but (also) B〉는 'A뿐만 아니라 B도'라는 뜻으로 내용상 B가 더 강조된다.

3. ②   p.97

소재 해야 할 일 목록을 제거하는 것의 유용성

해석 지금 순간을 보다 더 충분히 이용하고 당신의 생산성을 증가시키는 한 가지 방법은 해야 할 일의 목록을 없애는 것이다. 맥스는 이것을 힘겨운 방법으로 배우고 있었다. 그는 "저는 거의 모든 것을 끝내는데, 끝내지 않은 두세 개가 항상 있어요."라고 말했다. 그는 자신이 한 열 개에 대해 기뻐하지 않고 자신이 하지 못한 두세 개에 대해 자책하곤 했다. 업무 목록은 일단 보관해 보되, 당신의 개인적인 목록은 버리는 것을 고려하라. 혹은 그냥 일 주일 동안 개인적인 목록 없이 살아 보고 무슨 일이 일어나는지 보라. 당신은 당신이 해야만 하는 일을 자연스럽게 한다는 것을 알게 될 것이다. 만약 당신이 그저 해야만 하는 일을 하면서 하루를 살고 목록에 대해서는 걱정하지 않는다면, 당신은 끝내지 못한 것에 대해 걱정하지 않을 것이다.

생산성을 증가시키는 방법으로 제시되고 있는 것이 빈칸에 들어가야 하는데, 뒷부분의 consider trashing your personal list에서 답을 찾을 수 있다. 이어지는 내용에서 그것에 대한 장점, 즉 해야만 하는 일을 하면서도 끝내지 못한 일에 대해 걱정하는 일도 없을 것이라는 내용이 설명되고 있으므로 빈칸에는 '해야 할 일의 목록을 없애는 것'이 적절하다.

① 충분한 휴식을 취하는 것
③ 다른 사람들에게 당신의 목표에 대해 말하는 것
④ 업무들을 각각에 대해 마감 기한을 설정하는 것
⑤ 가장 하기 싫은 업무를 먼저 완료하는 것
①, ③, ④, ⑤ → 생산성을 증가시키는 방법으로 그럴듯해 보이나 본문 내용과 관련 없음.

어휘 **take advantage of** ~을 이용하다, 기회로 활용하다 / **productivity** 생산성 / **beat oneself up** 자책하다 / **trash** 쓰레기; 버리다, 폐기하다 〈선택지 어휘〉 **to-do list** 해야 할 일을 적은 목록

구문 **[1행~2행]** *One way* [**to more fully take** advantage of the present moment and **increase** your productivity] is
to get rid of your to-do list.
⊙ more fully take ~ moment와 increase ~ productivity가 접속사 and에 의해 to에 공통으로 걸려 있는 병렬구조이다.

[3행~4행] He said, "I almost **get** everything **done**, but there are always *two or three things* [(*that*) I don't get ● done]."
⊙ 〈get + O + OC(p.p.)〉: '~이 …되게 하다'의 수동 구문.
⊙ ●는 생략된 목적격 관계대명사가 원래 있던 자리를 표시한 것.

[8행~9행] **If** you just **lived** the day doing what needed to be done and **didn't** worry about the list, // then you **would**n't worry about what didn't get ● done.
⊙ 〈if + 주어 + 동사의 과거형 ~, 주어+조동사 과거형(would)+동사원형 …〉의 가정법 과거 문장으로 '만약 ~라면 …일[할] 텐데'의 의미이다.

4. ④   p.98

소재 좋은 관계를 유지하기 위한 서로의 장점 찾기

해석 최고의 관계는 흔히 서로의 강점들에 대한 인식을 기반으로 이루어진다. 건강한 관계 속에 있는 개인들은 어느 누구도 완벽하지 않다는 것을 깨닫지만, 동시에 각 사람이 모두 사랑과 공감과 존중이 자라서 꽃피우도록 허용하는 독특한 특징과 속성을 지니고 있다는 것을 깨닫는다. 너무도 자주, 관계 내의 문제들은 한쪽 또는 쌍방이 상대방의 잘못과 약점 및 한계에 너무 많이 집중하는 데서 기인한다. 약간의 시간을 내서 자리에 앉아 당

최고의 관계가 '무엇'을 기반으로 이루어지는지에 대해 빈칸 문장 뒤의 내용에서 단서를 찾는다. 건강한 관계의 사람들은 각자가 긍정적인 독특한 특징과 속성을 지니고 있음을 깨달으며, 관계 내의 문제들은 상대방의 잘못과 약점에 집중하기 때문이라고 했고, 인생에서 가장 중요한 사람들이 빛나는 영역들에 대해 집중해 보라고 했으므로 '서로의 강점들에 대한 인식'이 빈칸에 들어갈 말로 적절하다.

신의 인생에서 가장 중요한 사람들에 대해 생각해 보고 그런 다음 그들이 빛나는 영역들의 목록을 만들고, 그것들에 대해 곰곰이 생각해 보고, 그것들에 집중해 보라. 예를 들어, 그들을 멋지게 만드는 것은 무엇인가? 당신에게 그들을 독특하고, 좋고, 호감이 가게 하는 것은 무엇인가?

선택지 해설

① 구성원들 간의 신뢰
② 개인적인 약점의 노출 → 오히려 관계에 문제를 일으킨다고 했음.
③ 의미 있는 대화를 위한 시간
⑤ 정직하고 즉각적인 감정 표현
①, ③, ⑤ → 상식적으로 그럴듯해 보이지만 본문 내용과 상관없는 오답.

어휘 **frequently** 흔히, 자주 *cf.* **frequency** 자주 일어남; 빈도 / **attribute** 속성; (~을 …의) 덕분으로 보다 / **sympathy** 동정, 연민; 동조; 공감 (↔ antipathy 반감) 참고 **empathy** 감정이입, 공감 / **blossom** 꽃; 꽃피우다 (= bloom) / **stem from** ~에서 기인하다, 생겨나다 / **party** 당사자; 정당; 파티 / **list** 목록; 목록을 작성하다 / **likeable** 호감이 가는 (↔ unlikable 호감이 가지 않는)

구문 [2행~5행] Individuals within healthy relationships **realize** *(that)* no one is perfect, but at the same time
　　　　　　　　　　　S　　　　　　　　　　　　　　V₁　　　　　　O₁
recognize that each and every person has *unique qualities and attributes* [**which** allow for love,
　V₂　　　　　　　　　　　　　　　　　　　　　　　　　　　　O₂
sympathy, and respect to grow and blossom].
　　● 두 개의 동사가 접속사 but에 의해 주어에 공통으로 연결된 병렬구조이다.
　　● which 이하는 unique ~ attributes를 수식하는 주격 관계대명사절이다.

[5행~6행] Too often, issues within relationships stem from **one or both parties** *focusing* too much on the other person's faults, weaknesses and limitations.
　　● one or both parties는 동명사 focusing의 의미상 주어이다.

[6행~8행] **Make** *some time* [**to sit down** and think about *those people* [**who** are most important in your life]]
and then list, consider, and focus on *the areas* [**in which** they shine]].
　　● 〈make some time to-v〉 v할 약간의 시간을 내다
　　● who ~ your life와 in which they shine은 각각 주격 관계대명사절과 '전치사+ 관계대명사'절이다.

[8행~9행] What **is it**, for example, **that** makes them wonderful?
　　● 〈it is ~ that ...〉 강조 구문에서 ~ 자리에 의문사 What이 온 문장이다.

5. ④　　　　　　　　　　　　　　　　　　　　　　　　　　　　　　　　　　p.98

소재 지역사회 봉사의 이타적이지 않은 동기
해석 당신의 지역사회에 관여하게 되어 세상을 좀 더 나은 곳으로 만들기 위해 일하는 것은 순전히 이타적인 행동이어야 할 필요는 없다. 지역사회 조직들에 중요한 기여를 하는 사람들은 대체로 조직의 임무나 명분에 감정적인 유대감을 지닌다. 사람들은 질병으로 고생하고 계시는 부모나, 암에 걸린 친구, 학습 장애를 겪고 있는 아이 혹은 어떤 다른 지극히 개인적인 관련성 때문에 관여하게 되는데, 애초에 그들의 관심을 끄는 것은 다른 사람들의 행복과 복지에 대한 이기적이지 않은 염려가 아니라 이러한 관련성이다. 지역사회와 건강한 관계를 맺고 있는 사람들은 그들의 관심사가 친구와 동료와 가족 구성원에게 알려지게 한다. 그러면 알맞은 기회가 왔을 때, 그들이 더 부탁받기 쉽고, 그래서 그들이 관여하게 되는 것이다.

추론 흐름
빈칸 문장과 선택지로 보아 지역사회에 관여하여 더 나은 세상을 만드는 것이 '어떠하다'고 말하고 있는지를 찾아야 한다. 이어지는 내용에서 사람들은 다른 사람들을 위해서가 아니라 지극히 개인적인 관련성 때문에 지역사회에 관여하게 된다고 했고, 아는 사람들과 가족의 부탁을 받아 관여하게 된다고 했다. 이를 종합하면 이타적인 행동은 아님을 알 수 있다. 그러므로 빈칸에는 '순전히 이타적인 행동이어야 할 필요는 없다'는 것이 적절하다.

선택지 해설
① 건강한 사회를 만들도록 도와준다
② 주는 것의 즐거움을 당신에게 가르쳐 준다
③ 당신의 가난한 이웃에 대한 연민으로부터 시작된다 → 본문 내용(concern for other people's happiness and welfare)에서 연상되는 오답.
⑤ 당신이 진실하지 않으면 도움을 받고 있는 사람들에게 상처를 준다
①, ②, ⑤ → 지역사회에 기여(봉사)하는 내용이므로 상식적으로 그럴듯하나 본문에 근거 없음.

어휘 **become involved with** ~에 관여하다, 연관되다 (= get involved with) / **contribution** 기여; 기부(금) *cf.* **contribute** 기부하다 (= donate); 기여[공헌]하다 / **cause** 원인; (사회적) 운동, 대의명분 / **in the first place** 애초에 / **unselfish** 이기적이지 않은 (= selfless) (↔ selfish 이기적인) / **welfare** 복지; 행복 / **colleague** 동료 (= coworker) / **call upon** ~에게 부탁[요청]하다 〈선택지 어휘〉 **purely** 순전히, 전적으로 / **sincere** 진실한, 진정한; 진심의 *cf.* **sincerity** 성실; 정직 *cf.* **sincerely** 진심으로

구문 [1행~2행] **Becoming** involved with your community and **working** to make the world a better place
　　　　　　　　　　　　　　　　　　　　　　S
does not have to be a purely selfless act.
　V
　　● Becoming ~ community와 working ~ place의 2개의 동명사구가 and로 연결되었으나 전체적으로 둘을 하나의 개념으로 보아 단수 취급하여 단수동사 does가 사용된 경우이다.

[4행~7행] People get involved **because of** *a parent* [suffering from a disease], *a friend* [with cancer], *a child*
　　　　　　　　　　　　　　　　　　　　A　　　　　　　　　　　　　　　　　　　　　　B
[with a learning disability], or some other deeply personal connection — **it is** these connections **that**
　　C　　　　　　　　　　　　　　　　　D
catch their interest in the first place, not their unselfish concern for other people's happiness and
welfare.

● because of가 A ~ D의 4개 명사구를 목적어로 취하고 있다.
● 〈it is ~ that ...〉은 '…인 것은 바로 ~이다'의 의미인 강조 구문이다.

6. ⑤　　p.99

소재 인간의 다양한 특징의 중요성

해석 모든 인간은 많은 면을 가지고 있지만 우리 스스로를 좋은 부분과 나쁜 부분으로 나누는 것은 인간의 본성인 것 같다. 소심함과 외향적임이 그런 식으로 (A) 분리되어 온 유일한 성질인 것은 아니다. 예를 들어, 대니얼 골먼 박사의 저서 '감성적 지능' 이전에는, 지능은 오직 이성적 사고의 측면에서만 생각되었다. 감성은 비이성적이고 덜 가치 있는 것으로 여겨졌다. 인간은 '머리'와 '가슴'으로 나뉘었다. 하지만 우리 모두는 일부 사람들이 매우 똑똑하기는 하지만 그들이 상식이나 다른 사람들에 대한 동정심이 거의 없어 보이는 것을 깨닫는다. 또 어떤 사람들은 대단한 친절함과 지혜를 지니고 있긴 하지만, 그들은 그렇게 지적이지는 않을지도 모른다. 우리는 머리와 가슴을 필요로 한다. 우리가 (B) 서로 반대되는 재능들을 가진 사람들로부터 배울 필요가 있다는 것은 명백한 게, 우리 사회가 인류의 모든 면으로부터 이익을 얻기 때문이다.

추론 흐름

(A) 앞에서 인간이 스스로를 좋은 부분과 나쁜 부분으로 '나눈다'고 했으므로 다시 말해서 그러한 부분의 예에 해당하는 소심함과 외향적임은 그런 식으로 '분리되어' 온 성질 중 하나라고 할 수 있다. (B) 앞에서 이성과 감성, 즉 머리와 가슴 중 한쪽의 재능을 가진 사람들에 대해 설명하고, 우리는 머리와 가슴이 모두 필요하다고 했으므로 '서로 반대되는' 재능에 대해 배울 필요가 있다는 것이 적절하다.

선택지 해설

(A)
②, ④ 향상되어 → 인간들이 소심함과 외향적임을 향상시켜 왔다는 근거는 없다.
(B)
① 실용적인, ② 독특한, ③ 우수한, ④ 뛰어난 → 어떤 재능을 배워야 하는지에 대한 내용이므로 상식적으로 그럴듯하나 본문에 직접적인 근거 없음.

어휘 **timid** 소심한 / **outgoing** 외향적인 (= extrovert, sociable) (↔ introvert 내향적인) / **intelligence** 지능 *cf.* **intelligent** 똑똑한, 머리가 좋은 *cf.* **intellectual** 지적인 / **in terms of** ~의 면에서 / **rational** 이성적인 (↔ irrational 비이성적인) / **highly** 대단히, 매우 / **common sense** 상식 / **compassion** 연민, 동정심 (= sympathy) / **benefit from** ~으로부터 이익을 보다 / **aspect** 면, 측면 / **humanity** 인류 〈선택지 어휘〉 **superior** 우수한, 우월한 (↔ inferior (~ 보다) 못한, 열등한) / **exceptional** 특출한, 예외적인 / **opposing** 서로 겨루는; 서로 반대되는

구문 [9행~10행] It's obvious *(that)* we need to learn from people with opposing talents: our society benefits from all
　　　　　　　　가주어　　　　　　　　　　　　　　　　진주어
aspects of humanity.

● 콜론(:) 이하의 내용은 앞 문장 내용에 대한 이유를 나타내는 부연 설명이다.

실전 모의고사 5회   1. ④ 2. ⑤ 3. ③ 4. ② 5. ④ 6. ⑤

1. ④
p.102

소재   경기에서의 친절의 무용성

해석   시카고 컵스를 상대로 한 홈경기의 3회에서 전설적인 다저스의 유격수인 해럴드 헨리 리즈가 2루로 달려갈 준비를 하고 있었는데 그때 타자인 칼 푸릴로가 방망이를 힘차게 휘둘러 헛스윙을 했다. 방망이는 푸릴로의 손에서 미끄러져 빠져나와 1루 쪽으로 날아왔다. 리즈는 원래 좋은 사람이었기 때문에 그는 그 방망이를 주워 푸릴로에게 그것을 돌려주려고 주저하지 않고 1루에서 걸어나갔다. 그가 방망이를 집으려고 허리를 굽혔을 때 시카고 컵스의 포수가 1루수에게 공을 던졌고 그는 즉시 리즈를 태그아웃시켰다. 이 당황스러운 순간은 리즈와 이 경기의 많은 다른 사람들에게 있어 친절은 야구장에서 설 자리가 없다는 것을 이해하는 즉각적인 교훈이 되었다.

추론 흐름   빈칸 문장으로 보아 앞 내용을 통해 야구장에서는 '무엇'이 설 자리가 없다는 교훈을 얻을 수 있는지 찾아야 한다. 야구 경기 중에 1루에 서 있던 주자 리즈가 자기 쪽으로 날아온 방망이를 주워서 푸릴로에게 주느라고 1루를 떠나는 바람에 태그아웃당했다는 내용이다. 그가 '좋은 사람(nice guy)'이기 때문에 선의로 그런 행동을 했지만 결국 그 때문에 아웃을 당했으므로 야구장에서 설 자리가 없는 것은 '친절'이다.

선택지 해설
① 열의
② 부유함
③ 속임수
⑤ 동정심 → 단순한 선의로 방망이를 주우러 간 것이지 동정심은 아님.

어휘   **inning** 〈야구〉 이닝, 회(回) / **legendary** 전설적인, 전설의 / **sail** 미끄러지듯 날다; 항해하다 / **bend down** 몸을 굽히다 / **catcher** 〈야구〉 포수 / **baseman** 〈야구〉 (1·2·3)루수 / **promptly** 즉시, 민첩하게 *cf.* **prompt** 즉각적인; 시간을 엄수하는; 촉구하다 / **tag out** 〈야구〉 ~을 태그아웃시키다 《주자가 베이스를 벗어난 상황일 때 공을 가진 수비수가 주자를 태그해서 아웃시키는 것》 〈선택지 어휘〉 **sympathy** 동정, 연민; 동조; 공감 (↔ antipathy 반감) **참고** **empathy** 감정이입, 공감

2. ⑤
p.102

소재   고독에 대한 선호도와 대인 관계

해석   7일에 걸친 한 연구에서, 대학생들이 그들이 하루 중 매시간에 무엇을 했는지, 그들이 혼자 있었는지, 그들이 그 경험을 즐겁게 생각했는지를 보고했다. 연구원들은 또한 고독에 대한 학생들의 선호도도 측정했다. 수업하는 데, 일하는 데, 그리고 잠자는 데 쓰인 시간을 제외한 후에, 고독에 대해 높은 선호도와 낮은 선호도를 가진 학생들이 그들의 자유 시간을 어떻게 보내는지를 위해 비교되었다. 사실상 모든 학생들이 그들의 자유 시간 대부분을 다른 사람들과 함께 보냈다. 고독에 대해 높은 선호도를 가진 사람들이 사회적인 만남을 피하지 않으며 사실상 다른 사람들과 보내는 시간을 상당히 많이 즐긴다는 것은 분명한 것 같아 보인다. 따라서 고독에 대한 선호도와 좋은 대인 관계는 서로 상충되지 않는다.

추론 흐름   빈칸 문장이 결과·결론을 이끄는 연결어 Thus로 시작하므로 앞에서 다뤄졌을 '원인, 이유'를 살펴봐야 한다. 고독을 선호하는 사람도 사회적 만남을 즐긴다고 했으므로 고독에 대한 선호도와 좋은 대인 관계는 '서로 상충되지 않는다'라고 해야 할 것이다.

선택지 해설
① 두 개의 서로 다른 것들이다 → 고독에 대한 높은 선호를 가진 사람이 사회적인 만남의 시간도 많이 즐긴다고 했으므로 정반대되는 내용의 오답.
② 부정적으로 연관되어 있다 → 빈칸 문장만 보면 상식적으로 그럴듯한 내용의 오답.
③ 선천적이 아니라 후천적이다 → 본문의 연구 내용을 통해서는 알 수 없음.
④ 우리의 학창시절에 생긴다 → 도입부의 학생들의 생활 관련 내용에서 연상할 수 있는 오답.

어휘   **preference** 선호(도) **어구** **have a preference for** ~을 더 좋아하다 / **solitude** 고독; 외로움 / **eliminate** 제거하다 (= get rid of) / **virtually** 사실상 *cf.* **virtual** 실제상의; 가상의 / **encounter** 만남; 조우; (우연히) 만나다; (위험·곤란 등에) 부닥치다 / **interpersonal** 대인 관계의 〈선택지 어휘〉 **correlate** 연관성이 있다; 연관성을 보여주다 **어구** **correlate with** ~와 관련 있다 / **innate** 타고난, 선천적인 (= inborn, inherent) / **acquired** 획득한; 후천적인 *cf.* **acquire** 얻다 / **conflict with** ~와 상충되다

구문   **[1행~3행]**   In one seven-day study, // college students **reported** / **what** they did each hour of the day, /
A(의문사 간접의문문)
whether they were alone, / and **whether** they **found** the experience enjoyable.
B(~인지 (아닌지))   C(~인지 (아닌지))
● A ~ C는 모두 reported의 목적어인 간접의문문이다.
● 〈find + O + OC(형용사)〉: ~가 …하다고 생각하다

[4행~5행]   After eliminating *time* [spent in class, at work, and sleeping], *students* [with a high and low
preference for solitude] were compared **for how** they spent their free time.
● 전치사 for가 how 이하의 간접의문문을 목적어로 취하고 있다.

3. ③

소재 한국 사회에서 국제적 사례의 역할

해석 조너선 스위프트의 〈걸리버 여행기〉에서 걸리버는 사물은 오직 그것들을 서로 비교할 때만 크거나 작을 수 있다고 믿게 된다. 우리는 우리나라를 여러 더 부유한 선진국들과 비교하고 우리나라가 너무 '작다'고 부당하게 판단하느라 분주해 왔다. 한국의 수십 년에 걸친 현대화 기간에는 미국, 독일, 일본 혹은 그 어떤 다른 나라들의 성과에 따라 목표를 정하는 게 도움이 되었을지도 모른다. 그러나 이제는 다른 나라들의 성취와 기준을 <u>참고사항으로만 이용되어야</u> 할 때다. 국제적 사례에 의존하기보다 우리 자신의 성취를 어떻게 쌓아갈지 고민하는 게 더 중요하다. 우리가 이제껏 쌓아온 자원에 기초하여, 우리는 오늘날 우리가 한국에서 직면하고 있는 변화에 더 자신 있고 효과적으로 대처할 수 있다.

추론 흐름 빈칸 문장이 역접 연결어 But으로 시작하고 있으므로 그 이후로 전개되는 내용을 확인해야 한다. 빈칸 다음 문장이 It's more important ~로 중요한 점을 언급하고 있으므로 이 부분의 내용을 파악해서 답을 추론할 수 있다. 또한 But을 기점으로 글의 흐름이 바뀌었으므로 그 앞부분 내용인 한국이 현대화되는 동안 다른 나라들의 기준으로부터 도움을 받았다는 것의 반대 개념을 생각하여 답을 추론할 수도 있다. 국제적 사례에 의존하기보다 우리 자신의 성취를 쌓자는 것이므로 다른 나라들의 성취와 기준은 '참고사항으로만 이용되어야' 한다는 것이 빈칸에 적절하다.

선택지 해설
① 특정 지역에서 사용되어야
② 역사에서 동등한 위치를 차지해야 → 우리와 선진국을 비교한다는 내용에서 연상할 수 있는 오답.
④ 우리의 지식을 확장하는 데 도움을 주어야 → 빈칸 문장 바로 이전에 나온 may have been helpful에서 연상할 수 있는 오답.
⑤ 더 많은 비판에 노출되어야 → 우리나라를 부당하게 판단한다는 내용으로 인해 연상할 수 있는 오답.

어휘 **unfairly** 부당하게, 불공평하게 / **modernization** 현대화 / **set a goal** 목표를 정하다 / **rely on** ~에 의존하다 (= depend on, count on) / **confidently** 자신 있게 〈선택지 어휘〉 **reference** 참고, 참조; 언급 / **expand** 확장[확대]하다 (= enlarge) (↔ contract 수축하다) / **criticism** 비판, 비난 *cf.* **criticize** 비판[비난]하다

구문 [8행~10행] Based on *the resources* [(*which[that]*) we have now built ●], / we can deal more confidently and effectively with *the changes* [(*which[that]*) we face ● in Korea today].

4. ②

소재 다른 사람들의 감정을 읽는 능력

해석 비록 대화에 감정을 반영하는 일이 흔하지 않을지라도, 우리 각자는 자라나는 과정에서 다른 사람들의 감정을 읽는 것을 알게 되었다. 우리가 그 기술을 향상시킬 수 있다는 것은 의심의 여지가 없다. 그러나 우리가 우리 대부분이 깨닫고 있는 것보다 그것에 더 많이 숙달되어 있다는 것을 깨닫는 것이 중요하다. 아마도 당신의 인생에 당신이 개인 혹은 집단에게 말을 하다가 그 청자들이 지루해한다는 것을 금방 깨달은 때가 있었을 것이다. 사람들이 그것을 언급하지는 않았지만 당신에게서 뭔가를 원했는데 당신이 그들이 정말로 무엇을 추구하고 있었는지를 알아낸 때를 기억하는가? 그리고 또한 당신을 많이 좋아하지만 그것을 결코 말로 하지 않을지도 모르나 당신은 알고 있는 그런 사람들도 있다. 주목할 만한 것은 이런 기술에 있어 그 어떤 공식적인 훈련도 받지 않은 사람들이 일반적으로 그것을 상당히 잘한다는 것이다.

추론 흐름 우리가 자라면서 '무엇'을 알게 되었는지를 찾아야 한다. 이어지는 내용에서 우리가 그 기술을 향상시킬 수 있으며 이미 많이 숙달되어 있다고 하면서 구체적인 예로 우리가 말할 때 청자가 지루해한다는 것을 금방 깨달을 때가 있다고 하였다. 또한 말을 하지 않아도 사람들이 원하는 것과 좋아하는 감정을 알고 있다고 하였다. 이를 종합하면 우리는 자라면서 '다른 사람들의 감정을 읽는' 것을 알게 되었다고 볼 수 있다.

선택지 해설
① 다른 사람들에게서 관심을 끄는
③ 다른 사람들에게서 우리가 원하는 것을 얻는
④ 대화 기술을 습득하는 → 말에 관련된 단어가 등장하지만 대화 기술에 관한 내용이 아님.
⑤ 사람들이 우리에게서 뭔가를 원한다는 것을 깨닫는
③, ⑤ → 본문 표현(wanted something from you)을 이용한 오답.

어휘 **uncommon** 흔하지 않은 / **reflect** 반영하다; 비추다; 숙고하다 [어구] **reflect on** ~에 대해 숙고하다, 곰곰이 생각하다 / **accomplished** 성취된; 숙달된 / **figure out** ~을 (헤아려) 알아내다 / **remarkable** 주목할 만한 / **formal** 공식적인, 격식을 차린 (↔ informal 비공식의) / **be good at** ~을 잘하다 〈선택지 어휘〉 **acquire** 습득하다 [참고] **inquire** 묻다, 알아보다 / **require** 요구하다

구문 [4행~6행] There have probably been *times* in your life [when you were talking to individuals or groups and quickly realized that the listeners were bored].

[9행~10행] What is remarkable is // that people [with no formal training in these skills] / are generally quite good at them.

5. ④

소재 숨은 근로자들의 노력

해석 모든 산업은 많은 숨은 근로자들을 필요로 한다. TV 산업을 예로 생각해 보라. 당신이 '드라마'라는 단어를 들을 때, 당신은 유명한 남녀 배우들만 생각할지도 모른다. 하지만 스튜디오에서 거의 전일제 직위로 일하는 수천 명의 사람들이 있다. 그들은 화면에 이름이 언급되지도 않지만, 프로그램은 그들의 노력 없이 만들어질 수 없을 것이다. 그것이 대형 스튜디오에 2,000명 혹은 그 이상의 정규 직원들이 있고 보다 작은 제작사에 그보다 더 적지만 여전히 상당한 수가 있을 이유이다. 많은 범주의 직업이 있고, 많은 사람들이 그들의 전체 직장 생활을 스튜디오에서 보낸다. 그들은 사실 실제 제작과 많은 관련이 없을지도 모르지만, 텔레비전에서의 작업 환경을 좋아한다.

추론 흐름

빈칸 문장 다음의 Think of ~ as an example.로 예시가 이어짐을 알 수 있다. 이어지는 TV 산업의 예에서 드라마를 만드는 데에는 유명 배우뿐만 아니라 제작을 위해 일하는 수천 명의 직원이 있으며 이들의 노력 없이는 프로그램이 만들어질 수 없을 것이라고 했으므로 이를 일반적인 내용으로 바꾸면 모든 산업은 '많은 숨은 근로자들을 필요로 한다'라고 표현할 수 있다.

선택지 해설

① 저마다의 방식으로 지역사회를 이롭게 한다 → 그럴듯하지만 각각 어떤 방식으로 기여하는지 본문에서는 알 수 없음.
② 직원들을 동기 부여하기 위해 다양한 방법을 사용한다
③ 정규 직업을 만들어 내는 데 기여한다 → 본문 단어(full-time, regular employees)에서 연상 가능한 오답.
⑤ 협력의 중요성을 강조한다 → 많은 직원들이 있다고 했으나 그들 간의 협력에 관한 내용은 언급된 바 없음.

어휘 **more or less** 거의, 대략 / **credit** 신뢰, 신용; 이름 언급, 크레디트 《영화나 텔레비전 프로그램 제작에 참여한 사람들의 이름을 언급하는 것》 / **significant** 상당한 *cf.* **significantly** 상당히 / **production** 생산, 제작(소) *cf.* **produce** 생산하다; 농작[산]물 / **category** 범주 / **have much to do with** ~와 많은 관계가 있다 〈선택지 어휘〉 **motivate** 동기를 부여하다 (= inspire) *cf.* **motivation** 동기 부여; 자극 / **contribute to A** A에 기여하다 / **highlight** 가장 중요한 부분; 강조하다 / **cooperation** 협력

구문 [3행~4행] However, there are *thousands of people* [who work in studios / in more or less full-time positions].

6. ⑤

소재 건강 위험 요인들에 대한 대처

해석 건강 문제가 완전히 눈에 보이기 전에, 우리의 자세는 종종 긴장의 많은 증거를 제공한다. 낮은 수준의 스트레스가 만족스럽게 처리되지 않을 때, 우리는 우리의 몸을 일그러뜨리기 쉽다. 유사한 상황에서, 다른 동물들은 등을 동그랗게 구부려 높게 하거나, 가슴을 넓게 펴거나, 뒷발로 서거나 하여 몸을 크게 하려고 한다. (A) 대조적으로, 인간은 목을 짧게 하거나 양팔을 가슴으로 모음으로써 자신을 더 작게 만드는 경향이 있다. 이러한 방어적인 행동은 문제를 처리하기에 적절한 방법을 생각해 낼 시간을 제공한다. (B) 그러나 만일 그 어려움이 위압적인 고용주나, 가족 문제 혹은 즉각 해결될 수 없는 감정적 관계와 관련된 것이라면, 그 문제를 처리하는 데 있어서의 실패는 그저 더 많은 스트레스를 낳을 뿐이고, 이는 악순환을 만든다.

추론 흐름

(A) 앞에서는 스트레스 상황에서 동물들은 몸집을 크게 보이려 한다고 했고 (A) 뒤에서는 인간은 몸집을 더 작게 만드는 경향이 있다고 했으므로 서로 대조되는 내용을 연결하는 by contrast가 적절하다. (B)의 앞은 방어적인 행동이 문제를 해결할 방법을 생각할 시간을 제공한다는 것이 설명되었지만 (B) 뒤에서는 문제가 해결되지 않을 경우 더 많은 스트레스를 유발하는 악순환이 생긴다는 내용이므로 역접의 연결어 However가 적절하다.

어휘 **visible** 눈에 보이는 (↔ invisible 눈에 보이지 않는) / **posture** 자세, 태도 / **tension** 긴장; 팽팽함 / **distort** 일그러뜨리다; 왜곡하다 / **arch** 아치형; 동그랗게 구부리다 / **widen** 넓히다 (= broaden) / **hind legs** (동물의) 뒷다리 / **be apt to-v** v하는 경향이 있다 (= tend to-v) / **defensive** 방어적인 (↔ offensive 공격적인) / **appropriate** 적절한 (↔ inappropriate 부적절한) / **concern** ~에 관련되다; 걱정하다; 걱정; 염려; 관심사 / **overbearing** 거만한, 거만한; 위압적인 / **result in** ~의 결과를 낳다 (↔ result from ~이 원인이다)

구문 [8행~10행] However, if the difficulty **concerns** <u>an overbearing employer</u>, <u>a family difficulty</u>, or <u>an emotional</u>
A   B   C
relationship [that cannot be immediately solved], *the failure* [to deal with the matter] simply results
in more stress, **which** creates a vicious cycle.

● A, B, C는 동사 concerns의 목적어이다.
● which는 계속적 용법으로 앞에 있는 주절인 the failure ~ more stress 전체를 선행사로 취한다.

실전 모의고사 6회 1. ② 2. ③ 3. ② 4. ① 5. ③ 6. ⑤

1. ②

p.108

소재 감정적 호소와 비례하지 않는 수치

해석 숫자는 한 명의 고통받고 있는 사람의 존재에 의해 불러일으켜지는 감정들을 저해할지도 모른다. 연구원들은 사람들이 아프리카 구호에 기부해 달라는 요청을 받는 실험을 설계했다. 한 호소는 위기 상황의 통계적 개요만을 포함했고, 다른 하나는 7세 여아를 집중 조명했고, 세 번째 것은 여아에 대한 정보와 통계 둘 다 제공했다. 놀라울 것 없이, 여아를 다룬 것이 통계만인 것보다 훨씬 더 많은 기부를 만들어 냈지만, 그것은 또한 둘 다를 합친 방법보다 더 좋았다. 물론, 큰 수들은 깊은 인상을 남길 수 있다. 하지만 그것들은 인간적 관련성에 의해서가 아니라 크기에 의해서만 깊은 인상을 준다. 3만 명으로 가득 차 있는 경기장의 중앙에 서 있다고 상상해 보라. 인상적인가? 물론이다. 이제 이와 똑같지만 9만 명이 있는 시나리오를 상상해 보라. 역시 인상적이지만, 세 배 더 인상적이지는 않은데, 우리의 감정이 그 규모에 작용하지 않기 때문이다.

추론 흐름 '무엇'이 고통받는 사람의 존재에 의해 유발되는 감정을 저해할 수 있는지를 찾아야 한다. 빈칸 문장에 이어서 서술된 실험 결과에서 사람들은 통계적 정보보다 7세 여아에 집중할 때 기부를 더 많이 했다. 그리고 통계적 수치 없이 여아만 집중했을 때가 둘 다를 같이 제시했을 때보다도 기부를 더 많이 만들어 냈다. 이어서 큰 수는 인간적 관련성에 의해서가 아닌 크기에 의해서만 깊은 인상을 남긴다고 했으므로 이 내용을 종합하면 사람에 대한 우리의 감정은 '숫자'에 의해 영향받지 않으며 더 나아가 감정을 저해할지도 모른다는 것이다.

선택지 해설
① 원인
③ 정보
④ 신념
⑤ 경험
①, ③, ④, ⑤ → 모두 본문에 근거 없음.

어휘 **hinder** 저해[방해]하다 / **call forth** ~을 불러일으키다 / **presence** 존재, 있음; 출석, 참석 **어구 in the presence of A** A의 면전에서 (= in A's presence) / **relief** 구호; 안도, 위안 / **statistical** 통계적인 *cf.* **statistics** 통계(학) / **overview** 개요 / **crisis** 위기 / **feature** 특징; 특징으로 삼다 / **generate** 만들어 내다, 생성하다 / **approach** 다가가다; 접근(법), 처리 방법 / **packed** (특히 사람들이) 꽉 들어찬; 가득 찬

구문 **[1행~2행]** Numbers may hinder *the emotions* [called forth by the presence of one, suffering person].

[3행~5행] **One** appeal included only a statistical overview of the crisis, **another** *(appeal)* featured a seven-year-old girl, and **a third** *(appeal)* provided both the information about the girl and the statistics.
  ● one, another, a third는 '(여럿 중) 하나, 다른 하나, 세 번째'의 의미이다.

[5행~6행] Not surprisingly, *the one* [with the girl] generated **much** more giving than the statistics alone, ~.
  ● much는 비교급을 강조 수식하는 부사로 '훨씬'의 의미이며 far, even, still, a lot 등으로 바꿔 쓸 수 있다.

[10행~11행] ~, but it's not **three times more** impressive *(than that)*, because our feelings don't work on that scale.
  ● 〈배수사＋비교급＋than ~〉은 '~보다 몇 배 더 …한/하게'의 의미이다. 여기에서는 than that이 생략되었는데, 의미상 대명사 that은 앞 문장의 standing in the center of a stadium packed with 30,000 people을 가리킨다.

2. ③

p.108

소재 세계화의 개념에 대한 오해

해석 세계화의 개념을 둘러싼 주요 문제점 중 하나는 사람들이 세계화가 주로 무역 중심의 현상이 아니라 과학기술 중심의 현상이라는 것을 알지 못한다는 것이다. 〈뉴욕타임스〉의 워싱턴 지사에 접수원이 있었는데, 회사가 그녀의 직업을 없앴다. 당신은 그녀가 자신의 직업을 외국인 근로자에게 빼앗겼을 것이라고 추측할지도 모르나, 그녀는 마이크로칩, 즉 우리의 모든 사무실 전화에 있는 음성 메일 장치를 가동시키는 마이크로칩에게 직업을 빼앗겼다. 외국인 근로자는 쉽게 눈에 보이지만 마이크로칩은 그렇지 않기 때문에, 그들(외국인 근로자)이 문제의 원인으로 당신의 의식 속에 박힌다. 그것이 바로 그러한 불안의 주된 원인이 새로운 과학기술임에도 불구하고, 눈에 보이고 느껴질 수 있는 무역이 많은 사람들에게 있어서 급격한 변화 및 세계화와 관련된 모든 불안을 상징하게 된 이유이다.

추론 흐름 빈칸 문장의 those anxieties는 급격한 변화 및 세계화에 대한 모든 불안을 말하는데 그런 불안에 대한 주된 이유가 '어떤 것'임에도 불구하고 사람들에게 있어 '무역'이 그런 불안을 상징하게 된 것인지를 찾아야 한다. 도입부에서 세계화는 무역 중심이 아닌 과학기술 중심의 현상이라고 했고, 뒤이은 예에서 접수원의 일자리를 빼앗은 것이 외국인 근로자가 아닌 마이크로칩이라고 했으므로, 급격한 변화 및 세계화에 대한 불안의 주된 원인은 '새로운 과학기술'이라고 할 수 있다.

선택지 해설
① 외국인 근로자 → 본문 단어(foreign worker)를 이용한 오답.
② 업무상 어려움 → 직업을 잃게 된 내용이 나오는 것을 이용한 오답.
④ 문화적 차이 → 본문 단어(globalization)에서 상식적으로 연상되는 오답.
⑤ 극도의 복잡성 → 도입부의 내용(don't understand)에서 연상할 수 있는 오답.

어휘 **-driven** ~ 중심의, ~ 주도의 / **phenomenon** 현상 《복수형 phenomena》 / **receptionist** 접수원 *cf.* **reception** 접수처; 환영회 / **eliminate** 없애다, 제거하다 (= remove, get rid of) / **stick** 막대기; 찔리다, 박(히)다; 붙(이)다 / **rapid** 급격한; 빠른, 신속한 〈선택지 어휘〉 **complexity** 복잡성

구문 **[1행~3행]** <u>*One* [of *the main problems* [**surrounding** the concept of globalization]]</u> <u>**is that**</u> people don't understand
S · V

that it is mainly a technology-driven phenomenon, not a trade-driven one.

(= globalization)　　C　　　　　　　　　　　　　　　　(= phenomenon)

● surrounding ~ globalization은 the main problems를 수식하는 현재분사구이다.

● 동사 is 뒤의 that절은 보어 역할을 하며, that절 내의 동사 understand 뒤의 that절은 understand의 목적어 역할을 한다.

[8행~10행] That's why trade, **which** can be seen and felt, has come to symbolize for many people *all the anxieties*

S′　　　　　　　　　　　　　　　　V　　　　　　　　　　　　　　　O′

[connected with rapid change and globalization] — even though the main causes of those anxieties

are new technologies.

● which ~ felt는 trade에 대한 부연 설명이다.

3. ②

소재 건강에 있어서의 마음가짐의 중요성

해석 우리가 얼마나 많이 우리 자신의 건강을 돕거나 해치는지 우리가 다 인식하는 것은 아니다. 예를 들어, 우리는 화나는 것을 피하는 것보다 물에 젖는 것을 피하는 것에 훨씬 더 많은 노력을 기울인다. 그런데 화는 물에 젖는 것보다 감기에 대한 저항력을 훨씬 더 빨리 낮출 수 있다고 한다. 미국의 시인인 헨리 롱펠로는 언젠가 즐거움은 의사의 코앞에서 문을 쾅 닫아 버릴 (아파서 병원에 가야 할 일이 없게 할) 것이라고 썼다. 대부분의 의사들의 코가 안전하다는 것은 의심의 여지가 없다. 하지만 그들도 더 많은 환자들이 자기 연민보다는 오히려 즐거움에 집중함으로써 그들 자신의 건강을 증진시킬 수 있는 능력을 발휘한다면 기뻐할 것이다. 우리는 많은 방법으로 좋지 못한 건강에 대한 우리의 저항력을 낮추지만, 그 어느 것도 우리가 우리 자신의 최대의 적이라는 사실을 인식하지 못하는 우리의 무능력만큼 확실히 우리에게 불리하게 작용하지 않는다.

추론 흐름

빈칸 문장의 내용으로 보아 우리의 건강을 해치는 많은 요인 중 '무엇'을 우리가 가장 인식해야 하는지를 찾아야 한다. 앞부분에서 화를 내는 것이 물에 젖는 것보다 감기에 대한 저항력을 낮춘다고 했고 이어서 즐거운 마음을 가지면 건강을 증진시킬 수 있다고 했으므로 마음가짐이 건강에 영향을 미친다는 것을 추론할 수 있다. 마음가짐은 곧 우리 자신에 달린 것이므로 이를 달리 표현하면 결국 (건강을 지키는 데에 있어서) 우리가 '우리 자신의 최대의 적'이라는 것을 인식하지 못하는 것이 가장 큰 문제라는 내용이 빈칸에 와야 자연스럽다.

선택지 해설

① 모두 같은 배를 타고 있는 것

③ 안전 불감증의 희생자

④ 걱정하는 유일한 동물

①, ③, ④ → 건강을 해치지 않기 위해 우리가 인식해야 하는 것과 무관함.

⑤ 우리 자신의 최고 관리인 → 글의 핵심이 즐거운 마음가짐을 갖지 못해 건강을 해친다는 내용이므로 글의 내용과 상반되는 오답.

어휘 **resistance** 저항력 *cf.* **resist** ~에 저항하다; 방해하다 *cf.* **resistant** 저항력 있는; (~에) 잘 견디는 / **exercise** 운동; 운동하다; (역량 등을) 발휘하다 / **self pity** 자기 연민 / **work against** ~에게 불리하게 작용하다; ~에게 반대하다 / **inability** 무능력 (↔ ability 능력) 〈선택지 어휘〉 **victim** 피해자 / **safety ignorance** 안전 불감증 / **caretaker** 관리인

구문 **[6행~7행]** But they, too, would be glad / if more patients would exercise *their abilities* [to promote their own good health] **by focusing** on joy rather than self pity.

● 〈by v-ing〉는 'v함으로써, v하여서'의 의미로 수단, 방법을 나타내며 이때의 by focusing 이하는 의미상 would exercise ~ good health를 수식하고 있다.

[7행~9행] We lower our resistance to ill health in many ways, but **none** works against us **as** surely **as** *our inability* [to recognize **the fact that** we are our own greatest enemy].

● 〈none ~ as + 원급 + as ...〉는 '그 어느 것도 ...만큼 ~하지 않다'의 의미로 '...가 가장 ~하다'는 최상급 의미를 나타낸다.

● 동격절 that we ~ enemy는 the fact의 내용을 상세히 설명해 주고 있다.

4. ①

p.110

소재 외국 생활 경험의 긍정적 결과

해석 외국 생활이 당사자에게 좋다고 오랫동안 여겨져 왔지만, 그것이 우리의 문제 해결 능력을 향상시켜 준다는 것을 깨닫는 사람은 거의 없다. 한 행동 실험에서, 개인들이 탁자 위에 세 가지 물건을 제공받는데, 양초 한 개, 성냥 한 갑, 압정 한 상자였다. 그들은 탁자 위에 있는 물건만을 이용하여 판지 벽에 양초를 붙이되 양초가 제대로 타면서 바닥에 촛농을 떨어뜨리지 않도록 요청받았는데, 이것은 창의적으로 사고하는 능력을 요구하는 문제였다. 연구원들은 학생들이 외국에서 생활했던 시간이 길수록 상자를 촛대로 이용할 가능성이 더 크다는 것을 발견했다. 실제로, 이전에 외국에서 생활했던 학생의 60%가 그렇지 않은 학생의 42%와 비교해 그 문제를 풀었다.

추론 흐름

외국 생활의 '어떤' 효과에 관해 서술하고 있는지 찾아야 한다. 실험 결과에서 단서를 찾을 수 있는데, 창의력 테스트 실험 결과, 외국에서 생활했던 학생들이 그렇지 않은 학생보다 문제 해결력 면에서 월등했다는 내용이므로 빈칸에는 '우리의 문제 해결 능력을 향상시켜 준다'는 것이 적절하다.

선택지 해설

② 우리가 다른 문화권의 사람들을 이해하게 돕는다

③ 우리가 모국어를 잊게 만드는 경향이 있다

④ 우리에게 다른 언어를 배울 최고의 환경을 제공한다

⑤ 우리가 환경에 적응할 수 있도록 훈련시킨다

②, ③, ④, ⑤ → 외국 생활의 효과와 관련하여 상식적으로 연상할 수 있는 오답.

어휘 **good for the soul** 자기[본인, 당사자]에게 좋은 / **behavioral** 행동의, 행동에 관한 / **present A with B** A에게 B를 주다, 수여하다 / **attach A to B** A를 B에 붙이다 (↔ detach A from B B로부터 A를 떼어내다) / **cardboard** 판지 / **drip** 뚝뚝 떨어뜨리다 / **make a demand of** ~을 요구하다 (= demand) / **candleholder** 촛대 (= candlestick) / **previously** 이전에 / **compared with** ~와 비교해서 〈선택지 어휘〉 **mother tongue** 모국어 / **adapt to A** A에 적응하다 / **circumstance** (주로 복수형) 환경, 상황 (= situation)

구문 **[4행~7행]** They were asked **to attach** the candle to a cardboard wall — **using** only the objects on the table — **so that** the candle burns properly and does not drip wax on the floor, *a problem* [that made demands of *their ability* [to think creatively]].

● so that은 '~하도록, 하기 위해서'란 의미로 '목적'을 나타낸다.

[7행~8행] The researchers found **that the longer** students had spent living abroad, **the more likely** they were to use the box as a candleholder.

● that절은 〈the + 비교급 ~, the + 비교급 ...〉 구조로 '~할수록 더 ...한'의 뜻. the more likely ~ 부분은 they were more likely to use ~의 의미이다.

5. ③
p.110

소재 자폐증 환자의 가장 큰 문제점

해석 열세 살 난 아들이 가벼운 자폐증을 앓고 있기 때문에, 니콜 앤서니는 자폐아를 키우는 어려움을 이해한다. 아들을 돌보는 경험을 바탕으로 그녀는 자폐증을 앓는 아이의 가장 큰 문제점이 사회적 상황에서 다른 사람들에게 반응하지 않는 것이라고 말했다. 그녀의 아들은 거의 모든 사람들이 무의식적으로 하는 행동인 다른 사람의 하품에 반응하여 하품하는 것과 같이, 겉보기에 간단한 일조차 하지 않는다. 한 연구진은 자폐증을 앓는 아이들은 하품하는 사람을 따라 할 가능성이 그들의 또래 아이들의 절반 정도라는 것을 발견했다. "그런 건 아이에게 영향을 주지 않을 겁니다. 만일 당신이 아이가 흥미를 느끼지 않는 일을 하고 있다면, 아이는 관심을 기울이지 않을 거예요."라고 그녀가 말했다.

추론 흐름

빈칸 문장으로 보아 니콜 앤서니가 자폐아의 가장 큰 문제점을 '무엇'이라고 말하는지 찾아야 한다. 이어지는 연구 내용에서, 자폐아들은 다른 사람의 하품을 따라 할 가능성이 낮다고 했다. 이에 대해 니콜은 자폐아들은 흥미를 끄는 일이 아니면 다른 사람의 행동에 영향받지 않고 관심을 기울이지 않는다고 했으므로 '사회적 상황에서 다른 사람들에게 반응하지 않는 것'이 빈칸에 적절하다.

선택지 해설
① 현실을 꿈과 구별하지 못하는 것
② 자기가 하고 싶은 것만 하는 것
④ 다른 사람들이 하는 것을 계속 모방하는 것 → 모방에 관련된 연구 내용임을 이용한 오답. 자폐아들은 타인의 행동을 따라 하지 않는다고 했으므로 정반대의 내용임.
⑤ 사람들 앞에서 자신의 감정을 표현하고 싶어 하지 않는 것
①, ②, ⑤ → 모두 문제가 될 수 있는 행동이지만 본문 내용과 상관없는 오답.

어휘 **seemingly** 겉보기에, 외견상으로 / **yawn** 하품; 하품하다 / **unconsciously** 무의식적으로 (↔ consciously 의식적으로) *cf.* **unconscious** 의식이 없는; 무의식적인 / **peer** 또래; 자세히 들여다보다 / **mimic** 따라 하다, 모방하다 (= imitate) 〈선택지 어휘〉 **distinguish A from B** A를 B와 구별하다 / **continuously** 계속해서, 끊임없이 *cf.* **continuous** 계속되는, 지속적인

구문 **[4행~6행]** Her son doesn't even do seemingly simple things like yawning in response to someone else yawning, **which** is *something* [(that) almost everyone unconsciously does].

● 계속적 용법의 관계대명사 which 이하는 yawning in ~ else yawning을 보충 설명하고 있다.

[6행~7행] A group of researchers found / that children with autism were about **half as** likely **as** their peers to mimic someone yawning.

● 〈A is half as ~ as B〉의 구조로 'A는 B의 절반만큼 ~하다'란 의미. A(자폐증을 앓는 아이들)와 B(그렇지 않은 또래 아이들)가 비교 대상이다.

6. ⑤
p.111

소재 리더십 스타일과 정보 공유의 관계

해석 연구원들이 어떤 리더십 스타일이 공유되지 않은 정보의 공유를 가장 잘 증진시키는지를 조사했다. 그들은 공유된 정보가 공유되지 않은 정보보다 상당히 더 많이 도입되고 사용되는 것을 발견했는데, 이는 왜 집단 토론이 집단 구성원들로부터 독특한 아이디어를 수집하는 데 있어 (A) 비효율적일 수 있는지를 설명해 주었다. 그러나 리더는 정보 관리에 있어 중요한 역할을 했다. 참여를 환영하는 지도자는 더 많은 공유된 정보를 수면 위로 떠오르게 장려한 반면에, 그것이 그들 자신의 견해와 일치하지 않을 때조차 더 많은 공유되지 않은 정

추론 흐름

(A) 앞에서 공유된 정보가 공유되지 않은 정보보다 더 많이 도입되고 사용되었다고 했다. 즉 집단 토론에서도 이미 모두가 알고 있는 공유된 정보가 오고 갔을 것이므로 독특한 아이디어를 수집하는 데 있어서는 '비효율적'이었을 것이다. (B)가 속한 문장의 This는 앞 문장 전체의 내용, 즉 지시적인 리더가 자신의 주장을 펴기 위해 공유되지 않은 정보를 적극적으로 사용하는 것을 가리킨다. (B)가 속한 문장 뒤에서, 지시적인 리더가 갖고 있는 공유되지 않은 정보가 최고의 정보가 아닐 때는 집단의 결정 과정에 부정적인 영향을 미친다고 했으므로 항상 '긍정적인' 것은 아니었다는 것이 빈칸에 적절하다.

보를 가져온 것은 지시적인 리더였다. 지시적인 리더는 자신의 주장을 펴기 위해 공유되지 않은 정보를 적극적으로 사용했다. 이것이 항상 (B) <u>긍정적인</u> 것은 아니었다. 지시적인 리더가 올바른 공유되지 않은 정보를 갖고 있을 때, 그들은 그들 집단이 효과적인 결정을 내리도록 도와주었다. 반면에 이 리더들이 최고의 정보를 갖고 있지 않을 때, 그들은 집단의 결정 과정에 부정적인 영향을 미쳤다.

선택지 해설

(A)

① 독창적일

② 불필요할, ③ 부적절할 ➡ (A)에 부정적 내용이 들어가야 한다는 점에서 빈칸에 들어갈 수 있음.

④ 보람이 있을

①, ④ ➡ 문맥상 부정적인 내용이 들어가야 하므로 적절하지 않음.

(B)

② 중요하지 않은

③, ④ 부정적인

②, ③, ④ ➡ 빈칸에 들어갈 '긍정적인'의 의미와 정반대.

어휘 **look into** ~을 조사하다 **참고** **look for** ~을 찾다 / **promote** 승진시키다; 증진시키다; 촉진하다 / **significantly** 상당히 *cf.* **significant** 중요한 (= important); (양·정도가) 상당한 / **whereas** ~인 반면에 / **participation** 참여 *cf.* **participate** 참가[참여]하다 (= take part) *cf.* **participant** 참가자 / **surface** 수면 위로 떠오르다; 표면 / **directive** 지시; 지시적인 / **make A's point** A의 주장을 펴다 〈선택지 어휘〉 **inadequate** 부적절한 (↔ adequate 적절한) / **rewarding** 보람 있는; 수익이 많이 나는

구문 **[1행~2행]** Researchers looked into **which** leadership style best promotes the sharing of unshared information.

- which 이하는 〈의문사+S+V〉 어순의 간접의문문으로 into의 목적어이다.

[2행~4행] They found / that shared information was introduced and used significantly / more than unshared information, // **which** explained **why** group discussion can be ineffective / in gathering unique ideas from group members.

- which 이하는 shared information ~ information을 선행사로 받아 부연 설명하는 계속적 용법의 관계대명사절이다.
- why 이하는 간접의문문으로 explained의 목적어 역할을 한다.

[5행~8행] Whereas *leaders* [who welcome participation] / **encouraged** more shared information **to surface**, // **it was** the directive leaders / **who** brought more unshared information, / even when **it** disagreed with their own point of view.
(= unshared information)

- 〈encourage A to-v〉: A가 v하도록 장려하다
- 〈it is ~ who[that] …〉는 '…인 것은 바로 ~이다'의 뜻으로 ~를 강조하는 강조 구문.

실전 모의고사 7회 1. ② 2. ① 3. ③ 4. ① 5. ④ 6. ④

1. ②

p.114

소재 특정 분야를 공략하는 마케팅 전략

해석 야간용 감기약인 나이퀼은 주간용 시장을 포기했다. 오늘날 대부분의 마케팅 운영의 초점은 (이와는) 정반대이다. 그것들은 신제품을 개발함으로써 시장을 넓히는 방법을 찾는다. 이는 전형적으로 단기적으로는 판매 증가를 그리고 장기적으로는 브랜드 문제를 만들어 낸다. 판매를 위해서는 작을수록 더 좋을지도 모른다. 당신이 서너 개의 타 브랜드와 공유해야 하는 더 큰 시장보다는 오히려 경쟁이 덜한 특정 분야를 찾는 것이 대체로 더 좋다. 모든 사람들의 마음에 다 들도록 하면서 계속해서 (시장에서) 강력한 위치를 점할 수는 없다. 다시 말하자면, 브랜드를 만들어 내는 것의 본질은 희생이어야 한다.

추론 흐름 브랜드를 만들어 내는 것의 본질이 '무엇'이라고 주장하고 있는지를 찾아야 한다. 빈칸 문장이 In other words로 시작하고 있으므로 그 앞부분에 특히 주목해야 한다. 이전 문장에서 모든 사람들의 마음에 다 들면서 동시에 강력한 위치를 점할 수 없다는 것은 시장 전체보다는 일부에 집중해야 함을 주장하는 것이라 볼 수 있으므로 빈칸에는 '희생'이 가장 적절하다. 나이퀼이 주간용 시장을 포기한 예, 신제품 개발로 시장을 넓히는 것이 장기적으로는 문제를 발생시킨다는 점, 그리고 더 큰 시장보다는 경쟁이 덜한 특정 분야를 찾는 것이 더 좋다는 등의 내용도 이를 뒷받침한다.

선택지 해설
① 신뢰
③ 창의력
④ 도전
⑤ 기꺼이 하는 마음
①, ③, ④, ⑤ → 모두 빈칸에 넣으면 그럴듯하나 본문에 근거 없음.

어휘 **nighttime** 밤, 야간 (↔ daytime 낮, 주간) / **broaden** 넓히다 / **typically** 전형적으로 / **short-term** 단기적인 (↔ long-term 장기적인) / **specific** 특정한; 구체적인 *cf.* **specifically** 분명히; 특별히 / **be all things to all people[men]** 모든 사람의 비위를 다 맞추려 들다 / **essence** 본질 〈선택지 어휘〉 **sacrifice** 희생 / **willingness** 기꺼이 하는 마음

구문 [5행~6행] It is usually better **to look for** specific areas [with less competition] rather than
가주어 　　　 진주어 　　　　　　　　　　　　　　A
a bigger market [(which[that])] you have to share ● with three or four other brands].
　　　　　　　　　　　　　　　　　　　B
● It은 to look for 이하의 to부정사구를 진주어로 하는 가주어이다.
● A와 B는 rather than에 의해 look for에 공통으로 연결된 병렬구조.

2. ①

p.114

소재 전염되는 창의성

해석 창의성은 금방 퍼진다. 당신은 유익한 브레인스토밍 회의 동안에 무슨 일이 일어나는지 알아챈 적이 있는가? 한 사람이 한 아이디어를 내뱉는다. 다른 사람이 다른 아이디어를 내놓기 위해 그것을 발판으로 사용한다. 그러다가 누군가가 그것을 잡아 완전히 새로운 수준으로 끌어올린다. 아이디어들의 상호작용은 짜릿할 수 있다. 내 경우에 있어, 나는 창의적인 개인들의 강력한 집단을 내 삶에 갖고 있다. 나는 그들과 자주 시간을 보내려고 노력한다. 내가 그들을 떠날 때, 나는 아이디어로 가득 차고, 사물을 다르게 본다. 그들은 진정으로 내 삶에 없어서는 안 된다. 당신이 많은 시간을 함께 보내는 사람들처럼 생각하기 시작하는 것은 사실이다. 당신이 창의적인 사람들과 더 많은 시간을 보낼 수 있을수록, 당신은 더 창의적이 될 것이다.

추론 흐름 창의성은 '어떠하다'는 것인지 찾아야 한다. 이어지는 브레인스토밍 회의의 예에서 한 사람의 아이디어를 발판으로 새로운 아이디어가 전개된다고 했고, 필자의 경험의 예에서 창의적인 지인들과 시간을 보내고 나면 아이디어들로 가득 차게 되고 사물을 달리 보게 된다고 했으며 마지막 문장에서도 창의적인 사람들과 더 많은 시간을 보낼수록 더 창의적이 될 것이라고 했으므로 창의성은 '금방 퍼진다'는 것을 알 수 있다.

선택지 해설
② 성공하기 위한 길이다
③ 우리의 의사소통에 영향을 미친다
④ 노력으로 증가될 수 있다
⑤ 새로운 것들을 시도하는 것에서 생겨난다
②, ③, ④, ⑤ → 모두 창의성의 속성으로 빈칸에 넣으면 그럴듯하나 본문에 근거 없음.

어휘 **brainstorming** 브레인스토밍 《무엇에 대해 여러 사람이 자유롭게 생각을 제시하는 방법》 / **session** 기간; 회의 / **throw out** ~을 내뱉다, 말하다 / **springboard** 발판, 도약판 / **take hold of** ~을 쥐다, 잡다 / **interaction** 상호작용 *cf.* **interact** 상호작용하다, 소통하다 / **indispensable** 없어서는 안 될, 필수적인 (= necessary)

구문 [7행~8행] It's true **that** you begin to think like *the people* [(whom)] you spend a lot of time with ●].
가주어 　　　　　　　　　　　 진주어

[8행~9행] **The more time** you can spend with creative people, **the more creative** you will become.
● 〈The+ 비교급, the+ 비교급〉 (~할수록 더 …한) 구문이 사용된 문장이다.

소재 스포츠 관람의 의미

해석 사람들은 항상 다른 사람들이 경기하는 것을 보아 왔고 흔히 그 특권에 대해 비용을 지불해 왔다. 스포츠는 열정적 흥미를 이끌어 내는 데 한 번도 그 어떤 어려움을 겪어 본 적이 없다. 대부분의 팬들에게 스포츠는 일상의 따분함과 대조되는 흥분을 제공하고, 즐거운 수준의 자극을 만들어 내는데, 이는 정신 건강의 유지에 필요하다. 스포츠는 무료한 사회에서의 흥분에 대한 추구에 해당한다. 미식축구와 같이 (몸을) 부딪치는 스포츠와 축구 및 농구 같은 일대일 스포츠는 그러므로 그들의 단단히 통제된 일과 사회적 환경에서 탈출하기를 열망하는 팬들에게 강한 매력을 갖고 있다. 이러한 상황에서, 팬들은 소리치고, 비명을 지르고, 팔을 흔들어대는 관중이 되도록 고무되고 그 후에는 상대적으로 조용한 삶을 사는 부모, 직원, 예의 바른 시민으로 돌아간다. 많은 팬들에게, 스포츠 관람은 <u>다른 역할을 경험하기 위한 강력한 도구</u>이다.

추론 흐름
팬들에게 스포츠 관람은 '무엇'을 위한 강력한 도구인지를 찾아야 한다. 스포츠 팬으로서 스포츠를 관람할 때 느끼는 흥분, 즐거움 및 열광과 부모나 직원, 시민으로 일상을 살아갈 때 느끼는 따분함과 무료함, 정적인 삶이 대조되고 있다. 따라서 이들에게 스포츠 관람은 '다른 역할을 경험하기' 위한 강력한 도구일 것이다.

선택지 해설
① 그들 스스로를 발견하기
② 신체적 건강을 향상시키기 → 스포츠 관람은 흥분과 자극을 제공하기 때문에 정신 건강을 유지시킨다고 했다. 직접 스포츠를 하는 것이 아니므로 신체적 건강을 향상시킨다고 보기는 어려울 것이다.
④ 팀워크와 협동을 배우기
⑤ 공동체 관계를 강화하기
④, ⑤ → 본문 단어(sports)에서 상식적으로 떠올릴 수 있는 내용이지만 본문에 근거 없음.

어휘 **more often than not** 자주, 대개 (= as often as not) / **privilege** 특권 / **generate** 생성하다, 만들어 내다 *cf.* **generation** (특히 전기·열의) 발생; 세대 / **passionate** 열정적인 / **in contrast to A** A와 대조적으로 / **boredom** 지루함, 따분함 / **stimulation** 자극 / **maintenance** 유지, 관리 *cf.* **maintain** 유지하다; 주장하다 / **collision** 충돌 *cf.* **collide** 충돌하다 (= crash) / **relatively** 상대적으로 *cf.* **relative** 상대적인

구문 **[1행~2행]** People **have always watched** others play $\underline{\text{and}}$, more often than not, **paid** for the privilege.
- V₁ / O / OC / V₂
- 〈watch+ O + OC(동사원형)〉: ~가 …하는 것을 보다
- watched ~ play와 paid ~ privilege는 and로 연결된 병렬구조.

[3행~5행] For most fans // **It provides** *excitement* [in contrast to the boredom of everyday life], / $\underline{\text{and}}$ **produces** *a pleasant level of stimulation*, which is necessary for the maintenance of mental health.
- 2개의 동사구 provides ~ life와 produces ~ health가 and로 연결되어 주어 it으로 공통으로 걸린 병렬구조.

[6행~8행] Collision sports, such as American football, $\underline{\text{and}}$ person-on-person sports, such as soccer and
- A / B
basketball, therefore, have a strong attraction to *fans* [who desire to escape from their tightly
- 복수동사
controlled work and social environments].
- A and B가 문장 주어이며, 따라서 동사는 복수로 쓰였다.

소재 소망을 결심으로 바꾸기 위한 도구

해석 당신은 소망을 결심으로 바꾸기 위해 어떤 도구들을 사용할 수 있는가? 좋은 소식은 <u>당신의 머릿속에 이미 갖춰져 있다</u>는 것이다. 만일 당신의 친구가 당신 앞에서 호루라기를 부는데 당신이 그것을 들을 수 없다면, 당신은 그 호루라기가 작동하지 않는다고 생각하기 쉽다. 당신이 경험한 현실은 호루라기가 전혀 불어지지 않았다는 것이다. 하지만 만일 당신이 근처의 개가 화나서 짖어대는 것을 보면, 당신은 당신의 현실을 재평가하여 친구가 개호루라기를 불고 있다고 추정할지도 모른다. 개호루라기가 내는 소리는 우리가 신체적으로 들을 수 없는 주파수 범주에 있다. 개호루라기가 불어졌을 때 우리가 그 소리를 못 들었다고 해서 그 소리가 실제가 아니라는 것을 의미하는 것은 아니다. 마찬가지로, 우리가 소망을 결심으로 바꾸는 우리의 능력을 알아차리지 못할지도 모르지만, 그럼에도 불구하고 그것은 우리 각자의 내부에서 활성화되기를 기다리면서 존재한다.

추론 흐름
'무엇'이 좋은 소식인지 찾아야 하는데, 우선 첫 문장에서 소망을 결심으로 바꾸기 위해 어떤 도구를 사용할 수 있는지 묻고 있고, 빈칸 문장이 이에 대한 대답에 해당한다. 이어지는 구체적인 예시는, 개호루라기 소리를 우리가 인지하지 못한다고 해도 그 소리는 실재한다는 것이다. 그리고 마지막 문장에서는, 소망을 결심으로 바꾸는 능력을 우리가 미처 인지하지 못할 수도 있지만, 그 능력은 우리 내부에 존재한다고 하였다. 그러므로 소망을 결심으로 바꾸는 데 있어 좋은 소식이란 그 능력(도구)이 '당신의 머릿속에 이미 갖춰져 있다'는 것이다.

선택지 해설
② 자신에 대한 믿음이 당신을 도울 수 있다
③ 당신은 당신의 친구들로부터 쉽게 배울 수 있다 → 본문 단어(your friend)를 이용한 오답.
④ 당신은 다가오는 위험을 언제 피해야 하는지 알고 있다 → 본문 단어(nearby dog)에서 연상 가능한 오답.
⑤ 당신의 생각은 다른 사람들이 하는 말에 의해 제한되지 않는다 → 빈칸에 넣으면 그럴 듯하나 본문에 근거 없음.

어휘 **transform A into B** A를 B로 변형시키다, 바꿔 놓다 / **will** 의지; 결심; 유언(장) / **reassess** 재평가하다 *cf.* **assess** 평가하다 / **assume** (사실이라고) 추정하다 (= presume) *cf.* **assumption** 추정 / **dog whistle** (조련용) 개호루라기 / **frequency** 주파수; 빈도 / **range** 범주; ~의 범위에 이르다 [어구] **range from A to B** (범위가) A에서 B 사이[까지]이다 / **activate** 활성화시키다 〈선택지 어휘〉 **equipped** 준비가 된, 장비를 갖춘

구문 **[5행~6행]** If, however, you see a nearby dog become upset and bark, / you **might**
V'(지각동사) O' OC'₁(동사원형) OC'₂(동사원형)
reassess your reality / and **assume** that your friend is blowing a dog whistle.

[9행~10행] Similarly, // we may not be aware of our ability to transform desire into will, / but it nevertheless
exists inside each of us, / **waiting** to be activated.
- waiting 이하는 동시동작을 나타내는 분사구문으로 '~하면서'의 의미이며, 의미상 주어는 it으로, our ability to transform
  desire into will을 가리킨다.

5. ④ p.116

소재 어린아이들이 사용하는 추론 형태

해석 두 살에서 네 살 사이의 아이들이 사용하는 독특한 형태의 추론이 있다. 그들은 그들이 이미 경험해 본 단순한 상황을 참고하여 '상황을 추론해낸다.' 설명을 위해서, 예를 들어 두 살배기 잭이 아빠를 불렀는데 아빠가 대답하지 않는다고 하자. (그러면) 잭은 '아빠는 잠자고 있어.'라고 결론을 내리는데, 이것은 어느 날 아빠를 불러도 대답하지 않았을 때 아빠가 하던 일을 근거로 한다. 혹은 잭이 아빠가 욕실 세면대에서 뜨거운 물을 트는 것을 보고 이렇게 추론한다고 해보자. '아빠가 뜨거운 물을 틀고 있으니까, 아빠는 면도를 할 거야.' 잭이 자신에게 말하는 내용은 아빠가 뜨거운 물을 트는 것을 마지막으로 본 것에 의해 좌지우지된다.

추론 흐름 아이들이 '무엇'을 참고함으로써 상황을 추론해내는지 찾아야 한다. 빈칸 뒤에 이어지는 예시에서 잭이 과거 자기가 본 기억대로 아빠의 행동을 추론해내는 내용을 통해 아이들은 '그들이 이미 경험해 본 단순한 상황'을 참고해 추론한다는 것을 알 수 있다.

선택지 해설
① 그들이 가지고 태어난 선천적인 감각
② 그들이 일상생활에서 들어본 적이 있는 소리 → 일상생활을 예시로 든 점으로부터 고를 수 있는 오답.
③ 유아기에 형성된 가족 간 유대
⑤ 부모가 옳다고 가르쳐 준 도덕적인 기준
①, ③, ⑤ → 빈칸에 넣으면 그럴듯하나 본문에 근거 없음.

어휘 **distinct** 구별되는, 뚜렷이 다른 / **reasoning** 추론 *cf.* **reason A out** A를 추론[도출]해내다 / **illustrate** (실례를 이용해) 설명하다 / **let's say (that)** (예를 들어) ~라고 해보자 / **call out to A** A를 부르다 / **be based on** ~을 근거로 하다 / **run water** 물을 틀다, 흐르게 하다 〈선택지 어휘〉 **innate** 선천적인 / **family bond** 가족 간 유대

구문 **[4행~5행]** Jack concludes: "Daddy is sleeping," / based **on what** his father was doing *one day* [*(when)* he didn't answer / when *(he was)* called].
- what 이하는 전치사 on의 목적어로 쓰인 명사절. he didn't ~ called는 one day를 수식하는 관계부사절.

[7행~8행] **What** Jack tells himself / is directed **by what** he saw *the last time* [*(when)* his dad ran hot water].
- 선행사를 포함하는 목적격 관계대명사 what이 이끄는 명사절 2개가 각각 주어와 전치사(by)의 목적어로 사용되었다.

6. ④ p.117

소재 자동 조종 비행기가 유발할 수 있는 문제점

해석 현대의 컴퓨터화된 비행기는 합리성의 비합리성에 관한 흥미로운 사례를 대표한다. "현대의 조종사들은 불과 몇 개의 버튼만 누르고 비행기가 스스로 비행하는 동안 뒤로 기대어 있을 수 있다."라고 FAA(미 연방 항공국) 직원이 말했다. 이 비행기들은 더 오래되고 기술적으로 덜 진보된 모델들보다 많은 면에서 더 안전하고 더 믿을 수 있다. (A) 하지만 이 기술에 의존하는 조종사들은 비상 상황을 독창적으로 다루는 능력을 잃을지도 모른다. 한 항공사 관리자는 "만약 우리가 사람 조종사들을 기술의 부수적인 존재로 둔다면, 우리는 그 독창성을 잃을 것이다. 나는 독창적일 수 있는 컴퓨터를 갖고 있지 않다, 정말 갖고 있지 않다."라고 말했다. (B) 따라서 비상 상황에서 이 비행기들은 승객들에게 진짜 위협이 된다.

추론 흐름 (A) 앞에서는 현대의 컴퓨터화된 비행기들이 안전하고 믿을 수 있다며 긍정적으로 말했으나 뒤에서는 그에 의존하는 조종사들이 가질 수 있는 문제점을 언급했으므로 (A)에는 이 두 상반된 문맥을 연결하는 역접 연결어 However가 적절하다. (B)의 앞 내용은 사람 조종사들이 가질 수 있는 독창성을 가진 컴퓨터는 없다는 내용이고 (B) 뒤는 비상 상황에서 이 비행기들은 승객들에게 진짜 위협이 된다고 했으므로 (B) 앞뒤 내용이 인과 관계를 이룬다는 것을 알 수 있다. 따라서 Therefore가 적절하다.

선택지 해설
①, ②, ⑤ → (A) 앞뒤는 상반되는 내용으로, 유사한 내용을 전개하는 Similarly나 예시의 연결어 For example은 부적절.
③, ⑤ → (B) 앞뒤는 인과관계로 결과를 이끄는 연결어가 적절하다.

어휘 **computerize** 컴퓨터화하다 / **represent** 대표하다; 나타내다 *cf.* **representation** 묘사, 표현; 대표, 대리 *cf.* **representative** 대표(자), 대리인; 대표하는 / **irrationality** 비합리성 (↔ rationality 합리성) / **federal** (미국·캐나다 등의) 연방제의, 연방정부의 / **administration** 행정 기관; 관리; 집행 / **official** 공식적인; 공무[직무]의; 공무원 *cf.* **officially** 공식적으로 / **advanced** 진보된; 고급의 / **airline** 항공사 / **operator** 조종사 / **secondary** 부수[부차]적인 / **pose a threat to** ~에게 위협이 되다

구문 **[7행~8행]** If we have *human operators* [**secondary** to technology], then we're going to lose that creativity.
- secondary to technology는 human operators를 수식하는 형용사구이다.

실전 모의고사 8회   1. ② 2. ② 3. ⑤ 4. ⑤ 5. ② 6. ②

1. ②

소재 쇼핑을 잘하기 위한 조언

해석 아마 쇼핑할 때의 가장 좋은 조언은 천천히 하라는 것이다. 예를 들어, 우리 구매의 대다수는 소매상들이 '충동구매'라고 부르기 좋아하는 것인데, 그것이 물건을 파는 사람들에 의해 포장 과학과 간접 광고라고 불리는 어떤 것에 많은 노력이 들여지는 이유이다. 광고 산업을 위한 중요한 개념은 사람들이 가장 피상적인 생각을 토대로 하여 구매 결정을 한다는 것이다. 우리 대부분은 빠르게 결정하는 경향이 있으며 그 결정의 토대를 불충분한 증거에 두는 경향이 있다. 당신은 책의 제목과 표지 디자인에 아주 많은 생각이 들어갔을 것으로 믿을 수 있다. 그리고 당신 차의 엔진에 들인 노력만큼이나 외관에도 많은 노력이 들었다. 우리 모두는 자신이 외관을 판단하는 데 유능하다고 믿지만 우리 중에 (자동차 엔진) 전문 정비공은 거의 없다.

추론 흐름
쇼핑할 때의 가장 좋은 조언은 '어떻게 하는 것'인지를 찾아야 한다. 이어지는 예시에서 우리의 구매 결정이 충동적이고 피상적인 생각을 토대로 한다고 하였다. 즉 겉모습 같은 불충분한 증거에 토대를 두어 의사 결정을 빠르게 내린다는 것이므로, 쇼핑을 잘하기 위한 조언은 '천천히 하라는 것'임을 알 수 있다.

선택지 해설
① 다른 사람들의 말을 듣는 것
③ 품질에 초점을 맞추는 것
④ 스스로 결정을 내리는 것
⑤ 쇼핑 목록을 준비하는 것
①, ③, ④, ⑤ → 모두 쇼핑할 때의 주의 사항으로 연상할 수 있으나 본문에 근거 없음.

어휘 **retailer** 소매상 / **impulse** 충동 / **expend** (돈·시간·노력 등을) 쏟다, 들이다 / **packaging** 포장 / **superficial** 피상적인; 얕팍한 (= shallow) / **insufficient** 부족한 (↔ sufficient 충분한) / **external** 외부의; 외국의 (↔ internal 내부의; 체내의; 국내의) / **competent** 능력이 있는, 유능한 (↔ incompetent 무능한, 쓸모없는) 〈선택지 어휘〉**take A's time** 천천히 하다

구문 **[2행~4행]** A majority of our purchases, for example, are what retailers like to call "impulse buys," which is why much effort **is expended** by *those* [who sell things] **on** the science of packaging and *something* [called product placement].
● 〈expend A on B〉는 'A(시간·노력 등)를 B에 쏟다, 들이다'의 뜻으로, 여기에서는 수동태로 쓰였다.

[8행~9행] And **as much** effort was spent on the external appearance of your car **as** *(effort was spent on)* its engine.
● 〈as + 형용사 + as ~〉 (~만큼 …한)의 원급 비교구문이 사용된 문장으로 비교 대상은 A와 B이다.

[9행~10행] While we all **believe** ourselves / *competent* [**to judge** appearances], / **few** of us are expert mechanics.
● 〈believe + O + OC(형용사구)〉: ~가 …하다고 믿다
● to judge appearances는 형용사 competent를 수식하는 부사 기능의 to부정사구로 '~하기에, ~할 만큼'의 의미.
● 주어로 사용된 few는 '(~인 것[사람]은) 거의 없다'의 의미로 부정을 나타낸다.

2. ②

소재 지구 밖 생명체 연구의 의의

해석 생물학은 그것이 물리학에 가까운 것보다 역사에 더 가깝다. 당신은 현재를 이해하기 위해 과거를 알아야 한다. 역사의 예측된 이론이 아직 없는 것과 꼭 같이, 생물학의 예측된 이론도 아직까지 없다. 이유는 동일한데, 두 분야가 아직 우리에게 너무 복잡하기 때문이다. 하지만 우리는 다른 사례들을 이해함으로써 우리 자신을 더 잘 알 수 있다. 지구 밖 생명체를 단 하나의 사례라도 연구한다면, 아무리 하찮을지라도, 생물학 응용의 범주와 분야를 크게 확장시켜 줄 것이다. 다른 종류의 생명체가 가능하다는 것을 아는 것만으로도 일반적인 그리고 우리 자신의 진화에 대해 매우 중요한 단서를 줄 것이다. 우리가 다른 곳에 있는 생명체를 찾는 것이 중요하다고 말할 때, 우리는 그것이 찾아내기가 쉬울 것이라는 게 아니라 다만 외계 환경에 대한 연구로 얻어지는 지식의 가치가 측정 불가능함을 확신하고 있는 것뿐이다.

추론 흐름
'무엇'을 함으로써 우리 자신을 더 잘 알 수 있는지 찾아야 한다. 이어지는 내용에서 다른 종류의 생명체에 관한 연구가 우리 자신의 진화에 대한 매우 중요한 단서를 줄 것이라고 했으므로, 이는 곧 우리 자신이 아닌 '다른 사례들을 이해함'으로써 우리 자신을 더 잘 알 수 있다는 것임을 파악할 수 있다.

선택지 해설
① 자존감에 초점을 맞춤
③ 우리 삶의 행로를 추적함
④ 다른 사람들에게 우리 자신에 대해 물어봄
⑤ 우리 자신의 강점에 대해 생각해 봄
①, ③, ④, ⑤ → 모두 우리 자신을 더 잘 알 수 있는 방법으로 그럴듯하나 본문에 근거 없음.

어휘 **physics** 물리학 *cf.* **physicist** 물리학자 / **predictive** 예언의, 예측의 / **complicated** 복잡한 / **humble** 겸손한; (신분이) 미천한; 보잘것없는 / **expand** 확장하다 (= enlarge) (↔ contract 수축하다) / **scope** 범주 / **application** 응용, 적용 *cf.* **apply** 신청[지원]하다; 적용하다; 바르다 [어구] **apply to[for]** ~에 지원하

다 **어구** **apply A to B** A를 B를 적용하다; A를 B에 바르다 / **evolution** 진화 *cf.* **evolve** 진화하다 *cf.* **evolutionary** 진화의; 점진적인 / **elsewhere** (어딘가) 다른 곳에서 / **guarantee** 보증, 약속; 보장하다 / **alien** 외계인; 외계의; 낯선 / **beyond measure** 측정할 수 없는 〈선택지 어휘〉 **self-esteem** 자존감 / **trace** 추적하다

구문 [8행~10행] When we say *(that)* the search for life elsewhere is important, / we are **not** guaranteeing **that** it will
(= life elsewhere)

be *easy* to find — **only that** the value of *knowledge* [gained from research in an alien environment] /

is beyond measure.

● 대시(—)는 〈not A but only B〉 (A가 아니라 B일 뿐인) 구문의 but을 대신하고 있다.

3. ⑤
p.121

소재 타인의 행동을 통제하는 형태

해석 드물거나 우연한 사건이 다른 사람들의 행동을 통제하는 데에 사용될 때 한 가지 흥미로운 통제 형태가 생겨난다. 예를 들어, 우리는 비록 시간적으로 너무 그러하여 관계가 가능해 보이는 것일지라도 실제로 그 사람의 행동의 결과가 아닌 어떤 유감스러운 사건의 책임으로 누군가를 '비난'할지도 모른다. "만약 네가 시간을 낭비하지 않았다면, 우리는 더 일찍 출발했을 것이고, 그러면 그 사고는 절대 일어나지 않았을 거야." 우리는 그의 미래 행동을 바꾸기 위해서, 그가 또다시 시간을 낭비할 가능성을 낮추기 위해 그를 비난하고, 관련 없는 사건을 효과적인 처벌 결과로 전환함으로써 이것을 이룬다. 우리는 비록 우리가 실제로 그것을 계획하지 않았을지라도 그 사건을 처벌로 사용한다.

추론 흐름

드물거나 우연한 사건이 '무엇'에 사용될 때 한 가지 흥미로운 통제 형태가 생기는지 찾아야 한다. 이어지는 예시에서 어떤 유감스러운 사건이 일어난 것과 관련 없는 누군가의 행동을 비난하고, 그가 미래에 그러한 행동을 할 가능성을 낮추기 위해 그 사건을 처벌로 사용한다고 했으므로, 즉 이러한 형태는 드물거나 우연한 사건이 '다른 사람들의 행동을 통제하는 데'에 사용될 때 생겨나는 것임을 알 수 있다.

선택지 해설

① 비난을 불운으로 돌리는 데 → 본문 단어(unfortunate event)에서 연상 가능한 오답.
② 관련 없는 이야기들을 연결시키는 데 → 본문 단어(unrelated event)를 이용한 오답.
③ 더 나은 정책을 개발하는 데
④ 책임자를 처벌하는 데 → 본문 단어(punishing)를 이용한 오답.

어휘 **arise** 일어나다, 발생하다 (= happen) / **accidental** 우연한, 돌발적인 / **convert** 전환하다 / **punishment** 처벌 *cf.* **punish** 처벌하다 / **arrange** 마련[계획, 준비]하다 *cf.* **arrangement** 정돈; 준비 〈선택지 어휘〉 **lay the blame on** ~을 비난하다, ~에게 비난을 돌리다 **어구** **be to blame** (~에 대한) 책임이 있다, 책임을 져야 한다 **어구** **blame A for B** B에 대해 A를 비난하다 / **person in charge** 책임자 **어구** **in charge of** ~을 맡아서, 담당해서

구문 [2행~4행] For example, we may "**blame**" someone **for** *an unfortunate event* [**which** was not actually the result

of his behavior, although the timing was **such that** a relationship seems possible].

● 〈blame A for B〉: A를 B 때문에 비난하다
● 〈such that〉: 너무 그러하여 ~하다

[4행~5행] **If** you **hadn't wasted** time, we **would have started** earlier, | and | the accident never **would have happened**.

● 과거 사실을 반대로 가정하는 가정법 과거완료 구문으로 '만일 (그때) ~했다면, …했을 텐데'의 의미이다.

[6행~8행] We blame him in order to alter his future behavior — to make him less likely to waste time again —
　　　　　　　　　　　　　　　　　　A　　　　　　　　　　　　　　　　　　　　　　B

| and | we achieve **this** by converting an unrelated event into an effective punishing consequence.

● 대시(—) 사이의 B는 A에 대한 부연 설명이며, this는 앞 절의 내용을 가리킨다.
● 2개의 절이 접속사 and에 의해 연결되어 있다.

4. ⑤
p.122

소재 앞날을 대비하는 동물들

해석 새는 종종 기후가 더 따뜻한 지역으로 이동할 것이며, 곰은 겨울철 기근에 대비해 미리 겨울잠을 잘 것이다. 사람들은 이런 습성 및 기타 동물 행동들이 자연의 변화하는 징후들에 대한 그저 '아무 생각 없는' 본능적 반응이라고 생각하는 경향이 있다. 동물들이 영리하지 않고 우리가 생각하는 것처럼 생각하지 못한다는 이러한 일반적 추측에도 불구하고 최근의 한 연구는 인간이 앞날에 대해 계획을 세우는 유일한 동물이 아닐 수도 있음을 암시한다. 실제로, 케임브리지 대학의 연구원인 캐롤라인 레이비는 한 마리 새에 불과한 서양덤불 어치가 바로 그렇게 한다고 믿고 있다. 그 새는 나중에 먹이가 부족해질 때를 대비하여 먹이를 구할 수 있을 때 먹이를 저장한다. 그 새의 행동을 연구

추론 흐름

인간이 '무엇을 하는' 유일한 동물이 아닌지 찾아야 한다. 빈칸 문장 앞부분은 동물의 행동은 본능적이라는 일반적 통념을 소개하고 있고, In fact 이하에 이어지는 연구 내용에서는 서양덤불 어치라는 새가 먹이가 부족할 때를 대비해 먹이를 저장하는 행동을 하는데, 이것은 곧 본능 이상의 행동이라는 결론을 내고 있으므로 인간이 '앞날에 대해 계획을 세우는' 유일한 동물이 아닐 수도 있음을 알 수 있다.

선택지 해설

① 배가 고프지 않을 때 먹어두는
② 자신에 대해 인식하는
③ 효과적으로 일하는 법을 배우는
④ 도구를 만들고 이용하는

한 뒤 레이비와 동료들은 그 행동이 그저 '추울 때 음식을 저장하라'고 하는 본능 이상의 것이라 확신한다.

①, ②, ③, ④ → 모두 동물과 다른 인간만의 행동이라고 여길 수 있는 내용으로 만든 오답.

어휘 **hibernate** 동면하다, 겨울잠을 자다 / **in advance of** ~에 대비해 미리; ~보다 앞서 / **famine** 기근, 가뭄 / **instinctive** 본능의 *cf.* **instinct** 본능; 직감 / **assumption** 추측, 가정 / **scarce** 부족한, 드문 / **be convinced that** ~임을 확신하다

구문 **[4행~6행]** Despite **this general assumption that** animals aren't smart and don't think like we do, // a recent study suggests that human beings may not be *the only animals* [**that** plan for the future].

● 첫째 that절은 동격절이고, 둘째 that절은 주격 관계대명사절이다.

---

5. ②
p.122

소재 문제에 대해 침묵하는 것의 위험성

해석 우리는 다른 사람들의 감정을 상하게 하여 그들을 화나게 하는 것을 두려워하기 때문에, 무언가가 우리의 기분을 상하게 했을 때, 문제가 저절로 해결될 리가 없다는 것을 알면서도 문제가 없어지기를 바라며 아무런 말도 하지 않는다. 우리는 상대방과 어떠한 말도 없이 싸늘한 침묵 속에서 저녁 식사 자리에 앉아 있다. 직장에서, 우리는 사실 어떤 직장 동료가 한 어떤 일 때문에 우리가 정말로 화가 난 상태여도 전혀 문제가 없는 척을 한다. 우리는 주변 사람들에게 일어나고 있는 불공평과 부당한 대우를 못 본 척한다. 회피는 우리의 개인적 건강에뿐만이 아니라 우리 조직의 건강에도 해로울 수 있는데, 문제들은 서서히 커져서 결국 피할 수 없는 위기가 되기 때문이다. 마틴 루터 킹 주니어가 언젠가 말한 것처럼, "우리의 삶은 문제 되는 것들에 대해 우리가 침묵하게 되는 날 끝나기 시작한다."

추론 흐름 문제 되는 것들에 대해 '어떠할' 때 우리의 삶이 끝나기 시작한다는 것인지를 찾아야 한다. 즉 어떤 문제에 대한 우리의 대처와 그 결과가 서술된 부분에 주목한다. 우리는 문제가 저절로 해결될 리가 없는데도 침묵을 지키며 회피한다고 했고 그 결과 개인과 조직의 건강에 해가 될 수 있다고 했다. 그러므로 문제 되는 것들에 대해 '우리가 침묵하게 되는' 날 우리의 삶은 끝나기 시작한다는 것이 되어야 가장 적절하다.

선택지 해설
① 우리가 너무 많이 신경을 쓰는
③ 평화가 존재하지 않는
④ 해결책이 불분명해 보이는
⑤ 합의가 이루어질 수 없는
①, ③, ④, ⑤ → 부정적인 결과를 가져올 수 있는 내용으로 빈칸에 그럴듯하나 본문에 근거 없음.

어휘 **offend** ~의 감정을 상하게 하다, 기분 나쁘게 하다 / **upset** 화나게 하다; 속상한 / **pretend that** ~인 체하다 / **injustice** 불공평, 부정 / **abuse** 부당한 대우, 학대; 남용 / **avoidance** 회피, 도피 / **organization** 조직, 단체 / **unavoidable** 피할 수 없는 / **crisis** 위기 (복수형 crises) / **matter** 문제가 되다; 중요하다

구문 **[1행~3행]** Because we are afraid **of offending** others and **making** them angry, // we say nothing when something upsets us, / **hoping that** the problem will go away even though we know it will not (*go away*).
(= as[while] we hope)

● 동명사구 offending others와 making them angry가 and로 전치사 of에 공통으로 연결된 병렬구조.
● hoping ~은 부대상황을 나타내는 분사구문.

[6행~8행] Avoidance can be harmful **not only** to our personal health, **but also** to our organization's health, **as** problems slowly grow until they become unavoidable crises.

● 〈not only A but also B〉의 구조로 A와 B 자리에 전명구가 위치해 있다.
● 이때의 as는 이유를 나타내는 접속사로 '~이기 때문에'의 의미이다.

---

6. ②
p.123

소재 구조와 기능이 유사한 사람의 뇌

해석 미국은 세계에서 제일 크고 복잡한 지상 교통 시스템 중 하나를 갖고 있다. '도로'의 개념에는 주간 고속도로, 유료 고속도로, 주 고속도로에서부터 주택가 도로, 일차선 골목, 비포장도로까지 많은 변형이 있다. 사람 뇌 속에 있는 길도 유사하게 (A) 다양하다. 우리의 뇌는 신경계의 주간 고속도로, 유료 고속도로, 주 고속도로를 갖고 있다. 이러한 큰길들은 사람마다 똑같아서, 그것들이 내 것에서 기능하는 것과 거의 똑같은 방식으로 당신 것에서도 기능한다. 그래서 뇌의 아주 많은 구조와 기능이 (B) 예측 가능하다. 그러한 유사성이 우리 과학자들에게 비록 각각의 뇌가 많은 면에서 독특할지라도 사람의 뇌에 대해 어느 정도의 자신감을 갖고 말할 수 있도록 허용해 주는 것이다.

추론 흐름 (A)의 앞에서 미국 내 여러 종류의 실제 도로를 열거하고 있고 빈칸 문장에서 사람 뇌 속의 길도 유사하게(similarly) '어떠하다'고 했으므로 '다양하다'가 적절. (B) 앞은 사람 뇌 속의 다양한 길들이 사람마다 기능이 거의 똑같다고 했고 (B) 뒤에서는 뇌가 개인마다 독특한 점이 있을지라도 그러한 유사성이 있어 과학자들이 사람 뇌에 대해 어느 정도 자신감을 갖고 말할 수 있다고 했으므로 뇌의 구조의 기능에서 많은 것이 '예측 가능하다'는 것을 알 수 있다.

선택지 해설
(A)
③, ④ 넓다 → 미국 내 도로의 종류가 다양한 것처럼 사람 뇌의 길도 유사하다는 것이므로 적합하지 않음.
⑤ 유지된다 → 사람 뇌의 길이 유지된다는 근거는 본문에 없음.
(B)
① 유연하다

③ 불가사의하다
④ 건설적이다
⑤ 독립적이다
①, ③, ④, ⑤ ➔ 모두 본문에 근거 없음.

어휘 **variation** 변형 *cf.* **vary** 다양하다 / **interstate** 주간(州間)의, 주와 주 사이의 / **freeway** 고속도로 / **residential** 주택의, 거주의 *cf.* **reside** 살다, 거주하다
(= dwell) *cf.* **resident** 주민, 거주자 / **alley** 골목(길) / **dirt road** 비포장도로 (↔ pavement 포장도로) / **pathway** 길 / **neural** 신경(계)의 〈선택지 어휘〉 **flexible**
유연한 (↔ inflexible 신축성[융통성] 없는) / **constructive** (사고 따위가) 건설적인 *cf.* **construction** 건설; 건물; 구조

구문 **[6행~7행]** These large pathways are the same from one person to the next, **functioning** in **yours** about the
same way they function in **mine**.
● functioning 이하는 주절 내용의 결과(~하여 …하다)를 나타내는 분사구문이다.
● yours와 mine은 각각 소유대명사로 your brain과 my brain을 가리킨다.

실전 모의고사 9회   1. ⑤ 2. ① 3. ⑤ 4. ① 5. ⑤ 6. ⑤

1. ⑤
p.126

소재 석유 수입 분배 상의 공정성

해석 석유와 가스를 가지고 있는 몇몇 나라들은 매년 수입을 국민들에게 분배한다. 예를 들어 알래스카는 석유와 가스가 충분히 풍부해서 소득세를 걷지 않고 실제로 얼마의 돈을 국민 한 사람 한 사람에게 돌려주는데, 그것은 지난 십 년간 평균 잡아 일 년에 약 1,500달러였다. 그러나 부유한 나라에서조차 석유 수입 분배는 어느 정도의 긴장을 유발시킬 수 있다. 여러 번의 논쟁이 발생해 왔는데, 그중 한 논쟁은 미국의 대법원까지 갔으며, 알래스카에 최근에 온 사람들이 장기 거주자들만큼 많은 보너스를 받을 만한지 아닌지에 관한 것이었다. 그 돈을 받기 위해 겨울에는 하루에 20시간이 넘도록 컴컴한 춥고 외딴 주(州)로 이사를 해야 한다는 것은 (알래스카에 사는 사람들에게는) 다행한 일일지도 모르는데, 그러한 점이 그 돈을 두고 싸우는 사람들의 수를 제한하기 때문이다.

추론 흐름

부유한 나라에서조차 석유 수입 분배가 '어떠한지'를 찾는 문제이다. 이어지는 내용을 보면, 여러 논쟁이 있어 왔는데, 분배를 받을 수혜자의 자격 문제 때문에 미국의 대법원까지 간 논쟁도 있었다는 것이므로, 수입 분배 문제로 인해 사람들 간에 의견 충돌이 있음을 알 수 있다. 그러므로 빈칸에는 석유 수입 분배가 '어느 정도의 긴장을 유발시킬 수 있다'는 것이 적절하다.

선택지 해설
① 세심한 계획을 필요로 한다
② 이해가 잘 될 수 없다
③ 다른 부유한 국가들의 분배를 따른다
④ 거주자들의 삶을 향상시키지 않는다
①, ②, ③, ④ → 석유 수입 분배와 연결지으면 그럴듯하지만 본문에 근거 없음.

어휘 **distribute** 분배하다; (상품을) 유통하다 *cf.* **distribution** 분배; 분포; 유통 / **annually** 매년; 연간 / **sufficiently** 충분히 *cf.* **sufficient** 충분한 / **income tax** 소득세 / **decade** 십 년 어구 **for decades** 수십 년 동안 / **the Supreme Court** (미국의) 연방 대법원 / **deserve** 받을 만하다 / **remote** 외딴; 먼; 원격의 어구 **remote control** 원격 조종; 리모컨 〈선택지 어휘〉 **tension** 긴장

구문 [2행~4행] Alaska, for example, is **sufficiently** rich in oil and gas / **that it has** no income tax and in fact **gives** *some money* back to each citizen, **which over** the past decade averaged around $1,500 a year.
$\underset{V'}{}$

● 〈sufficiently ~ that ...〉: 충분히 ~해서 ···하다
● which 이하는 선행사 some money에 대한 부연 설명이며, 전치사 over는 '~에 걸쳐, ~ 동안'의 의미이다.

[8행~10행] It may be fortunate / that to get the money you have to move to *a cold, remote state* [**where it** is
가주어   진주어
dark for over twenty hours a day in winter], // **because** it limits the number of *people* [fighting over the money].
● where ~ in winter는 선행사 a cold, remote state를 수식하는 관계부사절이다.
● where 뒤의 it은 명암을 나타내는 비인칭 주어이다.
● because 이하는 주절인 It may be fortunate의 이유를 나타내는 종속절이다.

2. ①
p.126

소재 신입사원 이직 문제의 해결 방법

해석 너무 많은 회사들에서 피드백은 대부분 일방적이고 부정적이다. 존경받는 법률회사인 설리반 앤 크롬웰은 새로운 신입사원들을 보유하는 데 문제를 겪고 있었는데, 2년의 운영 기간 동안 30퍼센트 이상의 이직률을 보였다. 보상이 문제였던 것은 아니었는데, 그 변호사들은 굉장히 급여가 좋았다. 승진이나 의료 혜택도 잘 못되지 않았다. 간단히 말하자면, 그 젊은 변호사들은 인정받고 있다고 느끼지 못했다. 그래서 2006년 8월에 설리반 앤 크롬웰의 파트너들은 회사 곳곳에서 몹시 결핍되어 있었던 두 개의 어구인 '부탁해요'와 '고마워요'를 도입하기로 결정했다. 선배 파트너들은 잘된 일에 대해 후배 동료들을 칭찬하거나 긴급한 회의를 위해 늦게까지 있을 수 있는지를 요구하기보다는 예의 바르게 요청하기 시작했다. 그것은 10센트의 비용도 들지 않았지만, 예의 바르게 행동하려는 노력은 순식간에 설리반 앤 크롬웰에게 뉴욕 회사들 중 최고 고용주 순위를 얻게 해주었다.

추론 흐름

빈칸 문장의 the young attorneys는 앞에서 언급한 이직한 신입 변호사들을 말하며 보수도 좋고 복지도 나쁘지 않았다고 했다. 이것은 간단히 말해서 그 이직한 변호사들이 '어떠했는지'를 말하는 데 바로 이것을 찾아야 한다. 문맥상 빈칸은 그 변호사들의 이직 원인이 되어야 하는데, 빈칸 뒤 내용이 연결어 So로 시작하므로, So 이하의 내용을 바탕으로 원인이 되는 빈칸 내용을 추론한다. '부탁해요', '고마워요'라는 어구가 결핍되어 있었다고 했고, 선배 직원들이 후배들을 칭찬하거나 예의 바르게 행동하려고 노력하자 설리반 앤 크롬웰의 고용주 순위가 높아졌다고 했으므로 이런 해결책이 도입되기 전에 신입 변호사들이 이직한 이유는 '인정받고 있다고 느끼지 못했기' 때문일 것이다.

선택지 해설
② 다른 회사들에 의해 채용되었다
③ 성장 기회를 갖지 못했다
④ 경쟁적 분위기를 싫어했다
⑤ 부적절한 훈련에 의해 의욕이 꺾였다
②, ③, ④, ⑤ → 모두 이직 원인으로 떠올릴 수 있을법한 것들이지만 본문에 근거 없음.

어휘 **one-sided** 일방적인 / **retain** 보유하다 / **recruit** 신입사원; 채용[모집]하다 *cf.* **recruitment** 신규 모집, 채용 / **compensation** 보상 *cf.* **compensate** 보상하다 / **promotion** 촉진; 홍보; 승진 *cf.* **promote** 증진[촉진]하다; 승진시키다 / **health benefit** (복수형) 의료 혜택 / **simply put** 간단히 말하자면 / **attorney**

변호사 (= lawyer) / **senior** 선배의 (↔ junior 후배의) / **associate** 연상하다; 제휴한; 동료 어구 **associated with** ~와 관련된 / **urgent** 긴급한 *cf.* **urgency** 긴급한 일 / **dime** 10센트 동전 / **rating** 순위; 평가

구문 **[5행~7행]** So in August of 2006, Sullivan & Cromwell's partners decided to introduce *two phrases* throughout the company [**that** had been badly lacking]: "please" and "thank you."

- that ~ lacking은 선행사 two phrases를 수식하는 주격 관계대명사절이며, 콜론(:) 뒤의 어구는 앞내용(two phrases ~ badly lacking)의 구체적 내용이다.

[9행~11행] It didn't **cost** a dime, // but the effort to be polite / quickly **earned** Sullivan & Cromwell / the top-
employer rating among New York firms.

- cost는 '~의 비용이 들다'의 의미이고, 〈earn A B〉는 'A에게 B를 얻게 해주다'의 의미이다.

3. ⑤   p.127

소재 소비 에너지 감소에 영향을 주는 나무의 위치

해석 캘리포니아 주 새크라멘토 시의 460가구에 대한 최근의 연구는, 나무가 가정의 에너지 소비를 줄일 수 있다는 것을 알아낸 최초의 대대적인 연구이다. 집 주변에 심어진 그늘을 만드는 나무들은 여름철 에너지 청구서에 상당한 절감을 가져오지만, 절약되는 양은 <u>나무의 위치</u>에 달려 있다. 집의 남쪽 면에서 12미터 이내에 심은 나무는 (집의) 서쪽 면에서부터 최대 18미터에 심은 나무와 거의 같은 양으로 에너지 사용을 감소시킨다. 이것은 하루 내내 그늘이 지는 방식 때문이다. 집의 동쪽과 북쪽 면에 심은 나무는 에너지 사용에 아무런 영향을 미치지 않는다. 그러나 집의 서쪽 면에 그늘이 지면 여름철 전기 사용으로 인한 탄소 배출량을 약 30퍼센트 가량 줄일 수 있다.

추론 흐름

에너지가 절약되는 양이 '무엇'에 달려 있는지 찾는 문제이다. 이어지는 내용을 보면 집의 남쪽 면과 서쪽 면에 심은 나무들은 에너지 사용을 감소시키지만 동쪽과 북쪽에 심은 나무는 효과가 없다고 했으므로 '나무의 위치'에 따라 에너지 감소량이 달라짐을 알 수 있다.

선택지 해설
① 지역의 인구 ➔ 연구 대상이 460가구라는 내용을 이용한 오답.
② 여름철 기간 ➔ 본문 단어(summertime)를 이용한 오답.
③ 집의 방향 ➔ 나무가 드리우는 그늘이 집의 어느 방향에 지는지에 관한 내용이지 집의 방향은 언급되지 않았다.
④ 그늘을 만드는 나무들의 품종 ➔ 본문 단어(shade trees)를 이용한 오답.

어휘 **household** 가구, 가정 / **consumption** 소비 / **shade tree** 그늘을 만들어주는 나무 / **significant** 상당한; 의미 있는 / **saving** 절약한 양, 절약; 예금 / **throughout** ~ 동안 죽[내내] / **carbon emission** (복수형) 탄소 배출(량) 〈선택지 어휘〉 **variety** (식물·언어 등의) 품종, 종류; 다양성

구문 **[4행~6행]** *Trees* [planted within 12 meters of the south side of a home] / reduce energy use by about the same amount / as *those* [planted up to 18 meters from the west side] (*reduce energy use*).
(= trees)

4. ①   p.128

소재 예술 양식의 본질

해석 예술가의 양식은 인식하기는 쉬울지 모르지만 정의하기는 어렵다. 무의식적인 제스처, 반복 사용하는 어구, 자동적인 선택, 주제와 소재에 대한 특징적인 반응, 이것들은 우리가 양식에 관해 얘기할 때 강조하는 바로 그것들이다. 예술가들을 포함해 많은 사람들은 양식을 미덕으로 여긴다. 그러나 자세히 살펴보면 양식은 미덕이 아니라 부득이한 것, 즉 어떤 것을 적지 않은 횟수로 행함으로 인한 피할 수 없는 결과이다. 예술가의 반복적인 제스처는 하나의 작품 모음이라 불리기에 충분할 정도로 발전된 그 모든 작품에 나타난다. 양식은 훌륭한 작품의 한 가지 특징이 아니라 '모든' 작품의 한 가지 양상이다. 양식은 <u>습관의 자연스러운 결과</u>이다.

추론 흐름

양식이란 '무엇'인지를 찾아야 한다. 글 중반의 however 뒤부터 글의 흐름이 바뀌는데, 양식은 어떤 것을 많이 하여서 생겨나는 부득이한 것이라고 했으므로 이를 다르게 표현하면 '습관의 자연스러운 결과'라는 것이 빈칸에 알맞다.

선택지 해설
② 예술 작품의 중요한 특징 ➔ 예술 양식이 무엇인지에 대해 상식적으로 떠올릴 수 있는 오답. 그러나 빈칸 바로 앞 문장(Style is not a feature ~.)을 보면 정답이 아님을 알 수 있다.
③ 현대 예술가들이 공유하는 유행 ➔ 빈칸 문장의 단어(Style)에서 상식적으로 생각한 오답.
④ 예술가의 의도를 보여주는 단서
⑤ 작품마다 다른 지표

어휘 **unconscious** 무의식적인 / **phrase** 구; 표현하다 / **subject matter** 주제 / **material** 재료; 물질; 소재; 물질적인 / **very** 매우; (다른 아닌) 바로 그 / **virtue** 선; 미덕; 장점 / **unavoidable** 불가피한, 부득이한 (↔ avoidable 피할 수 있는) / **inescapable** 피할 수 없는 (↔ escapable 피할 수 있는) / **body** 몸체; 물체; 많은 양, 모음 / **feature** 특징 / **aspect** 측면, 양상 〈선택지 어휘〉 **indicator** 지표; 척도; (속도 등을 나타내는) 장치 *cf.* **indicate** 나타내다, 가리키다

구문 **[6행~8행]** *The repeated gestures* [of the artist] / appear throughout *any body of work* [**developed** enough to be
             S   V
called a body of work].

- developed 이하가 any body of work를 수식하고 있다.

5. ⑤

소재 잘 듣는다는 것의 진정한 의미

해석 전화, 문자, 이메일, 그리고 자동응답기는 다른 사람에게 직접 말할 기회를 빼앗아 왔다. 그리고 그것은 중요한 손실로 가장 좋은 대화는 대면 상황에서 발생하기 때문이다. 말을 잘 들어주는 사람이 되기 위해서는, 모든 가능한 단서들을 얻을 수 있어야 한다. 직접 대면할 때, 당신은 전화로는 전달되지 않을지도 모르는 목소리의 어감을 들을 것이다. 그의 얼굴의 감정과 몸의 긴장을 볼 수 있을 것이다. 친한 친구와 함께 있다면 그 친구의 손을 잡거나 등을 토닥여 줄 수 있는데, 이는 그 친구가 훨씬 더 많은 것을 토로하도록 용기를 북돋울지도 모른다. 당신은 심지어 약품이나 땀 같은 냄새를 활용할 수 있을지도 모른다. 듣는 것은 엄밀히 말하면 소리만을 의미할지 모르지만, 진정한 이해는 훨씬 더 많은 것을 필요로 한다.

추론 흐름 빈칸 문장과 선택지로 보아, 말을 잘 들어주는 사람이 되기 위해 '어떠해야' 하는지 찾아야 한다. 이어지는 내용에 직접 대면하는 대화 상황에서의 목소리의 어감, 얼굴의 감정, 몸의 긴장, 신체 접촉, 냄새 등의 예시가 나오고 마지막 문장에서 진정한 이해는 소리 이상의 것을 필요로 한다고 했으므로 이를 종합하면 '모든 가능한 단서들을 얻을 수 있어야' 한다는 것이 빈칸에 적절하다.

선택지 해설
① 당신이 모든 것을 이해한다고 추정하지 말아야
② 말하는 사람에 대한 당신의 정보를 사용해야
③ 모든 말에 세심한 반응을 보여야
④ 말하는 사람이 얘기하는 동안 방해하지 말아야
①, ②, ③, ④ ➔ 말을 잘 들어주는 사람이 해야 할 일로 상식적으로는 그럴듯하나 본문에 근거 없음.

어휘 **in person** 몸소, 직접 (대면하여) / **come across** 이해되다; ~을 우연히 마주치다 (= run across, bump into, encounter) / **pat** 쓰다듬기, 토닥거리기 / **utilize** 이용하다 / **medication** 약, 약물 / **refer to** ~을 나타내다; ~와 관련 있다 〖어구〗 **refer to A as B** A를 B라고 부르다 〈선택지 어휘〉 **assume** (사실이라고) 추정하다 (= presume) *cf.* **assumption** 추정

구문 **[6행~8행]** When *(you are)* with a close friend, you **can grab** his hand |or| **give** him a pat on the back, **which** may **encourage** him **to reveal** even more.
● which 이하는 앞의 주절 내용 전체를 부연 설명하는 계속적 용법의 관계대명사절이다.
● 〈encourage A to-v〉: A가 v하도록 용기를 북돋우다, 장려하다

6. ⑤

소재 성공 기준에 대한 이해

해석 일에서 성공하려면 무엇이 필요할까? 당신이 어디에서 일하는지 그리고 당신이 누구를 위해 일하는지에 따라서 그 답은 상당히 다양하므로, 당신의 것과는 다소 다를지도 모르는, 일터에서의 용어로 성공이 어떻게 정의되어 있는지 이해함으로써 시작하라. 예를 들어, 만약 당신의 관리자가 성공을 당신이 책상에서 얼마나 많은 시간을 투입하는지에 의해 정의 내린다면, 당신은 일찍 출근하고 늦게 퇴근하는 것이 당신에게 약간의 점수를 줄 것임을 안다. (A) 반면에 당신의 상관은 당신이 언제 오고 가는지보다는 당신이 만들어 내고 있는 결과물의 종류에 훨씬 더 많은 관심을 갖고 있을지도 모른다. 그것이 당신이 당신의 일을 완성해 냈다는 사실이 그녀의 머릿속에 있는 유일한 것일지도 모르는 이유이다. (B) 즉 당신의 관리자가 무엇을 가치 있게 여기는지를 알면 당신은 무엇에게로 관심을 돌려야 하는지 그리고 적절할 때 당신의 관리자에게 무엇을 강조해야 하는지를 알게 될 것이다.

추론 흐름 (A) 앞에는 관리자가 근무 시간을 중요하게 여기는 경우가 나오고 (A) 뒤에는 관리자가 당신이 언제 오고 가는지보다 결과물에 관심을 가지는 경우가 나오므로 대조를 나타내는 On the other hand가 적절하다. (B)의 뒤는 (B) 앞에서 전개된 내용을 결론적으로 종합해서 다른 말로 표현하고 있으므로 That is가 적절하다.

어휘 **depending on** ~에 따라서 / **vary** 다양하다 / **considerably** 상당히, 많이 *cf.* **considerable** 상당한, 많은 〖참고〗 **considerate** 사려 깊은 / **term** 용어; 기간; 학기; 《복수형》 (계약 등의) 조건 / **somewhat** 다소 / **supervisor** 감독관, 관리자 *cf.* **supervise** 감독하다, 관리하다

구문 **[1행~4행]** **Depending** on **where** you work, |and| **for whom** you work, **that answer varies** considerably, so start
                                                                          S   V
by understanding **how** success *is defined in workplace terms*, **which** may differ somewhat from your own.
● Depending ~ work는 주절인 that answer varies considerably를 수식하는 부사구이다.
● how ~ terms는 understanding의 목적어인 간접의문문이고, which 이하는 앞의 선행사 how success ~ terms를 부연 설명하는 계속적 용법의 관계대명사절이다.

[8행~10행] That is, // once you know what your supervisor values, / you'll know **what to draw** attention to |and|
                                                     O'
(what to) emphasize to your supervisor when appropriate.
                                        O
● 〈what to-v〉는 '무엇을 v할지'의 의미로 대개 〈what + S + should[can] + V〉로 바꿔 표현할 수 있다.

실전 모의고사 10회 1. ② 2. ① 3. ⑤ 4. ③ 5. ② 6. ④

1. ②

p.132

소재 내적 고요에서 나오는 창의성

해석 인간 정신은 기본적으로 생존 기계이다. 정보를 모으고 저장하고 분석하면서 벌이는 다른 정신들에 대한 공격과 방어, 이것은 정신이 잘하는 일이지만, 그것은 전혀 창의적이지 않다. 모든 진정한 예술가들은 그들이 그것을 인식하고 있든 아니든 간에 정신을 비운 곳으로부터, 즉 내적 고요로부터 창조를 해낸다. 그런 다음에 정신은 그 새롭게 얻은 통찰을 형상화한다. 심지어 훌륭한 과학자들조차 그들의 가장 거대한 돌파구는 정신적 고요의 때에 찾아왔다고 보고해 왔다. 사고는 창의적인 행위 자체의 간결하고 결정적인 단계에서 부차적인 역할만을 한다. 따라서 다수의 과학자들이 틀에 박힌 사고에서 벗어나지 못하는 단순한 이유는 그들이 사고하는 방법을 알지 못해서가 아니라 사고를 멈추는 방법을 알지 못해서인 것 같다!

추론 흐름 빈칸 문장의 they는 다수의 과학자들을 말한다. 그들이 틀에 박힌 사고에서 벗어나지 못하는 이유가 '무엇'을 알지 못해서인지 찾는 문제이다. 앞부분에서 진정한 예술가들은 정신을 비운 상태인 내적 고요로부터 창조를 시작해서 그 이후 정신이 그 통찰을 형상화한다고 했고, 훌륭한 과학자들도 정신적 고요의 때에 가장 거대한 돌파구가 왔다고 했으므로 틀에 박힌 사고에서 벗어나려면 정신을 고요하게 만들기 위해 '사고를 멈추는 방법'을 알아야 할 것이다.

선택지 해설
① 생각을 조직화하는 방법
③ 그들의 일에서 무엇이 잘못되었는지
④ 사고를 계속하는 방법 → 정신을 비운 상태여야 한다고 했으므로 정반대의 내용.
⑤ 언제 조언을 구해야 하는지

어휘 **basically** 기본적으로 / **survival** 생존 *cf.* **survive** 생존하다, 살아남다 / **stillness** 고요, 정적 *cf.* **still** 조용한, 고요한; 아직 / **insight** 통찰(력) / **breakthrough** 돌파구 / **secondary** 부차적인 / **decisive** 결정적인; 결단력 있는 / **majority** 다수, 대부분 (↔ minority 소수 (집단)) / **think outside the box** 틀[고정관념]에서 벗어나다, 새로운 관점에서 생각하다

구문 **[1행~3행]** Attack and defense against other minds, / gathering, storing, and analyzing information — **this** is **what** it is good at, but it is not at all creative.
(= the mind)
- this는 앞 내용 전체(Attack and defense ~ information)를 가리킨다.

[7행~9행] So it seems *(that) the simple reason* [**why** the majority of scientists are not able to think outside the box] is **not** that they don't know how to think **but** that they don't know how to stop thinking!
　　　　　　　　　　　　　　　　　　　　　　　　　A　　　　　　　　　　　　　　　　　　B
- 〈It seems (that) ~〉: ~인 것 같다
- why ~ the box는 선행사 the simple reason을 수식하는 이유의 관계부사절이다.
- 〈not A but B〉는 'A가 아니라 B인'의 의미로 A, B 자리에 is의 보어인 that절이 자리했다.

2. ①

p.132

소재 가장 좋은 어휘 학습법

해석 한 초등학생의 어휘를 향상시키려고 노력 중인 선생님의 가장 좋은 친구는 의미를 알아내려는 학생 자신의 동기이다. 단어 목록을 반복 훈련하는 것은 학생이 그 단어들을 알아야겠다는 필요성을 느낄 때에는 좀처럼 발생하지 않는데, 그것은 단어와 의미 사이의 연관성을 학습하기 위한 자연적인 동기를 이용하지 못한다. 독서를 통한 학습은 정반대의 문제에 직면하는데, 학생이 그것의 의미를 배우고자 하는 동기가 유발되는 순간에 그 단어에 대한 충분한 정보가 이용 가능하지 않다. 중요한 것은 독자가 여전히 그것을 원할 때 정보를 제공하는 것이다. 사전을 쓰는 것은 성숙하고 동기 부여가 잘 되어 있는 학생에게는 도움이 될지 몰라도, 보통의 아이에게 그것은 그저 엄청난 양의 불필요한 정보를 제공하는 것과 같다. 사람 교사, 즉 혼동을 탐지하고 해결하는 데 즉각 이용 가능한 누군가가 훨씬 더 좋다.

추론 흐름 빈칸 문장과 선택지로 보아, 중요한 것은 '어떻게' 정보를 제공하는 것인지 찾는 문제이다. 빈칸 문장 앞 어휘 학습에서 가장 중요한 것은 의미 정보를 알고자 하는 학습자의 동기이고, 독서 학습의 경우, 학습 동기가 유발될 때 충분한 정보가 이용 가능하지 못하다는 점을 언급하고 있다. 빈칸 문장 뒤는 사전보다는 필요할 때 문제를 해결해 줄 수 있는 교사가 훨씬 더 좋다는 내용이므로, 공통적으로 '학생이 배우고자 할 때'가 학습에 중요한 영향을 미침을 알 수 있다. 따라서 '독자가 여전히 그것을 원할 때' 정보를 제공하는 것이 중요하다.

선택지 해설
② 이용 가능한 가장 쉬운 단어를 사용하여
③ 학생이 그것이 필요하다고 느끼기 전에 → 의미 정보가 필요하다고 느끼는 것이 중요하긴 하지만 그러기 전이 아니라 그럴 때 제공하는 게 중요하다는 내용이다.
④ 학생이 그것을 완전히 이해할 때까지
⑤ 사전을 최대한 이용하면서 → 본문 단어(dictionary)를 이용한 오답. 사전을 쓰는 것은 불필요한 정보가 너무 많아 보통의 아이에게는 도움이 되지 못한다고 했다.

어휘 **motivation** 동기 부여; 자극 *cf.* **motivate** 동기를 부여하다 / **drill** 드릴, 송곳; 반복 훈련(하다) / **association** 연관, 연계; 협회 / **mature** 성숙한 (↔ immature 미성숙의) / **overwhelming** 압도적인; 엄청난 *cf.* **overwhelm** 압도하다 / **resolve** 해결하다; 결심하다 *cf.* **resolution** 해결; 결심; 결의안 〈선택지 어휘〉 **make use of** ~을 이용하다 **어구** **make the best use of** ~을 최대한 이용하다

구문 **[2행~5행]** Drilling lists of words seldom takes place at *a time* [when the student feels a need [to know those
<u>S</u>   <u>V</u>   └─ = ─┘

words]]; **It** fails to use *the natural motivation* [for learning the associations between word and
     (= Drilling lists of words)

meaning].

- Drilling lists of words는 주어로 사용된 동명사구로서 단수 취급하므로 단수동사 takes place를 사용했다.

---

3. ⑤   p.133

소재 좋은 글의 한 가지 중요한 요소

해석 좋은 작가들은 그들의 주된 목표가 독자들이 그들을 이해할 수 있도록 그들의 생각을 표현하는 것임을 알고 있다. 만약 그들이 그러지 않으면, 그들은 그들이 보여줄지도 모르는 그 어떤 창의력이나 통찰력과 관계없이 실패한다. 그래서 그들은 모호함 없이 생각을 전달해 주는 단어들을 선택하는 데에 유의한다. 그리고 그들은 불필요한 단어들로 그 단어들의 힘을 약화시키지 않는다. 하지만 다른 작가들은 글을 쓸 때 소심하다. 자신들이 너무 강하게 보여서 자신의 견해로 독자들을 언짢게 할 가능성을 두려워한다. 그래서 그들은 글을 덜 직접적이게 만들기 위해 형용사들과 부사들을 사용하는 경향이 있는데, 이것은 독자들에게 도움이 되지 않는다. 이것들과 같은 단어를 사용하는 것은 어떤 불확실성을 만들어 냄으로써 문장들의 효과를 약화시킨다. 그러므로 불필요한 조각들을 잘라냄으로써 당신의 생각에 강화된 힘을 주어라.

추론 흐름 '어떻게' 함으로써 생각에 강화된 힘을 주라는 것인지를 찾아야 한다. 빈칸 문장에 연결어 So가 있으므로 원인이나 이유가 있을 앞 문장을 살펴본다. 앞 문장에서 이것들(these = 글을 덜 직접적이게 만들려고 사용하는 형용사들과 부사들)과 같은 단어들을 사용하는 것은 글에 불확실성을 만들어 문장들의 효과를 약화시킨다고 하였다. 그러므로 이러한 단어들, 즉 '불필요한 조각들을 잘라냄'으로써 생각에 강화된 힘을 줄 수 있을 것이다.

선택지 해설
① 쉬운 어휘를 사용함
② 당신의 주장을 반복함
③ 여러 가지 예시를 제공함
④ 권위 있는 작품을 인용함
①, ②, ③, ④ → 글에 힘을 더하는 방법으로 상식적으로 그럴듯하나 본문에 근거 없음.

어휘 **primary** 주된, 주요한; 초기의 *cf.* **primarily** 주로 (= chiefly, mainly, mostly) / **demonstrate** (실례를 들어) 보여주다; 입증하다 *cf.* **demonstration** (시범을 통한) 설명 / **convey** 운반하다; (생각 등을) 전달하다 / **ambiguity** 모호함 *cf.* **ambiguous** 애매모호한 / **timid** 소심한 / **offend** 화나게 하다 〈선택지 어휘〉 **cite** 인용하다

구문 **[1행~2행]** Good writers know / that their primary goal is **to present** their thoughts / **so that** readers **can**
         <u>S</u>   <u>V</u>   <u>O</u>

understand them.

- to present 이하는 is의 보어로 사용된 명사적 역할의 to부정사구이다.
- 〈so that ~〉: ~할 수 있도록

[2행~3행] If they don't, they fail, regardless of *any creativity or insight* [**(which[that])** they might demonstrate ●].

- they might 이하는 선행사 any creativity or insight를 수식하는 관계사절로 앞에 목적격 관계대명사 which 또는 that이 생략되어 있다.

[6행~8행] So they tend to **use** adjectives and adverbs / **to make** their writing less direct, / **which** doesn't help
                     <u>V</u>   <u>O'</u>   <u>OC'</u>

readers.

- which는 앞 절의 내용 전체를 선행사로 하여 그것에 대해 부연 설명하는 계속적 용법의 관계대명사이다.

---

4. ③   p.134

소재 유기물에게 위협이 되는 산소

해석 10억 년 전경에, 협조적으로 작용하던 식물들이 지구의 환경에 한 가지 의미심장한 변화를 일으킨 상태였다. 녹색 식물들은 산소를 만들어낸다. 그 당시에 바다는 단순한 녹색 식물들로 가득 차 있었기 때문에, 산소는 지구 대기의 상당한 부분이 되어가고 있었고, 그것은 나중에 우리 인간에게도 역시 필수적인 것이 될 것이었다. 그러나 산소에 대한 우리의 사랑에도 불구하고, 그것은 근본적으로 대부분의 유기물들에게는 독이다. 그러므로 그러한 대기로의 변화는 생물의 역사에 커다란 위기를 초래했다. 산소는 유기물을 부서지게 하는 경향이 있어서, 아주 많은 유기물들이 산소에 대처할 수 없어서 죽었다. 몇몇 초기 형태들이 오직 산소가 없는 환경에서만 오늘날까지도 간신히 살아남고 있다. 그러나 이러한 유기물들은 주로 우리에게 알려져 있지 않은데 우리가 당연히 산소가 풍부한 곳에서 사는 것을 선호하기 때문이다.

추론 흐름 산소가 근본적으로 '무엇'인지를 찾아야 하는데, 우선 빈칸 문장의 문맥상 부정적인 내용일 것으로 추론할 수 있다. 빈칸 문장 바로 뒤의 문장이 결과를 뜻하는 Therefore로 시작하고 있으므로 빈칸 문장은 원인에 해당할 것이다. 빈칸 뒤 문장에서 대기의 변화가 생물의 역사에 커다란 위기를 초래했다고 했고 이어서 위기의 구체적인 내용이 설명되고 있다. 즉 산소는 유기물을 부서지게 하여 많은 유기물이 죽었다는 것이므로 빈칸 문장은 산소가 '대부분의 유기물들에게는 독'이라는 내용이 되어야 한다.

선택지 해설
① 인간 발전의 장애물 → 인간은 산소를 좋아한다고 했으므로 오답.
② 식물 성장의 장벽 → 녹색 식물이 산소를 생산해낸다고 했으므로 오답.
④ 생태계를 뒷받침하는 중요한 요소 → 상식적으로는 그럴듯하지만, 인간이 산

소를 매우 좋아한다는 것과 대조적으로 '무엇'인지를 찾는 것이므로 빈칸에 넣었을 때 어색함.

⑤ 환경오염의 주요 원인 → 본문 단어(environment)를 이용한 오답

어휘 **billion** 10억 *cf.* **billionaire** 억만장자, 갑부 / **cooperatively** 협력하여, 협조적으로 *cf.* **cooperative** 협력[협조]하는 / **transition** (다른 상태 · 조건으로의) 이행, 전환, 변화 *cf.* **transitional** 변천하는; 과도기의 / **fall to pieces** 부서지다, 붕괴하다 / **organism** 유기체, 생물 / **cope with** ～에 대처하다 / **abundant** 풍부한

구문 **[1행~2행]** **By** one billion years ago, plants, working cooperatively, had made a significant change to the environment of the Earth.
● 이때의 전치사 by는 '～쯤에, ～경에'란 뜻으로 시간을 나타낸다.

[3행~5행] **Since** the oceans were **at that point** filled with simple green plants, / oxygen was becoming a significant part of the Earth's atmosphere, and it would later become a vital one for us humans as well.
● 이때의 접속사 Since는 '～이기 때문에'란 뜻으로 이유를 나타낸다.
● at that point는 '그 지점에서' 또는 '그때에'의 의미로 여기서는 후자에 해당하여 at that time으로 바꿔 쓸 수 있다.

5. ②

소재 손실을 피하고 싶어 하는 사람들의 심리

해석 당신은 10퍼센트 할인을 받는 것과 10퍼센트의 비용 청구를 피하는 것 중 어느 것을 선호하는가? 하나의 단일한 가치가 어떻게 제시되는지는 우리가 내리는 결정에 상당한 영향을 미칠 수 있는데, 그 때문에 그것(가치가 제시되는 방법)이 광고에서 매우 중요한 부분이 된다. 그것이 바로 이것, 즉 "오늘 서둘러 신청하지 않으면 당신이 이 엄청난 할인을 놓치는 것은 당연합니다!"와 같은 광고문을 목격하는 것이 그렇게 흔한 이유이다. 어떤 선택이 잠재적 이익을 수반할 때 사람들은 그 선택을 거부하는 경향이 있지만, 그 선택이 잠재적 손실을 수반하면 그들은 정반대로 하는 경향이 있다. 일반적으로 사람들은 손실의 불쾌함을 경험하지 않는 것을 선호한다. 그것이 바로 일단 우리가 어떤 프로젝트에 노력을 쏟으면, 그것이 그만한 가치가 없으니 그것을 포기해야 한다고 스스로를 설득하기가 매우 어려운 이유이다.

추론 흐름 사람들이 '무엇'을 선호하는지를 찾아야 한다. 할인 기회를 놓치지 말라는 광고 문구가 흔하다는 점, 잠재적 손실을 수반하는 것으로 선택한다는 점, 일단 노력을 들인 것은 포기하기 어렵다는 점을 모두 종합하면 사람들은 '손실의 불쾌함을 경험하지 않는 것'을 선호하는 것이다. 잠재적 이익이란 추후에 이익을 입을 가능성을 의미하고 잠재적 손실이란 추후에 손실을 볼 가능성을 의미한다. 예를 들어, 나중에 물건값이 오를지도 모르니 지금 구매해야 하는(잠재적 이익) 경우는 선택을 하지 않으려 한다는 것이고, 할인 기회를 놓쳐서 나중에 정상가로 되돌아갔을 때 사게 되면 손실을 보는(잠재적 손실) 경우는 선택을 한다는 것이므로 이를 바꿔 말하면 사람들이 대체로 손실 보는 것을 싫어한다는 것이다.

선택지 해설
① 예기치 않은 것의 도전을 즐기는 것
③ 재정 문제로 신경 쓰게 되지 않는 것
④ 결정을 내릴 때 자신의 본능을 따르는 것
⑤ 위험과 이익에 대한 정보를 충분히 제공받는 것 → 전반적으로 이익과 손실에 대한 언급이 있기는 하지만, 이에 대한 정보를 제공받는다는 내용은 없다.

어휘 **significantly** 상당히; 의미가 있게 / **involve** 수반하다 / **potential** 잠재적인; 잠재력 / **tend to-v** v하는 경향이 있다 / **reject** 거부[거절]하다 / **opposite** 반대(되는 것); 정반대의 / **convince A (that)** A에게 ～라고 확신[납득]시키다 / **be worth it** (시간이나 비용을 들일) 가치가 있다 〈선택지 어휘〉 **displeasure** 불쾌감, 불만 (↔ pleasure 즐거움) / **financial** 재정의, 금융의

구문 **[1행~3행]** How a single value is presented can significantly affect *the decisions* [we make], **which** makes it
　　　　　　　　　S　　　　　　　　　　　　　　　V　　　　　　　　　　　　　　　　　　　　V'　O'
a very important part of advertising.
　　　　OC'
● which 이하는 앞부분 전체를 부연 설명하고 있다. 이 관계대명사절 내의 문장 구조는 〈make + O + OC(명사구)〉로 '～를 …로 만들다'란 뜻이며 여기서 it은 주어인 How ~ presented를 가리킨다.

[7행~9행] That's why, once we have put our efforts into a project, **it**'s very hard **to convince** ourselves *(that)* it
　　　　　　　　　　　　　　　　　　　　　　　　　　　　　가주어　　　　　　　　　진주어
isn't worth it and **that** we should give it up.
　　　　　　　　　　　(= the project)
● 가주어 it이 to convince ~ give it up 전체의 to부정사구 진주어를 받는 구조.
● convince는 〈convince A that S + V ～〉의 형태로 잘 쓰이는데 여기서는 2개의 that절이 convince A에 공통으로 걸려 있다.

6. ④

소재 일상에서 실험을 하고 있는 아이들

해석 아이들은 (A) 실험하는 습성이 있다는 것이 밝혀져 왔다. 당신은 이것을 단지 그들의 매일의 행동에서 본다. 아이들은 세상으로 나가 장난감을 고르고 버튼을 누르며 거기에 달린 줄들을 잡아당긴다. 그것이 마구잡이식으로 보이지만, 그 겉으로 보기에 마구잡이식인 놀이는 그 장난감이 어떻게 작동하는지 알아내기 위함이라는 것이 판명된다. 모든 것들 중에서, 아이들이 이해하려는 가장 중요한 것은 다른 (B) 사람들이다. 우리는 우리가 아기들과 상호작용할 때 아기들이 우리가 하는 것과 그들이 하는 것 사이의 관련성을 인식한다는 것을 보여줄 수 있다. 그리고 아이들은 또한 상대방이 무엇을 하고 느끼고 생각할 것인지를 알아내기 위해 노력하기도 한다. 만일 당신이 그들을 어린 심리학자라고 여긴다면, 우리는 실험실의 쥐다.

추론 흐름
(A) 문장 뒤에서 아이들이 마구잡이식으로 하는 것 같은 행동이 사실은 장난감이 어떻게 작동하는지 알기 위한 행동이라고 했으므로 아이들은 '실험하는' 습성이 있다는 것이 빈칸에 알맞다. (B) 뒤에서 아이들은 상대방의 행동과 생각을 알아내려고 노력한다고 했고, 아이들이 어린 심리학자라면 우리는 실험실의 쥐라고 했으므로, 아이들이 이해하려고 하는 것은 다른 '사람들'일 것이다.

선택지 해설
(A)
①, ② 노는 → 마구잡이식인 것 같아 보이는 행동에 사실은 목적이 있다고 했다.
(B)
③ 원칙들 → 아이들이 알아내려고 노력하는 것은 사람들의 행동이나 생각이므로 어떤 다른 원칙이라고 보기는 어렵다.

어휘 **seemingly** 겉으로 보기에: 보아하니 / **figure out** ~을 알아내다. 이해하다 / **interact with** ~와 상호작용하다

구문 **[3행~4행]** It looks random, / but it turns out that that seemingly random play is **to figure out** how **it is that** that toy works.

가주어   진주어

- to figure out 이하는 is의 보어로 사용된 명사적 역할의 to부정사구이다.
- 〈의문사 + it is that〉은 의문사를 강조하는 강조 구문으로, 이럴 때는 it is that을 생략한 how that toy works와 같은 뜻으로 이해하면 된다.

72 정답 및 해설

고등 기초부터 ○━━━━ *New* ━━━━○ 수능 준비까지

믿고푸는 독해 4단계

수능 독해의 유형잡고   모의고사로 적용하고

기본 다지는
첫단추

유형의 기본을 이해하는
**첫단추
독해유형편**

기본실력을 점검하는
**첫단추 독해실전편
모의고사 12회**

실력 올리는
파워업

유형별 전략을
탄탄히 하는
파워업 독해유형편

독해실력을 끌어올리는
**파워업 독해실전편
모의고사 15회**

* 위 교재들은 최신 개정판으로 21번 함의추론 신유형이 모두 반영되었습니다.

CEDU BOOK   쎄듀

쎄듀 초등 커리큘럼

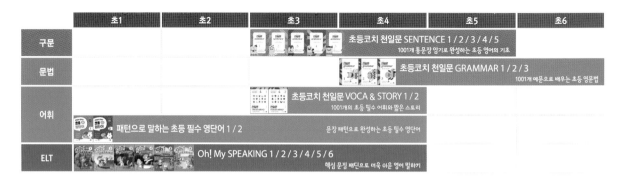

	초1	초2	초3	초4	초5	초6
구문			초등코치 천일문 SENTENCE 1 / 2 / 3 / 4 / 5 — 1001개 통문장 암기로 완성하는 초등 영어의 기초			
문법				초등코치 천일문 GRAMMAR 1 / 2 / 3 — 1001개 예문으로 배우는 초등 영문법		
어휘			초등코치 천일문 VOCA & STORY 1 / 2 — 1001개의 초등 필수 어휘와 짧은 스토리			
	패턴으로 말하는 초등 필수 영단어 1 / 2		문장 패턴으로 완성하는 초등 필수 영단어			
ELT	Oh! My SPEAKING 1 / 2 / 3 / 4 / 5 / 6 — 핵심 문장 패턴으로 더욱 쉬운 영어 말하기					

쎄듀 중등 커리큘럼

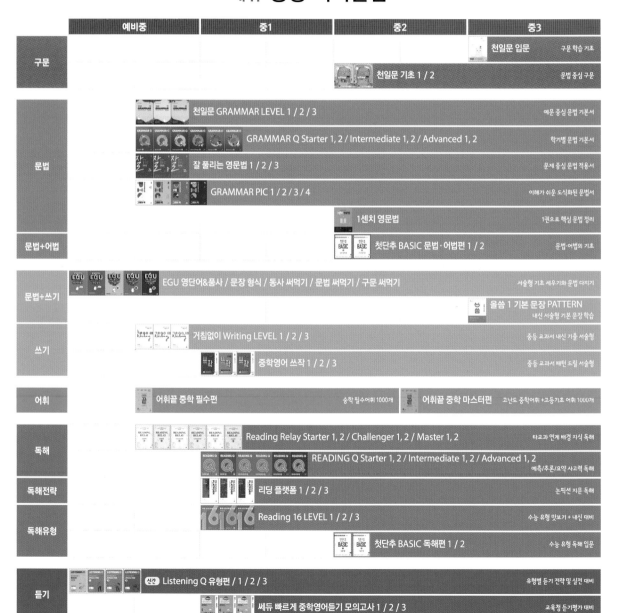

	예비중	중1	중2	중3
구문				천일문 입문 — 구문 학습 기초
		천일문 기초 1 / 2 — 문법 중심 구문		
문법	천일문 GRAMMAR LEVEL 1 / 2 / 3 — 예문 중심 문법 기본서			
	GRAMMAR Q Starter 1, 2 / Intermediate 1, 2 / Advanced 1, 2 — 학기별 문법 기본서			
	잘 풀리는 영문법 1 / 2 / 3 — 문제 중심 문법 적용서			
	GRAMMAR PIC 1 / 2 / 3 / 4 — 이해가 쉬운 도식화된 문법서			
문법+어법			1센치 영문법 — 1권으로 핵심 문법 정리	
		첫단추 BASIC 문법·어법편 1 / 2 — 문법·어법의 기초		
문법+쓰기	EGU 영단어&품사 / 문장 형식 / 동사 써먹기 / 문법 써먹기 / 구문 써먹기 — 서술형 기초 세우기와 문법 다지기			
			올씀 1 기본 문장 PATTERN — 내신 서술형 기본 문장 학습	
쓰기		거침없이 Writing LEVEL 1 / 2 / 3 — 중등 교과서 내신 기출 서술형		
		중학영어 쓰작 1 / 2 / 3 — 중등 교과서 패턴 드릴 서술형		
어휘	어휘끝 중학 필수편 — 중학 필수어휘 1000개		어휘끝 중학 마스터편 — 고난도 중학어휘 +고등기초 어휘 1000개	
독해	Reading Relay Starter 1, 2 / Challenger 1, 2 / Master 1, 2 — 타교과 연계 배경 지식 독해			
		READING Q Starter 1, 2 / Intermediate 1, 2 / Advanced 1, 2 — 예측/추론/요약 사고력 독해		
독해전략		리딩 플랫폼 1 / 2 / 3 — 논픽션 지문 독해		
독해유형		Reading 16 LEVEL 1 / 2 / 3 — 수능 유형 맛보기 + 내신 대비		
			첫단추 BASIC 독해편 1 / 2 — 수능 유형 독해 입문	
듣기	신간 Listening Q 유형편 / 1 / 2 / 3 — 유형별 듣기 전략 및 실전 대비			
		쎄듀 빠르게 중학영어듣기 모의고사 1 / 2 / 3 — 교육청 듣기평가 대비		